KU-017-322

Manuel Ramos Ortega

La prosa literaria de Luis Cernuda: El libro *Ocnos*

SEVILLA, 1982

Publicaciones de la
EXCMA. DIPUTACION PROVINCIAL DE SEVILLA
Bajo la dirección de: ANTONIA HEREDIA HERRERA

SECCION LITERATURA

Serie 1.ª

Número 12

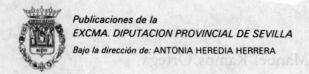

RESERVADOS LOS DERECHOS

Las noticias asertos y opiniones contenidos en este trabajo son de
la exclusiva responsabilidad de su autor. La Excma. Diputación
de Sevilla sólo responde del interés científico de sus publicaciones.

ARTES GRAFICAS PADURA, S.A. – Luis Montoto, 140 – Sevilla, 1982

Depósito Legal SE - 355 - 1982   I.S.B.N. 84 - 500 - 7831 - 8

60 0064024 X   TELEPEN

DATE DUE FOR RETURN

La
prosa literaria
de
Luis Cernuda:
El
libro *Ocnos*

A mis padres. A Eloísa, María y Guiomar

No sé cómo puede vivir quien no lleve a flor de alma los recuerdos de su niñez.

MIGUEL DE UNAMUNO

AGRADECIMIENTO

El presente libro es, en buena parte, el fruto de lo que en su día fue tesis doctoral, leída en la Universidad de Sevilla, ante un tribunal formado por los profesores: don Juan Collantes de Terán, don Vidal Lamíquiz, don Víctor García de la Concha, don Jorge Urrutia y don Rogelio Reyes Cano, a quienes desde aquí quiero agradecer las indicaciones que me ofrecieron y de las cuales se ha beneficiado mi trabajo. Igualmente, quiero agradecer los consejos del profesor don Pedro Piñero Ramírez y las ayudas prestadas por los también profesores de la Universidad de Sevilla, don José María Capote Benot y don Rafael de Cózar Sievert. Por último quisiera también expresar mi reconocimiento a doña Milagros Vega Campos que redactó a máquina el original. A todos mi gratitud.

Julio de 1981

PROLOGO

Luis Cernuda es hoy, sin la menor duda, uno de los primeros focos de atención de toda la poesía del 27 y uno de sus componentes más fervientemente celebrados. Fervor, y hasta apasionamiento en muchos casos, que comparten por igual lectores, críticos y poetas. Atenuada la devoción por Lorca de nuestra larga postguerra, enfriada la pasión política que subyacía en buena parte de la admiración por Alberti, decantado el siempre sereno reconocimiento general a la obra de poetas como Salinas y Guillén, son Aleixandre y Cernuda quienes más entusiasmos despiertan en el mundo literario de estos últimos años. Y en el caso concreto del segundo, tal fervor viene no pocas veces acompañado de cierta algarabía emocional propia de toda operación redescubridora. Todo esto puede ayudar a explicar el alto número de estudios críticos sobre su obra en verso aparecidos recientemente. No ocurre lo mismo con su producción en prosa, mucho menos atendida críticamente, y no porque quede al margen de la admiración antes mencionada (*Ocnos*, por ejemplo, es un libro que goza de unánime reconocimiento) sino tal vez por razones estrictamente técnicas y literarias, entre las que había que señalar, a mi juicio, la misma indeterminación genérica que acompaña a una modalidad expresiva como la prosa poética, con menos encaje que el verso en la historia literaria moderna y desde luego con muchas más dificultades a la hora de encarar su estudio con una metodología científica que hasta el presente, justo es decirlo, sólo ofrece contadísimos modelos fiables para un trabajo de esa naturaleza. Aún está por afrontar rigurosamente el estudio, no ya de la prosa de los escritores del 27 compañeros de Cernuda, sino la misma prosa lírica de Juan Ramón Jiménez, manantial inextinguible de modos expresivos, de formas léxicas, de hallazgos rítmicos..., sin cuyo conocimiento es impensable la existencia del poema en prosa posterior. También en el dominio prosístico, como en el del verso, el gran escritor moguereño sigue siendo obligado punto de referencia para los hombres del 27 y nos asombra por días la extensión y la altísima calidad de su prosa, pendiente aún de una correcta edición.

La escasez de esquemas metodológicos aplicados al estudio de la prosa lírica contemporánea fue sin duda el mayor escollo al que hubo de enfrentarse el autor de este libro cuando le propuse el análisis de Ocnos como tarea de su Doctorado. Y justo es decir que los resultados tangibles que en el mismo se exponen han sido posibles, en primer término, gracias al hallazgo, no siempre fácil, de una propuesta metodológica que llevó tiempo y paciencia al entonces doctorando y que supuso cuantiosas lecturas teóricas y tino y buen sentido para escoger y ensamblar en un esquema propio las ofertas críticas más convincentes.

Pero he de reconocer gustoso que mi propuesta no nació sólo al estímulo de razones de profesionalidad académica, las razones del estudioso de la literatura que deseaba ver cubierta una parcela importante de la prosa literaria de nuestro siglo. Pesaron también en mí —digámoslo abiertamente— motivos menos técnicos y más entrañables: los legítimos motivos de un fervoroso lector de Cernuda, de un admirador de la maravillosa sutileza de Ocnos y de la lúcida y mágica visión de Sevilla que de sus páginas emana. Acercarse al desentrañamiento de un libro como Ocnos significaba por ello un doble reto: el de la dificultad metodológica antes señalada y el de la aprehensión del libro desde el dominio de la sensibilidad. Aproximación técnica, sí, para fijar su mundo poético, para ordenar taxonómicamente sus motivos, para clarificar críticamente las funciones de su lenguaje, para descubrir, en suma, eso que Manuel Ramos, con palabras de Mukarovsky, llama el "gesto semántico" de la obra. Pero aproximación, también, desde el mundo de la sensibilidad personal, aproximación de lector atento y sutil, abierto a la comprensión no ya de las claves estéticas del libro sino de su mismo trasfondo sevillano. Y cuidado extremo para que la fronda técnica no cele en demasía un legítimo punto de audacia a la hora de aventurar apreciaciones de fino lector y hasta hipótesis interpretativas confirmadas luego, como en este caso, por el análisis literario.

Los dos aspectos señalados —el del crítico honesto que aplica una metodología de análisis y el del lector sensible que sabe recoger el mensaje estético de la obra— han confluido en esta ocasión en la persona de Manuel Ramos y se han aplicado a la interpretación de un texto de la complejidad de Ocnos, cuyo universo poético y estructura formal quedan desde ahora mejor entendidos y más aclarados. El lugar común, sucesivamente reiterado, de que Sevilla ha olvidado a Luis Cernuda está desautorizado por los hechos. Puede que, en efecto, cierta Sevilla haya querido olvidar a Luis Cernuda. No, desde luego, la Sevilla literaria (ahí están, para confirmarlo, escritores y revistas poéticas de nuestra ciudad) ni tampoco la Sevilla universitaria. A los trabajos de

José María Capote, dirigidos y alentados en su día por el profesor López Estrada, viene a sumarse ahora esta tesis doctoral de Manuel
Ramos, realizada también en nuestro Departamento de Literatura y hoy
editada gracias a la inteligente política de publicaciones de la Diputación Provincial. Es esta una forma también de ir correspondiendo a ese
profundo amor por Sevilla que encubrían los altivos desdenes de Luis
Cernuda, una Sevilla milagrosamente recuperada, poéticamente
recompuesta para siempre gracias a ese prodigioso hallazgo del tiempo
perdido que Ocnos supuso para él. Tiempo de la pequeña historia
sevillana del primer tercio de nuestro siglo, claro está. Pero sobre todo,
tiempo subjetivo, enmarque vital y mítico de una existencia como la de
Cernuda, excepcionalmente dotada del don poético de la evocación.

Estoy seguro de que la luz que este estudio del profesor Ramos
arroja sobre el libro ayudará a una más cabal comprensión tanto del
mundo de Ocnos en particular como de la prosa lírica de Cernuda en
general, puesto que la lectura reposada y la reflexión crítica, cuando
son genuinas, nunca empañan la joya artística. Antes contribuyen a la
operación de gozarla desde renovados presupuestos mentales y estéticos.
Criticar debe ser siempre la actividad clarificadora que conduzca a una
inteligencia cada vez más penetrante de la obra de arte. Y un estímulo,
como sin duda será este libro para muchos lectores, a la permanente
relectura de ese "clásico" sevillano y universal que es ya el Ocnos cernudiano.

Rogelio Reyes Cano
Universidad de Sevilla, junio de 1982.

EDICIONES Y SIGLAS UTILIZADAS

Siempre que no se indique lo contrario, las referencias que en este trabajo se hagan a la obra en prosa y en verso de L. Cernuda remitirán, respectivamente, a las siguientes ediciones:

CERNUDA, L., *Prosa Completa*, ed. de D. Harris y L. Maristany, Barcelona, Barral Editores, 1975.

CERNUDA, L., *Poesía Completa*, ed. de D. Harris y L. Maristany, Barcelona, Barral Editores, 2.ª ed. revisada, 1977.

Dentro de éstas, las siglas habituales de nuestro texto se refieren a los siguientes libros, artículos y revistas.

V.T.M.: *Variaciones sobre tema mexicano.*

H.L.: *Historial de un libro.*

OC.: *Ocnos.*

PO.C.: *Poesía completa.*

PR.C.: *Prosa completa.*

P.L.I.: *Poesía y Literatura, I.*

P.L.II.: *Poesía y Literatura II.*

E.P.E.C.: *Estudio sobre poesía española contemporánea.*

D.A.R.: *"Divagación sobre la Andalucía romántica".*

R.G.: *Revista de Guatemala.*

M.C.: *México en la Cultura.*

C.: *Caracola.*

En las citas textuales sólo se mencionarán los títulos de poemas que correspondan a *Ocnos*.

Por último, es oportuno aclarar que respetamos siempre la ortografía de L. Cernuda, tal como ésta se encuentra fijada en las ediciones críticas de D. Harris y Luis Maristany.

INTRODUCCION: La prosa literaria de Luis Cernuda

"Quel est celui de nous qui n'a pas, dans ses jours de ambition, révé le miracle d'une prose poètique, musicale sans rythme et sans rimes, assez simple et assez heurtée pour s'adapter aux mauvements lyriques de l'áme, aux ondulations de la révérie, aux saubresaults de la conscience?"

CHARLES BAUDELAIRE, *Petits poémes en prose*, Introduction.

1. LA PROSA POETICA EN LA GENERACION DE 1927

Aunque estas primeras páginas tienen por objeto estudiar la prosa poética de Cernuda, a excepción de *Ocnos*, hemos creído oportuno situar previamente la prosa literaria del autor dentro de la generación del 27, a la que pertenece.

Es ya un lugar común decir que la generación del 27 es una generación de grandes poetas pero escasos y mediocres prosistas. Luis Felipe Vivanco, que ha estudiado el problema, ha situado las cosas en su justo lugar ya que, como sabemos, aunque la prosa del 27 no destaca en lo narrativo, sí lo hace en el plano lírico. Y es en este plano donde una parte bien importante de los desvelos artísticos del grupo del 27 van encaminados a crear una prosa poética de ficción, si no tan lograda —en algunos autores— como su obra poética en verso, sí al menos con una dignidad a la altura de la mejor prosa española de épocas anteriores. De esta manera, "la obra lírica en verso de casi todos los poetas de la generación se completa con su obra lírica en prosa" (1).

---

(1) VIVANCO, Luis Felipe: "La Generación poética del 27", en *Historia General de las Literaturas Hispánicas*, dirigida por Guillermo Díaz-Plaja, volumen VI, Barcelona, Vergara, 1968, pág. 578.

Los principales puntos de contacto entre prosistas y poetas de la generación, a juicio de Ricardo Gullón (2), han sido varios. Entre ellos destaca, la colaboración conjunta en diarios y revistas de la época como *El Sol, La Gaceta Literaria, Revista de Occidente y Verso y prosa*. Coincidencia en la participación que prestaron todos al homenaje a Góngora. Viaje común a Sevilla a pronunciar las famosas conferencias del centenario, invitados por el Ateneo sevillano. Maestros comunes, entre los que destacan las figuras de Juan Ramón Jiménez y José Ortega y Gasset.

No obstante, en lo que atañe a los prosistas creemos que, a pesar del magisterio común de Ortega, Juan Ramón y algún otro, existen en la generación del 27, como ha señalado Luis Felipe Vivanco en el trabajo anteriormente citado, dos "climas de arranque" que son los que hacen posible la culminación de la trayectoria poética en la prosa que venimos estudiando. Precisamente, al hablar un poco más arriba de los predecesores del grupo del 27, decíamos que eran epígonos de Juan Ramón. Sin duda es el clima de arranque juanramoniano el que más nos interesa a la hora de encuadrar la prosa poética de Cernuda. El segundo, el superrealista, aunque cultivado por el poeta sevillano en algunas de sus prosas sueltas en revistas de la época —*Presencia de la tierra, El indolente, Addenda* y ocho poemas incluidos en la serie de *Los placeres prohibidos*— es muy difícilmente rastreable en su obra y, sobre todo, de difícil parangón —a la hora de emitir un juicio valorativo— con los poemas en prosa de *Ocnos*.

Conviene señalar que el grupo de prosistas que parten del superrealismo están en deuda con la obra de Ramón Gómez de la Serna, "uno de los primeros que en Europa practicaron el arte de vanguardia" (3).

Hay prosistas del 27 en los que se puede rastrear, más o menos veladamente, la huella del superrealismo, como por ejemplo algunos momentos de la obra de Pedro Salinas y Jorge Guillén, Juan Larrea, con su libro *Oscuro domino*, García Lorca —*Degollación de los Inocentes* y *Degollación del Bautista*— y, sobre todo, Vicente Aleixandre con su libro de poemas en prosa *Pasión de la tierra*, "en donde

---

(2) GULLÓN, Ricardo: "Los prosistas de la generación de 1925", en *Insula*, Madrid, núm. 126, 1957, págs. 1-8.

(3) HERNANDO, Miguel Angel: *Prosa vanguardista en la Generación del 27 (Gecé y la Gaceta Literaria)*, Madrid, Prensa Española, 1975, pág. 28.

tiene lugar la ruptura con su forma poética anterior" (4), y José María Hinojosa, con *La flor de la California*, donde "el superrealismo aparece como una gran fuerza fluvial, tremendamente transportadora y, por lo tanto, poética, con una capacidad de fantasía realmente extraordinaria" (5).

Respecto a los prosistas que, según la clasificación de Luis Felipe Vivanco, se puedan definir como deudores del clima de arranque juanramoniano, habría que señalar, sobre todo, a tres de ellos como los más importantes, si no los únicos: Rafael Alberti, con los poemas en prosa que incluye en *Poemas de Punta del Este* —"Diario de un día", "Calles, barrios y casas", "A buscar piñas", "Un perro nuevo", "Recuerdo de Portinari", "Venus interrumpida" y "Navidad"—, F. García Lorca, con su libro *Impresiones y Paisajes* y el propio Luis Cernuda, con *Ocnos* y *Variaciones sobre tema mexicano*.

Capítulo aparte es el de la narrativa —prosa literaria también—. Los prosistas del grupo del 27 cultivan más el relato corto y aquellos que han escrito verdaderas novelas —Rosa Chacel, Ramón J. Sender, o Francisco Ayala (6)— lo han hecho tardíamente.

Al hablar de una posible decadencia de la narrativa en este período, suele aducirse como causa la excesiva influencia de las normas y teorías de Ortega en el relato. Pensamos que hay que buscar en otras fuentes las causas de la decadencia de la novela. Como dice Gonzalo T. Ballester, la novela se nutre de experiencias y realidad, pero "estos conceptos (...) significaron para los miembros de la promoción vanguardista algo muy distinto de lo que significaron para nosotros" (7). Por otra parte, la novela, tal como era cultivada por generaciones precedentes, parecía ya agotada. "Lo más que aceptaban aquellos (...) intelectuales de la deshumanización del arte y de la metáfora gongo-

---

(4) VIVANCO, Luis Felipe: *Art. cit.*, pág. 581.

(5) DÍAZ-PLAJA, Guillermo: *Op. cit.*, pág. 227.

(6) Somos conscientes de que, cuando hablamos de los prosistas del 27, es difícil decidirse por unos nombres concretos, puesto que en este campo, como en el de la misma poesía, el grupo de escritores de la Generación varía en función de los autores que la estudian. No obstante, si incluimos algunos nombres, como Rosa Chacel, Francisco Ayala, R. J. Sender, etc., se debe a que adoptamos un criterio de clasificación más bien amplio y que, por otra parte, existen estudios —el de G. Torrente Ballester, *Panorama de la literatura española contemporánea*— que incluyen a todos los autores que vamos a ver e, incluso, con criterio muy generoso, algunos más.

(7) TORRENTE BALLESTER, Gonzalo: *Panorama de la literatura española contemporánea*, Madrid, Guadarrama, 1965, pág. 363.

rina fueron por el momento las novelas de Benjamín Jarnés o de
R. Gómez de la Serna, en donde el género narrativo quedaba reducido, entre imágenes y greguerías, a su mínima expresión" (8).

Dentro de la narrativa española del 27 es fácil distinguir dos tendencias opuestas. La primera es la de aquellos escritores que conti-
núan la técnica de vanguardia, cuyo máximo representante en España
ya hemos señalado que había sido R. Gómez de la Serna. Destacan
aquí autores como Benjamín Jarnés —*El profesor inútil, Locura y
muerte de Nadie*—, Claudio de la Torre —*En la vida del señor alegre*—, Antonio Espina —*Pájaro Pinto y Lucena de copas*—, la primera época de Rosa Chacel —*Estación ida y vuelta, Memorias de Leti-
cia Valle*— y Francisco Ayala con su novela *Cazador del alba*.

La segunda tendencia estilística en la narrativa de la generación es
la de aquellos autores que cultivan todavía un tipo de relato tradicional, como Ramón J. Sender, con *Imán y Mr. Witt en el Cantón*, y las
novelas más comprometidas de la segunda época de Francisco Ayala:
La cabeza del cordero o *Los usurpadores*.

Mención aparte merecen aquellos autores que cultivaron el relato
breve como es el caso del mismo Luis Cernuda, Pedro Salinas, autor
de los relatos breves *Vísperas del gozo, La bomba increíble* y *El desnudo insuperable*; Rafael Alberti, con su narración autobiográfica *La
arboleda perdida*, además de tres relatos de guerra incluidos en la
primera edición de esta última obra; y, por último, Vicente Aleixandre con *Los encuentros*, un libro de prosa, a juicio de Luis Felipe
Vivanco, "más bien narrativa que ensayística (...) en el que el autor
no nos habla de sí mismo sino en la medida que se asoma (...) a los
demás" (9).

2. LA PROSA LITERARIA DE LUIS CERNUDA

Una vez situado el autor de *Ocnos* dentro de su generación del 27,
de la que hemos trazado un rápido panorama de la actividad creadora
que desarrollara, en el campo de la prosa literaria, conviene ahora

---

(8) LLORENS, Vicente: "Perfil literario de una emigración política", en *Aspectos
sociales de la literatura española*, Madrid, Castalia, 1974, pág. 220.

(9) VIVANCO, Luis Felipe: *Art. cit.*, pág. 588.

dedicar un breve espacio de nuestro estudio a pasar revista a la prosa literaria de Cernuda.

La prosa de creación de Cernuda se divide en dos grandes apartados, como se desprende de las páginas anteriores, en las que hemos hablado brevemente del autor sevillano, ubicado en el grupo generacional al que perteneció. Esta prosa podría ser clasificada, cronológica y genéricamente a grandes rasgos, de acuerdo al esquema que proponemos a continuación:

Prosa Literaria de L. Cernuda

Prosa Poética

Libros
- *Ocnos* (1942-1949, 1963)
- *Variaciones sobre tema mexicano* (1952)

Prosa Poética Suelta en Revista
- *El indolente* (1926)
- *Anotaciones* (1926)
- *Addenda (Anotaciones)* (1926)
- *Presencia de la Tierra* (1926)
- *Trozos* (1927)
- *De un "Diario"* (1927)
- *Huésped eterno* (1928)
- Los 8 poemas en prosa incorporados a *Los placeres prohibidos* (1958)

Prosa Narrativa

Libros
- *Tres narraciones* (1948)
  - *El viento en la colina* (1938)
  - *El indolente* (1929)
  - *El sarao* (1942)

Prosa Suelta en Revista
- *En la costa de Santiniebla* (1937)
- *Sombras en el salón* (1938)
- *Marsias* (1941)

Es obvio que este cuadro esquemático no es absolutamente rígido. Nos parece en principio difícil de apreciar, y sobre todo de definir, las distancias que separan genéricamente al poema en prosa o prosa poética de la prosa narrativa. Ya veremos más adelante cómo una parte de nuestro trabajo está orientado a estudiar la estructura narrativa de *Ocnos* como perteneciente a una obra, al fin y al cabo, de ficción. Es además evidente que la prosa artística de Cernuda, incluyendo la narrativa, está toda ella alumbrada de un tono lírico que, en difícil medida, se deja agrupar apresuradamente bajo sencillos esquemas, que respondan a definiciones concretas de los géneros literarios tradicionales. No obstante, parece claro que en las narraciones de Cernuda es perfectamente visible una línea argumental, unos personajes de ficción y unas técnicas narrativas, que responden, en líneas generales, a los planteamientos universales del relato tradicional.

Dejamos de lado voluntariamente la prosa narrativa y, prescindiendo por el momento de una valoración crítica de ambas, nos quedamos exclusivamente con la poética, en virtud de que hemos de centrar nuestra atención preferente sobre *Ocnos*. Precisamente este último libro, junto con *Variaciones sobre tema mexicano*, además de los ocho poemas en prosa que Cernuda escribió para *Los placeres prohibidos* y los poemas sueltos en revistas, forman el grupo genérico de la prosa poética del autor sevillano. Veámosla brevemente.

2.1. *Variaciones sobre tema mexicano*

Es un libro, como *Ocnos*, de poemas en prosa que Cernuda empieza a escribir en el otoño e invierno de 1949-50, cuando el autor residía en Mount Holyoke. La redacción definitiva la componen treinta y un poemas, que el autor ve publicados en la editorial Porrúa de México, en el año 1952.

El libro nace como consecuencia de sus frecuentes viajes a la capital mexicana, en donde reside en casa de Concha y Manuel Altolaguirre, y en donde conoce de nuevo el amor, que le inspirará, además de los poemas en prosa de este libro, los *Poemas para un cuerpo* que empieza a escribir durante las vacaciones de 1951.

En principio, la temática fundamental del libro —"El tema"— está motivada por el reencuentro con la cultura, la lengua y, en cierto modo, el paisaje español. Dentro de esta línea de entusiasmo y preocupación por el mundo hispánico estarán algunos poemas de la obra. Ya en la misma introducción, a la que el propio autor denomina "El tema", Cernuda comienza lamentándose de la falta de interés que ha sentido el mundo de la cultura española por las tierras americanas:

"Unas primero, otras después (...) todas estas tierras se desprenden de España. Ningún escritor nuestro alude entonces a ello, no ya para deplorarlo, ni siquiera para constatarlo (...).

"España, pues, no había sido, ni era para la mayoría de nosotros, sino el territorio peninsular (...) Acaso a los españoles no nos interesaron nunca estas otras tierras, que durante tres siglos fueron parte de nuestra nación (...)"

(V.T.M., 113-114).

El segundo sentimiento que experimenta Cernuda, al pisar de nuevo una tierra que ha sido española, es el de un cierto resentimiento, no exento de desprecio por la pobreza física y espiritual que allí se respira y que, en buena parte, es herencia de ciertos usos y tradiciones que dejaron los españoles. Pero, tras esta momentánea sensación de rechazo, el protagonista se reconoce a sí mismo en aquel ambiente y recobra incluso la fe en su propia tierra que había abandonado, con el exilio, en la más absoluta destrucción.

Una parte muy importante del reencuentro con el ambiente de su infancia, y del reconocimiento agradecido al pasado histórico de su patria en estas tierras, la tiene el hecho fundamental de la unidad de lengua con el pueblo mexicano. Esta comunidad de lengua, con ser importante para un hablante cualquiera, lo es mucho más si el hablante es poeta.

Por otra parte, en este reencuentro del autor-protagonista con sus raíces hispánicas, no podía faltar el sentimiento de identidad con ciertos paisajes y edificios, que son habituales en su mundo mediterráneo: palacios, conventos, patios, fuentes, iglesias, etc.

Al margen de estos temas, habría también que decir algo, aunque brevemente, de los personajes. Apenas son dos: el protagonista —en una ocasión llamado Albanio— y su amor mexicano, Choco. Albanio es, como veremos, un personaje recurrente en toda la obra de Cernuda. Lo representa a él mismo y es, al mismo tiempo, la simbolización pura del ser adánico. Aparecerá en otros relatos de su prosa literaria, como *En la costa de Santiniebla, El viento en la colina* y, por supuesto, en *Ocnos,* donde, a nuestro juicio, juega el papel más importante.

Aparecen también, aunque muy en segundo plano y solamente son nombrados una vez, otros personajes, cuyos nombres —Abelardo, Poncio, Arístides, Sofronio, Nuño, Tesifonte y Cardenio— son también, como el de Albanio, fiel reflejo del gusto de Cernuda por los nombres y, casi diríamos, ambientes pastoriles.

Por otra parte, en el nivel expresivo de la obra, destaca el hecho de que la casi mayoría de los poemas están narrados desde la segunda persona gramatical. Es un artificio técnico-narrativo, mediante el cual el autor-narrador queda desdoblado en dos personas que aparentemente son distintas, pero que lógicamente es una sola. Responde esta forma de narrar, según creemos, a lo que L. F. Vivanco ha denominado la etapa del "distanciamiento en figuras" (10) del autor de *La Realidad y el Deseo*. El poeta, que es a la vez autor y protagonista principal de su obra, cuando ha llegado al fondo más absoluto de su derrota —en lo espiritual, en lo amoroso y hasta en lo físico— adquiere o, mejor dicho, recobra, porque ya anteriormente la tenía, una actividad desdeñosa y distanciada, que es la que le exige el desdoblamiento y la nueva personificación objetiva.

Finalmente, apuntaremos el hecho de que el autor utiliza un vocabulario de tipo clásico —poco innovador— español, con muy escasas incrustaciones de americanismos. Entre estos últimos apenas se podrían señalar tres o cuatro, como por ejemplo, el "pulque" —especie de bebida alcohólica—, el "sarape" y el "rebozo" con los que se envuelven, respectivamente, el hombre y la mujer mexicanos. Entre la flora americana aparecen, como es lógico, algunos nombres de especies típicas de estas latitudes: el nopal, la pita y el maguey.

No quisiéramos acabar esta breve incursión a través de *Variaciones*, sin decir algo de lo que representa esta obra de Cernuda respecto a su otro libro de poemas en prosa *Ocnos*.

Para empezar, una diferencia sustancial, de fondo, es que, como ya tendremos oportunidad de decir en el momento preciso, *Ocnos* es un libro de evocación, nostálgico. En este sentido, es un libro construido desde el presente, aunque este presente intente, sin conseguirlo, ser una "reencarnación del pasado" (11). Por ello pensamos que en *Variaciones* no puede haber evocación, a pesar de que el protagonista quiera asistir, y al principio se engañe, a un reencuentro con el paraíso de su infancia.

Por ello, frente a *Ocnos, Variaciones* "es el resultado de hacer concreto y tangible el mundo utópico de *Ocnos,* que si allí, por el tamiz del tiempo, la irrealidad y la inconcreción espacial resultaba

---

(10) VIVANCO, Luis Felipe: "L. C. en su palabra vegetal indolente", en *Introducción a la poesía española contemporánea*, Madrid, Guadarrama, 1974, Tomo I, pág. 272.

(11) TALENS, Jenaro: *El espacio y las máscaras. Introducción a la lectura de Cernuda*, Barcelona, Anagrama, 1975, pág. 131.

atrayente, aquí fracasa con estrépito porque las coordenadas del limbo y las de la realidad no coinciden" (12). *Variaciones* se desgaja, en
cierta medida, de la unidad temática que representa *Ocnos*. Este último es, y así lo veremos más adelante, la búsqueda del paraíso/edén;
para que esta búsqueda pudiera darse hacía falta que el poeta-niño
hubiera perdido ese mundo simbólico que representa Sevilla. Por eso
Ocnos se escribe en y desde la distancia espacial y temporal.

Finalmente, y con esto terminamos, *Variaciones* es un proceso de
descripción —más que de interiorización lírica, como ocurre en *Ocnos*— de otro paraíso: México. Este país, si bien reúne cualidades y
rasgos parecidos al del poeta-niño, es otro distinto y por lo tanto,
aunque uno y otro se complementen, no puede ser el mismo paraíso
que el de su infancia sevillana.

Ante esta teoría cabría quizá plantearse la duda de por qué el
autor pensó, en los últimos días de su vida, publicar *Ocnos* junto con
Variaciones en un mismo libro (13). Frente a esto, pensamos que el
deseo del autor de ver ambos libros publicados juntos no significa
que él mismo creyera que fueran idénticos en su contenido, aunque
pudieran serlos, como él mismo dice, en "género y expresión" (14).
Quizá el azar jugó a su favor en este caso (15).

2.2. Los primeros poemas en prosa

La prosa poética que Cernuda publicó fragmentariamente en revistas de la época —*Verso y Prosa* de Murcia, *Mediodía*, de Sevilla y

---

(12) *Ibídem.*

(13) Nos referimos naturalmente a los deseos que expresó en una nota, escrita
por el propio Cernuda, para la edición tercera —y póstuma— de *Ocnos*, en 1963.

(14) De la nota damos fragmentariamente el párrafo que nos interesa en estos
momentos:

"(...) Le hubiera gustado (al autor) añadir separados, pero bajo la misma cubierta, los poemas en prosa que constituyen el librito *Variaciones sobre tema mexicano*,
análogos quizá en género y en expresión a los de *Ocnos.*" Ver CERNUDA, Luis, *Ocnos*, tercera edición aumentada, Xalapa, Universidad Veracruzana, 1963.

(15) Como se sabe, los deseos de Cernuda fueron imposibles de llevar a la práctica, puesto que los derechos de autor de *Variaciones* habían sido comprados por un
editor distinto al de *Ocnos*. Ver a este respecto el párrafo que hemos transcrito
fragmentariamente en la nota anterior, un poco más abajo, cuando dice: "(...) pero la
edición de *Variaciones* comprada por editor distinto, permanece ahora soterrada en
sótano editorial, donde nadie sabe que existe, y comprarla para tener derecho a unirse
a la edición presente, era cosa no hacedera de momento a su autor".

Meseta de Valladolid— es la mayoría de ella, por su temprana crono-
logía, de inspiración vanguardista. En ella aparece, a menudo, la presencia y, a veces, el canto emocionado a los adelantos técnicos de la
época, como el cine, el tren, o el automóvil que tanto apreció el futu-
rismo:

"¿Tren Angel de la velocidad que arrojas los kilómetros desde
tus negras alas sobre el espacio indiferente Cuerpo poderoso y flexible Voz silenciosa y resonante ¡Oh tren, yo te amo!"
                                        ("Presencia de la tierra", 1941-42).

Aunque también hay poemas en prosa, dentro de este grupo, que
están dentro de la más fina tradición o "clima de arranque" juanramoniano:

"Sobre el río terso y poderoso trazan los puentes su curva de
hierro. Desde la orilla, casas grises y rotas se miran en la corriente
sonrosada por la luz que filtran las nubes fugitivas hacia el horizonte,
lentamente se aleja un navío llevando entre sus cuerdas un fino pañuelo blanco agitado por el viento en despedida, sorbiéndole el agua
que lo moja."

                                                     ("Puerto", 1143).

2.3. Los poemas en prosa de *Los placeres prohibidos*

Por otro lado están los ocho poemas en prosa que Cernuda redactó en 1931 para *Los placeres prohibidos* pero que no vieron la luz
hasta la tercera edición, en 1958, de *La Realidad y el Deseo*. Son,
como el resto de los poemas en verso de la serie, de clara inspiración
superrealista, "una corriente espiritual en la juventud de una época,
ante la cual yo —recuerda el poeta en *Historial de un libro*— no
pude, ni quise, permanecer indiferente" (H. L. 909).

Es interesante observar que Cernuda llega a estos poemas en prosa en gran parte gracias al versolibrismo imperante en la época. De la
raíz creadora que informa la gestación de estos poemas, y que probablemente influirá en el resto de su obra poética en prosa, dice el
propio poeta sevillano:

"Antes había tenido cierta dificultad en usar el verso libre: con el
impulso que entonces me animaba, la dificultad quedó vencida, lle-

gando a veces (...) a utilizar verso de extensión considerable, en realidad versículos. Prescindí de la rima, consonante o asonante y apenas si, desde entonces, he vuelto a usar la primera. Lo único es que, a pesar de ambas cosas, verso libre y carencia de rima, en ocasiones sea visible en algunas de tales composiciones una intención análoga a la de la canción (...)"

(H.L., 909-910).

Pero quizá lo más interesante de estos poemas en prosa es que son, en su mayoría, de carácter narrativo y "la introducción de los elementos narrativos en *Los placeres prohibidos* será el inicio de un tipo de poesía que Cernuda cultivará insitentemente en libros posteriores" (16).

La posición de Cernuda dentro del surrealismo es clara: no es un mero imitador del surrealismo oficial francés, como pensaba P. Ilie (17). Cernuda se sirve del surrealismo para ampliar las dimensiones expresivas de su universo poético. El surrealismo es un traje que le viene a la medida para expresar toda su capacidad de rebeldía frente a los pilares básicos en que se sustenta la sociedad que le rodea. De ahí que la novedad de su escritura —su surrealismo— la plantee a un doble nivel: personal y general. Personal en el sentido que Cernuda se enfrenta abiertamente a toda su inspiración poética anterior, que le había llevado a cultivar una poesía de corte clasicista. De otra parte, su postura crítica frente a los escritores de su tiempo que se dejan llevar únicamente por la palabra y no por la poesía. Precisamente en 1929, al traducir unos poemas de P. Eluard, L. Cernuda denunciaba así el verbalismo a ultranza de nuestra poesía, contra el cual se rebela su voz superrealista:

"Amamos, mejor, se ama demasiado la palabra para ser románticos, sólo nos interesan las palabras, no la poesía. Y si esta última necesita de aquellas, esas palabras son ya ciertamente muy distintas, bien que como las otras, como todas las palabras, traicionen también." (18)

---

(16) RUIZ SILVA, Carlos: *Arte, amor y otras soledades en Luis Cernuda*. Ediciones de "La Torre", Madrid, 1979.

(17) ILIE, P.: *Los poetas surrealistas españoles*, Madrid, editorial Taurus, 1972, págs. 291-315.

(18) CERNUDA, L.: "Paul Eluard" en *Litoral*. Málaga, núm. 9, junio de 1929.

Una buena parte —por no decir todos— los poemas de *Los Place-res prohibidos* nacen precisamente con este sello de inconformismo rebelde que hacen del surrealismo de Cernuda un auténtico "movimiento de liberación" (19), que se ejerce en todas las circunstancias y son expresiones de cualquier sentimiento, principalmente del amor.

En lo que respecta a los ocho poemas en prosa, de la misma serie que ahora nos ocupan, hay que decir que, aunque la rebeldía no esté ausente en ellos, es fundamentalmente el sentimiento de soledad el que da tono expresivo a los mismos, bastaría con citar alguno de estos poemas para comprobar lo que decimos. "En medio de la multitud" es un buen ejemplo, y el título no deja de ser significativo —por contradictorio— al respecto. Este mundo habitado por Cernuda en los poemas de *Los placeres prohibidos*, no sólo es solitario, sino insolidario, y en él la comunicación entre los seres se ha hecho irrealizable.

---

(19) VIVANCO, Luis Felipe: "Luis Cernuda y su demonio", en *Historia General de las Literaturas Hispánicas*, edición de Guillermo Díaz-Plaja, Barcelona, Vergara, 1967, tomo VI, págs. 563-578.

PRIMERA PARTE:
El mundo
de *Ocnos*

En esta parte de nuestro trabajo, que denominamos *El mundo de Ocnos*, iniciamos ya el estudio propiamente dicho de la obra que va a ser objeto de atención preferente a lo largo del mismo. Agrupamos aquí una serie de capítulos que van desde la presentación externa del libro con sus ediciones y variantes —*El texto*—, hasta el estudio pormenorizado de la topografía literaria del mismo —*Paisaje*—, pasando, naturalmente, por el relevante análisis temático de la obra.

I. El texto

1. PRIMERAS EDICIONES

Ocnos conoce tres ediciones en vida de Luis Cernuda —1942, 1949 y 1963— bien que la última apareciese a los pocos días de morir en México el autor. Pero el libro ya estaba en la imprenta e incluso terminado desde el mes de septiembre de ese mismo año, como podemos leer en los mismos ejemplares de esta última edición. A continuación ofrecemos un cuadro sinóptico de las ediciones del libro, número de poemas —puesto que el libro fue aumentando de tamaño al ir Cernuda añadiendo nuevos textos— y fechas aproximadas de redacción.

EDICIONES (En vida del autor)	NUMERO DE POEMAS	FECHA APROX. DE REDACC.
OC$_1$ - 1942 (Londres)	31	1940-41
OC$_2$ - 1949 (Madrid)	46	1942-49
OC$_3$ - 1963 (México)	63	1950-61

La primera edición de *Ocnos* fue publicada en Londres, en la editorial The Dolphin —que entonces regentaba el catalán Joan Gili—, en el año 1942. Cernuda costeó los gastos de impresión. En el Colofón del libro podemos leer: *Impreso en los talleres de Stephen Austin and Sons Ltd., Hertford, Inglaterra.* El libro mide 21,8 × 14,2 cms. La cubierta es de color ocre, muy parecido al de las paredes de las casas sevillanas —color que en la ciudad se conoce por el de "rojo sevilla"— y la portada es muy sencilla, reproduce solamente el nombre del autor y el título de la obra. El papel es alisado crema y la letra del tipo Bodoni. No sabemos el número de ejemplares que pudo tener la tirada pero no creemos que fuera muy numerosa, puesto que el libro parece ser que se agotó muy pronto, "pese a que no se vendió en España y sólo llegó a unos pocos amigos del poeta" (1).

Consta esta edición de 31 poemas que D. Musacchio, en una edición posterior que luego veremos, cree que se comenzaron a escribir a partir del año 1938, aunque nosotros nos inclinamos a pensar que debió ser hacia 1940 "y en Glasgow (...) obsesionado entonces con recuerdos de su niñez y primera juventud en Sevilla" (2).

Todos los poemas de esta primera edición tienen una localización concreta cual es la infancia y adolescencia sevillana de Luis Cernuda. El orden de los poemas difiere sustancialmente de la edición definitiva preparada por Cernuda para la Universidad Veracruzana en 1963. Este orden es el siguiente:

"La poesía"
"Belleza oculta"
"El otoño"
"El tiempo"
"Jardín antiguo"
"Pregones"
"El poeta"
"La naturaleza"
"La catedral y el río"
"El magnolio"
"El escándalo"

(1) CANO, José Luis: "Notas sobre *Ocnos* con dos cartas inéditas de Luis Cernuda", en *Litoral*, núms. 79-80-81, Málaga, 1978, pág. 193.

(2) Nota editorial en *Ocnos₃* reproducida en *Prosa Completa*, ed. cit., pág. 1.464.

"La ciudad a distancia"
"Sombras"
"El huerto"
"El maestro"
"La riada"
"Atardecer"
"La eternidad"
"José María Izquierdo"
"El mar"
"La música y la noche"
"El vicio"
"El bazar"
"Un compás"
"El destino"
"El placer"
"Las tiendas"
"El amor"
"La música"
"El amante"
"Escrito en el agua"

La aparición de la obra no tuvo demasiada crítica. Cosa lógica, por otra parte, al ser una edición reducida y prácticamente desconocida en España. De todas formas la que tuvo trató el libro elogiosamente. Destacan las reseñas de Aubrey F. G. Bell, en *Bulletin of Spanish Studies*, quien, en un comentario más poético que crítico, recibe alborozadamente la obra "en unos años de aislamiento y tumulto" (3). Octavio Paz, en *El Hijo Pródigo*, también dedica un breve comentario al libro, al que califica de elegante y abandonado y del cual cree que "no puede considerarse como algo distinto a su libro (*La Realidad y el Deseo*) de poesía" (4). Finalmente, Rafael Montesinos, en *Proel* de Santander, cree que la prosa de *Ocnos* brota de la esencia más pura andaluza sin querer nunca Cernuda presentarse "disfrazado de andaluz" (5).

---

(3) F. G. BELL, Aubrey: *"Ocnos"*, en *Bulletin of Spanish Studies*, XX, núms. 78-79, Liverpool, 1943, pág. 162.

(4) PAZ, Octavio: *"Ocnos"*, en *El hijo Pródigo*, núm. 3, México, 1943, págs. 188-189.

(5) MONTESINOS, Rafael: *"Ocnos:* Los poemas en prosa de Luis Cernuda", en *Proel*, Santander, 1966, págs. 91-100.

La segunda edición apareció en *Insula*, en 1949. Aparte de la edición normal, se imprimieron dos series especiales fuera de comercio: una de quinientos ejemplares, en papel de edición, numerados del 1 al 500, y otra de cien en papel de hilo verjurado, numerados del I al C. José Luis Cano, que fue el promotor junto con su compañero en las tareas literarias y editoriales de la revista *Insula* E. Canito, ha contado así el episodio de esta nueva edición:

"Agotada años después escribí a Cernuda proponiéndole una nueva edición del libro para inaugurar la colección *Insula* fundada y dirigida por Enrique Canito, quien compartía conmigo el deseo de publicar en ella un libro de Cernuda" (6).

La respuesta del poeta no se hizo esperar. En orden a la importancia que para nosotros tiene la carta de contestación de Cernuda la transcribimos literalmente:

"Querido José Luis Cano.

Te agradezco mucho tu invitación, y al mismo tiempo tener algunas nuevas tuyas. Espero recibir los libros cuyo envío me anuncias, aunque no sé cuando llegarán; hace más de dos meses, precisamente, que se publicó en Buenos Aires una colección inédita de versos míos, y todavía están los ejemplares en camino, si no es que se han perdido, como temo.

En cuanto a publicar algo ahí, deseo aceptar tu oferta, y aun cuando en este momento no quiero editar *Las Nubes* (hay allá como en todas mis colecciones de verso, muchas cosas que hoy me parecen demasiado insatisfactorias para reeditarlas, necesitando una severa tala), pudiera decidirme por *Ocnos*. Entre la primera publicación de ese *libro y esta ocasión de imprimirlo otra vez, una colección de trozos nuevos se han ido reuniendo; pero la mayoría de estos trozos son cosa, aunque similar a Ocnos en un sentido, disimilar en otro, y su edición no me parece oportuna sin algún trabajo complementario, para el cual actualmente no tengo humor.*

No obstante, tomo de esos trozos nuevos unos siete, que en realidad pertenecen a *Ocnos* y te los envío con unas cuantas indicaciones respecto a la impresión y *un índice nuevo, que marca donde deben*

---

(6) CANO, J. L.: *Art. cit.*, pág. 193.

intercalarse esos escritos inéditos. Si mi proyecto te parece bien, ya me dirás si son necesarias más aclaraciones respecto a la impresión.

Como tú mismo propones la edición de tal libro, *supongo que no habrá inconveniente en la publicación de alguno de sus trozos.* Pero si entre ellos, o entre estos nuevos que te envío, hubiese algo que prefirieses dejar a un lado, no tengas escrúpulo en decírmelo, que yo me doy cuenta de tu buen deseo (...)" (7).

Lo que viene a continuación no añade nada interesante para nuestro estudio de las ediciones del libro. Respecto a esta primera carta que Cernuda escribió a José Luis Cano como respuesta a su demanda de publicar un libro, nos parece interesante comentar los siguientes puntos, que son los que hemos subrayado en el texto para señalar su importancia.

Según creemos, tres aspectos destacan en la carta de Luis Cernuda. En primer lugar el hecho de que para el poeta los poemas del primer *Ocnos* tienen un sentido concreto: el de servir de vehículo para el recuerdo de la infancia y adolescencia sevillanas. Esta unidad se romperá más tarde en las ediciones segunda y tercera de la obra.

En segundo lugar destaca un dato —en íntima conexión con el anterior— que se refiere al deseo por parte de Cernuda de ofrecer un índice lo más coherente posible, con una ordenación cronológica de los poemas —la única ordenación posible en un libro de memorias autobiográficas— de *Ocnos*.

Finalmente, destaquemos la importancia decisiva que para un libro editado en estos años tuvo la censura española. El propio Cernuda se da cuenta —y así lo hace ver muy elegantemente y casi de pasada— de la imposibilidad mannifiesta de publicar ciertos poemas —como "El poeta y los mitos"— en esa época.

Precisamente estos dos últimos puntos intervienen de manera decisiva en la ordenación del material para esta nueva edición de la obra. En *Ocnos$_2$* aparecerán los treinta y un poemas de *Ocnos$_1$*, excepto "Escrito en el agua", que quedó suprimido por la intervención de la censura del Régimen. Supresión que, al parecer, no contravino excesivamente los intereses editoriales del propio Cernuda, que en una segunda carta al mismo J. L. Cano escribe lo siguiente:

_____

(7) *Ibídem*, págs. 193-194. El subrayado es mío.

"No creas que me disgusta mucho la noticia de tener que supri-
mir, en esta segunda edición de *Ocnos*, la pieza final de la primera
edición. En realidad pensé suprimirla, por considerarla exagerada en
tono (...)
"(...) aquella pieza final de la primera edición actuaba como una
especie de tapón, e impedía la continuación del libro (...)" (8).

Razón por la cual tampoco figuró en la tercera edición de la Universidad Veracruzana.

Además de estos treinta poemas —los treinta y uno de *Ocnos*,
menos "Escrito en el agua"— el poeta añade dieciocho más, dos de
los cuales —"El poeta y los mitos" y "El enamorado"— son elimina-
dos por la censura. Ahora el libro, como dice Cernuda, ha perdido la
unidad temática andaluza (9), pero la unidad cronológica del primer
Ocnos queda a salvo. El nuevo índice, con los poemas intercalados es
el siguiente. A la derecha del título del poema daremos la fecha y
lugar de la primera aparición del poema. Siempre que no se indique
lo contrario, el poema pertenece a la primera edición de 1942. He
aquí, pues, el índice:

    "La poesía"
    "La naturaleza"
    "El otoño"
    "El piano"   1.ª publ. *Revista de Guatemala*
                                 (Guatemala) 4 (1.º de abril de
                                 1946), pág. 28
    "La eternidad"
    "El huerto"
    "El bazar"
    "El tiempo"
    "Pregones"
    "El escándalo"
    "El vicio"
    "Belleza oculta"
    "La catedral y el río"
    "Jardín antiguo"
    "El poeta"

---

(8) *Ibídem*, pág. 195.
(9) *Ibídem*.

"El placer"
"El magnolio"
"La ciudad a distancia"
"El maestro"
"La riada"
"El enamorado"   1.ª publ. *Ocnos*₂
"Atardecer"
"José María Izquierdo"
"La música y la noche"
"Un compás"
"Sortilegio nocturno"   1.ª publ. *Ocnos*₂
"El destino"
"Sombras"
"Las tiendas"
"La música"
"El mar"
"Aprendiendo olvido"   1.ª publ. *Ocnos*₂
"El estío"   1.ª publ. *Ocnos*₂
"El amante"
"Ciudad de la meseta"   1.ª publ. *Ocnos*₂
"Santa"   1.ª publ. *R. G.* (Guatemala), 4 (1.º
                                        de abril de 1940), págs. 28-29
"La tormenta"   1.ª publ. *Ocnos*₂
"Pantera"   1.ª publ. *R. G.* (Guatemala), 4 (1.º
                                        de abril de 1946), págs. 30-31
"El amor"
"Río"   1.ª publ. *Ocnos*₂
"El mirlo"   1.ª publ. *R. G.* (Guatemala), 4 (1.º
                                        de abril de 1946), pág. 27
"El brezal"   1.ª publ. *Ocnos*₂
"Las viejas"   Se publicó primero, con el título
                                        "Vieja Inglaterra", en *R. G.* (Gua-
                                        temala), 4 (1.º de abril de 1946),
                                        págs. 31-32
"La primavera"   1.ª publ. *Ocnos*₂
"La nieve"   1.ª publ. *Ocnos*₂
"La soledad"   1.ª publ. *Ocnos*₂
"Las campanas"   1.ª publ. *Ocnos*₂

Como más arriba hemos dicho, en una edición especial, y a ruegos del propio Cernuda, esta misma editorial publicó dos series especiales sin comercializar, que contenían los dos poemas censurados —"El poeta y los mitos" y "El enamorado"— de la edición normal.

En cuanto a la crítica, tampoco esta vez se excedió en comentarios. Las más importantes fueron las de José Luis Cano, en *Occidental* de New York, la de Leopoldo Panero, en *Cuadernos Hispanoamericanos*, que insiste en el influjo de "las circunstancias reales y biográficas que asistieron" (10) a la invención de esta obra, refiriéndose naturalmente al exilio del poeta. German Bleiberg, en *Insula*, da su opinión crítica sobre la obra de Cernuda, destacando de ella un aspecto enormemente manido y desagradable para el propio poeta, cual es el influjo que en esta obra pudo tener —ya se había destacado repetidamente para *Perfil del Aire*— la poesía de Jorge Guillén. En este sentido y con un criterio que en absoluto compartimos, dice Bleiberg que es en *Ocnos* donde cree "que puede hallarse la clave del poeta que influía en Cernuda por los años en que compuso su libro de juventud" (11). Que se haya señalado el influjo de Guillén en *Perfil del Aire*, aunque discutible, nos parece absolutamente normal, pero señalarla también en *Ocnos* nos parece excesivo.

Finalmente, también Antonio García de Lama, en *Espadaña*, dedica un artículo a reseñar la obra de Luis Cernuda y a señalar "las influencias que asimila" (12) entre las que destacan las de Mallarmé, Guillén, Garcilaso y Bécquer.

La tercera y última edición, en vida del autor, se publica en la Universidad Veracruzana de Xalapa, en el año 1963, aunque por algún retraso en la impresión del libro no aparece hasta algunos días después de morir el poeta. Se tiraron cuatro mil ejemplares y en su composición se utilizaron tipos Bodoni. La edición estuvo preparada por el propio autor, Sergio Galindo y Javier Peñalosa. La maqueta la hizo Guillermo Barclay.

En la correspondencia que Cernuda mantuvo con Carlos P. Otero por esas fechas se puede rastrear la inquietud y el malestar por el

---

(10) PANERO, Leopoldo: "Ocnos, o la nostalgia contemplativa", en *Cuadernos Hispanoamericanos*, julio-agosto 1949, págs. 183-187.

(11) BLEIBERG, Germán: "Los libros del mes", en *Insula*, Madrid, enero 1949, pág. 5.

(12) GARCÍA DE LAMA, Antonio: "*Ocnos* de Luis Cernuda", en *Espadaña*, núm. 39, León, 1949, pág. 814.

retraso de la salida del libro. Así, el 25 de agosto le anuncia con satisfacción que "*Ocnos* se está componiendo en estos días" (13). Pero, unos días después, el 12 de septiembre, en una agria carta, le cuenta que *Ocnos* todavía no está listo. El fragmento de la carta en cuestión continúa dando muestra de su desesperación ante la indiferencia de los editores:

"La persona de Xalapa con quien me entiendo no pone una carta ni para remedio. Si necesita comunicarse conmigo, conferencia telefónica al canto, y si no estoy en casa cuando llama (sin aviso) soy yo quien tiene que pedir conferencia con él. De P. y L. (*Poesía y Literatura*), 2, nada aparte de que sí, que sí, pero nada se arregla. Les voy a mandar al c., no publicar nada y morirme de asco de una vez" (14).

Al parecer Cernuda tenía bastante ilusión en esta última edición de su libro y parece como presentir el hecho de no poder verlo en la calle. Como ya ha quedado dicho, la edición saldrá al poco tiempo de su muerte publicado por la editorial de la Universidad Veracruzana. Consta de sesenta y tres poemas: los cuarenta y seis de *Ocnos*$_2$, más quince nuevos, escritos entre una y otra edición, y además los dos censurados en la de 1949 —"El poeta y los mitos" y "El enamorado".

La ordenación de los mismos sigue siendo la cronológica, que es, como hemos dicho anteriormente, la que le confiere unidad a la obra. El índice —con la fecha y lugar de aparición de los poemas incorporados a *Ocnos*$_3$— ahora ya definitivo, queda así:

"La poesía"
"La naturaleza"
"El otoño"
"El piano"
"La eternidad"
"El huerto"
"El miedo"   1.ª publ. *México en la Cultura*, 413, 17, II, 57.

"El bazar"
"El tiempo"

---

(13) P. OTERO, Carlos: "Cernuda en California", en *Letras*, I, Barcelona, Seix Barral, 1972, pág. 287.
(14) *Ibídem*.

"Pregones"
"El poeta y los mitos"
"El escándalo"
"Mañanas de verano"   1.ª publ. *Caracola* (Málaga), 88, fe-
                                       brero de 1980, s.p.

"El vicio"
"Belleza oculta"
"La Catedral y el río"
"Jardín antiguo"
"El poeta"
"El placer"
"El magnolio"
"La ciudad a distancia"
"El maestro"
"La riada"
"El viaje"   1.ª publ. *M. C.*, 394 (7 de octubre
                                       de 1956), pág. 1.

"El enamorado"
"Atardecer"
"José María Izquierdo"
"La música y la noche"
"Un compás"
"Sortilegio nocturno"
"El destino"
"Sombras"
"Las tiendas"
"La música"
"El mar"
"Aprendiendo olvido"
"El estío"
"El amante"
"Ciudad de la meseta"
"Santa"
"La tormenta"
"Guerra y paz"   1.ª publ. *Ocnos₃*
"Pantera"
"El amor"
"Ciudad Caledonia"   1.ª publ. *Ocnos₃*
"Río"

"El mirlo"	
"El brezal"	
"Biblioteca"	1.ª publ. *Ocnos₃*
"Los viajes"	1.ª publ. *M. C.*, 413, 17-II-57, pág.
"Maneras de vivir"	3
"La primavera"	
"La nieve"	
"La luz"	1.ª publ. *Ocnos₃*
"Las campanas"	
"La llegada"	
"Helena"	1.ª publ. *Ocnos₃*
"La casa"	Ibid.
"Regreso a la sombra"	1.ª publ. *M. C.*, 413, 17-II-57, pág.
	3
"Pregón tácito"	1.ª publ. *Ocnos₃*
"El acorde"	1.ª publ. *Caracola* (Málaga), 67, mayo de 1958, s. p.

En esta ocasión el libro no recibe ninguna atención por la crítica especializada, al menos ninguna que consideremos importante. La razón suponemos que hay que buscarla en el hecho de que la edición, con sólo quince poemas nuevos —la mayoría de los cuales ya habían aparecido en revistas de la época—, era prácticamente la misma que la de 1949. Por otra parte Cernuda era ya por esta época autor de una sola y mitificada obra: *La Realidad y el Deseo*.

2. LAS EDICIONES POSTERIORES A LA MUERTE DE LUIS CERNUDA

El libro conoce, además de las ediciones ya reseñadas, cuatro más que han ido apareciendo a lo largo de estos últimos años.

En 1966, el Istituto de Litteratura Spagnola e Iberoamericana de la Universidad de Torino, publica una edición de *Ocnos* con un magnífico y poético prólogo de Cesare Acutis.

La siguiente edición, en orden cronológico, es la inserta en la *Prosa Completa* del autor. Magnífica edición al cuidado de Derek Harris y Luis Maristany, que ha aparecido en Barral Editores en el año 1975. Los editores, además de fechar exhaustivamente todo el material poético de *Ocnos*, establecen las variantes entre las tres ediciones en vida del autor.

Las dos últimas aparecen en el año 1977. La primera es la preparada por J. Gil de Biedma, en la editorial Taurus, la cual tiene la virtud de presentar —según los deseos del propio Cernuda— *Ocnos* junto con *Variaciones sobre tema Mexicano*. La segunda, de este mismo año 1977 —última hasta el momento—, es la presentada, en magnífico prólogo y escrupulosa ordenación de todo el material en prosa poética de Cernuda, por la profesora francesa D. Musacchio, en la editorial Seix Barral.

Estas dos últimas ediciones siguen naturalmente la versión de *Ocnos₃*, añadiendo, además, el poema excluido en ésta y *Ocnos₂*, "Escrito en el agua".

3. LAS VARIANTES

Han sido establecidas por D. Harris y L. Maristany en su edición crítica de la *Prosa* de Luis Cernuda. Son bastante numerosas pero, a excepción de un poema titulado "La llegada", del que más adelante hablaremos, no son sustanciales, en el sentido de que no afectan al significado total o parcial de la obra. A continuación damos la lista completa de poemas de *Ocnos₃* que sufren alguna variación con respecto a las versiones primitivas de *Ocnos₁*, *Ocnos₂*, o de las revistas de la época en donde primero fueron publicados.

En la columna de la izquierda colocaremos la versión primitiva, a la derecha la versión definitiva de *Ocnos₃*.

"El otoño"

Como si volviéramos (OC₁)	... Te parecía volver
lo distante (OC₁)	... y distante

"El piano"

oíste otras veces (R. G.)	... otras veces oíste
honda bajo, (R. G.)	... bajo
como fuente de quien el río,	... como la fuente...
y aún el mar, (R. G.)	

"El miedo"

algún, (M. C.)	... alguno
A, (M. C.)	... Al
la noche (M. C.)	... noche
de aquel (M. C.)	... contra aquel

"Pregones"

Canastillo ya vacío (OC$_1$)	... Canastillo, ya vacío

"Mañanas de verano"

y hasta en ocasiones ("Caracola")	... y en ocasiones hasta

"El vicio"

El cochero en su pescante (OC$_1$)	... El cochero, en su pescante
de la puerta (OC$_1$)	... puerta

"Belleza oculta"

vida (OC$_1$)	... en su vida

"La catedral y el río"

Coro (OC$_1$)	... y el coro
aún remotamente (OC$_1$	... aún
plumas (OC$_1$)	... a plumas
color (OC$_1$)	... su color

"Jardín antiguo"

barandilla (OC$_1$)   ... baranda

"El poeta"

claramente para su desdicha ... claramente, para su desdicha
(OC$_1$)

"La ciudad a distancia"

estival (OC$_1$)   ... del mediodía estival
ciudad (OC$_1$)   ... la ciudad

"El viaje"

Falta "entonces" (M. C.)	... entonces
iba constatando su alma (M. C.)	... iba aprendiendo que
fortuna (M. C. y C.)	... de fortuna
En la versión de M. C. y C., tras espíritu hay comas, y el párrafo sigue así: espíritu, sea Palmira o la City, San Petersburgo o Batavia, las islas del mar Egeo o las murallas de basalto del río Velilla en el bajo Perú.	... En la versión definitiva tras espíritu hay punto y aparte. El párrafo de M. C. y C. queda suprimido.
Falta "del crecimiento" (M. C.)	... la crisis del crecimiento
cielo (M. C.)	... de cielo

"Un compás"

andaluz (OC$_1$)   ... andaluz

"El destino"

golondrinas, (OC$_1$)   ... golondrinas

"Las tiendas"

postigo (OC$_1$)   ... el postigo
plaza (OC$_1$)   ... la plaza
cofradías (OC$_1$)   ... cofradías,

"El mar"

enfriarse (OC$_1$)   ... al enfriarse

"El amante"

voces (OC$_1$)   ... sus voces,

"Santa"

subterránea, (R. G.)   ... subterránea
corroborarla (R. G.)   ... corroborarla,
suspensa (R. G.)   ... suspensa,

"Pantera"

maléfica, (R. G.)   ... maléfica
apariencia, (R. G.)   ... apariencia
ahora y sin sangre (R. G.)   ... ahora sin sangre

"Río"

ramas (OC$_2$)   ... ramas,

"El mirlo"

yerba, (R. G.)	... yerba
volandera, (R. G.)	... volandera
nido (R. G.)	... nido

"Las viejas"

desplumados (R. G.)	... desplumados,
acompañadas (R. G.)	... acompañadas,
aquellos (R. G.)	... aquellos,
ido (R. G.)	... ido,
recuerdo (R. G.)	... recuerdo,
Tras "acompaña" se intercala en R. G.: "nadie en parte alguna debe recordarlas"	
huir (R. G.)	... rehuir
atraviesas (R. G.)	... cruzas...
una parcela de tierra, un poco de hierba (R. G.)	... un poco de tierra, unas matas de hierba
empírica (R. G.)	... empírica,
pertenecen (R. G.)	... pertenecen,

"Maneras de vivir"

Andersen o *Las Mil y Una noches*, (M. C.)	... (*Andersen* o *Las Mil y una noches*)
ante ti como (M. C.)	... ante
si escapaban (M. C.)	... escapaban
el periplo (M. C.)	... periplo
las costas (M. C.)	... por costas
Si regresaban a lo suyo	... Luego regresaba a lo suyo
era a las (M. C.)	... a las
en el estilo de Paladio (M. C.)	... una villa de Palladio

En M. C. el autor no establece separación entre el párrafo que empieza: "Alguna vez tuviste ocasión..." y el anterior.

Cuya suerte envidiabas (M. C.)	... cuya suerte creías envidiar
de su puesto en la vida (M. C.)	... del puesto que ocupaba en la vida
mención reducida (M. C.)	... con mención en el testamento
sin saberlo, (M. C.)	... sin saberlo
En M. C. después de "la": "gran época de tales seres, la cual vida,"	... la de apogeo de tales seres, primera internacional de la gran cursilería.
asediado, apenas si parecía (M. C.)	... asediado, y que apenas parecía
ya, entonces	... ya,
el hombre es (M. C.)	... el hombre mismo es,

"La llegada"

Despierto mucho antes del amanecer (M. C.)	... antes de amanecer
En M. C. y C. falta "salones"	... Todo, salones, pasillos y cubierta
apenas apercibido ya (M. C.)	... apenas apercibido ya
y la nerviosidad (M. C.)	... y la zozobra
y ciudad nuevas imaginadas (M. C.)	... y ciudad nuevas, aunque imaginadas
En M. C. esta frase pasa entera al párrafo siguiente	... La luz se fue haciendo y parecía que faltaba bastante para divisar la costa.
un presentimiento súbito (M. C.)	... un presentimiento
la línea de rascacielos alta (M. C.)	... la línea de rascacielos

los que pueden verse en la entra- ... los de la entraña en el caracol
ña del caracol (M. C.)

El resto del párrafo en la versión ... La cresta de los edificios contra
de M. C. dice así: "La cresta de el cielo y el borde contiguo del
los edificios contra el cielo y el cielo estaban marcados de ama-
borde contiguo del cielo eran rillo por un sol invisible, y a un
más claros marcados de amarillo lado y a otro ese eje de luz se
con un sol invisible; el resto, nie- oscurecía con noche y con mar
blas, celajes y nubes, oscurecien- en lo más alto y lo más bajo del
do con noche y con mar lo más horizonte.
alto y lo más bajo del horizonte". La versión de este fragmento
en C. sólo contiene respecto a la
de OC₃, la variante siguiente:
"de ese eje de luz, nieblas, celajes
y nubes oscurecían (...)"

cuantas veces había visto aquello ... cuántas veces lo habías visto
(M. C.)

y la ciudad misma (M. C.)   ... y la ciudad

estabas (M. C.)   ... estaba

¿Era la ciudad quien estaba ante ... ¿Estaba ante ti la ciudad que
ti (M. C.) esperabas

que el buque estaba aún en cami- ... que el buque estaba aún en cano y no se divisaba tierra (M. C.) mino,

La versión de M. C., muy altera- ... Y más de siete horas después
da, dice así: "Y más de siete ho- terminado el acoso del animal
ras después, la nerviosidad y la humano, pudiste salir libre, del
impaciencia alzadas al máximo cobertizo de la aduana en el
imposible, pudiste al fin salir de muelle a la luz del mediodía: al
la aduana y del muelle, curiosa- fin pisabas la ciudad que entre-
mente confortado con aquellas viste fabulosa como un levia-
palabras del policía que examinó tán, surgiendo del mar de ama-
tus papeles: necida.
You are not a Franquist? Welco- Parecía ahora tan trivial, igual
me to the United States. en calles pardas y casas sórdi-
Y al fin pisaste la ciudad. das a aquella Escocia aborreci-
¿La misma entrevista al surgir ble, dejada atrás hacía años. Pe-

del mar de amanecida? Parecía ahora tan trivial, igual en calles pardas y casas sólidas a quella Escocia aborrecible, dejada atrás hacía años. Pero eran sólo los suburbios; la ciudad verdadera estaba adentro. Toda tiendas brillantes como juguetes de día de reyes y día de santo, empavesada de banderas bajo un cielo otoñal claro que encendía los colores, tendida la mano llena de promesas, abrupta, maravillosa."

muelle, (C.)

En la versión de C., el párrafo dice así: "La ciudad verdadera estaba adentro, toda tiendas, bares, hoteles, restaurantes, cines, teatros, brillantes como jueguetes de día de Reyes o día de Santo, empavesada de banderas bajo un cielo otoñal claro que encendía los colores, alegres con la alegría envidiable de la juventud sin conciencia. Y aunque su corazón lujoso te pareciera latir sólo para los ricos, no para un pobre como tú, por un momento te sentiste latiendo con ella.

¿No te la habían entregado aquellas palabras inauditas del policía que examinó tus papeles?... "Welcome to the United States", ufano de la bienvenida, te adentraste por la ciudad abrupta, maravillosa, como si tendiera hacia ti la mano llena de promesas."

ro eran sólo los suburbios; la ciudad verdadera estaba adentro, toda tiendas con escaparates, brillantes y tentadores, como juguetes un día de reyes o día del santo, empavesada de banderas bajo un cielo otoñal claro que encendía los colores, alegre con la alegría envidiable de la juventud sin conciencia. Y te adentraste por la ciudad abrupta, maravillosa, como si tendiera hacia ti la mano llena de promesas.

... muelle

... La versión de OC$_3$ ya la hemos dado en la variante anterior.

"Regreso a la sombra"

sé (M. C.)	... en no sabías
claros, tan plenos, tan únicos, pero irrecobrables (M. C.)	... aquellos días claros, ya irrecobrables
Qué agonía, qué morir	... Que agonía
nunca ser parte (M. C.)	... ni podrán ser nunca parte de ti
tus	... los
tu (M. C.)	... el

"El acorde"

¿Es primero un...	... Es primero, ¿un...
e inesperado (C.)	... y desusado
Comienza con (C.)	... Comienza como

"Escrito en el agua"

Poema en prosa final de OC_1 que, como hemos dicho en el estudio de las ediciones, quedó suprimido de OC_1 y OC_2.

II. Circunstancias biográficas que rodean la aparición de la obra: El exilio.

¡Qué terror, qué terror, allá lejos!
la sangre quita el sueño,
hasta la mar, la sangre quita el sueño.
Nada puede dormir.
Nadie puede dormir.
...y el miércoles del Havre sale un barco,
y este triste *allá lejos* se quedará más lejos.

(RAFAEL ALBERTI, *Vida bilingüe de
un refugiado español en Francia*)

1. INGLATERRA

Nunca en la historia de España se había producido un éxodo de semejante magnitud, tanto en el número como en la calidad intelectual de los que tuvieron que dejar nuestra patria al final de la Guerra Civil de 1936.

Juan Maestre Alfonso ha dado cifras que hablan por sí mismas acerca de la importancia de este exilio. Abandonaron nuestro país "2 premios Nobel; 891 funcionarios públicos (dedicados a la industria, la técnica, la enseñanza, seguros, Banca, etc.); 501 maestros de Primaria; 462 profesores de Universidad, Liceos, Institutos, Normales y

Escuelas Especiales; 434 abogados, magistrados, jueces, notarios, etc." (1).

Y así continúa la relación de los profesionales que dejaron España. Como cifra global se calcula que fueron un total de cinco mil intelectuales los que salieron. Por supuesto que el exilio español no fue el único en la Europa del siglo XX. Importantes fueron también los de los regímenes nazis y fascistas. Pero el destierro español del 39, por sus peculiaridades, se diferencia del resto de éstos. Mientras en los demás exiliados europeos se produce una casi completa integración en el medio social que les recibe, en el caso español, los emigrados conservan su lengua, su nacionalidad y sus costumbres (2).

Por lo demás, como bien dice Vicente Llorens, el factor aglutinante de la emigración española "lo constituye además de la guerra como causa inmediata, la aceptación o no del régimen que siguió a la República" (3).

Quiere esto decir que el exilio español va a estar marcado, desde su inicio, por una clara posición beligerante contra el régimen de Franco y la España oficial que han dejado atrás. Este es el caso, entre otros, de nuestro autor, y tal circunstancia es la que reflejará en sus obras de exilio. Principalmente *Las Nubes,* que terminó en Inglaterra, y *Como quien espera el alba* que empezó a escribir allí mismo, a raíz de los acontecimientos de la segunda guerra mundial. Por supuesto que también *Ocnos* nace directamente relacionado con los acontecimientos del exilio, y de ahí nuestro interés en enmarcar la obra dentro de estas circunstancias ambientales.

El nacimiento de *Ocnos* responde precisamente al intento de Cernuda por volver imaginariamente a Sevilla, ya que ni los dos conflictos bélicos en que se ha visto inmerso —el español y el mundial—, ni las circunstancias ambientales inglesas que rodean su vida por aquella época, le producen satisfacción ninguna. Por esta razón dice Philip Silver que los poemas en prosa de *Ocnos* "son al mismo tiempo recreación y definición" (4).

---

(1) Citado por Rafael Abellán, en el volumen conjunto *El exilio español de 1939,* tomo I, Madrid, Taurus, 1976, pág. 98.

(2) *Ibídem,* pág. 19.

(3) LLORENS, V.: "La emigración republicana de 1939", en *El exilio español de 1939, Op. cit.,* pág. 98.

(4) SILVER, Philip: *Op. cit.,* pág. 82.

Las circunstancias personales del destierro de Cernuda, dentro del amplio exilio español, reúnen ciertas peculiaridades de las que intentaremos dejar constancia en estas páginas. En primer lugar hay en la vida de Cernuda, como ya han señalado otros críticos, dos clases de exilios, uno interior, que ya el poeta sentía mucho antes de tener que abandonar España por la guerra civil, y otro exterior, o físico, que es el que sufrió junto a otros miembros de su generación al dejar su patria.

En segundo lugar, este último exilio, el físico o geográfico, que queda inmerso dentro del exilio general del 39, se manifiesta en Cernuda de dos diferentes maneras, que coinciden con las dos etapas cronológicas de su vida fuera de España. Cernuda fue un desterrado en su etapa inglesa y americana y un "transterrado" en los años que vivió en México. Esta clasificación responde a la distinción que ya hizo José Gaos en 1949 (5). Transterrados fueron para Gaos, José Bergamín, Manuel Altolaguirre, Emilio Prados y todos aquellos que eligieron México y los países hispanoparlantes para establecer su residencia. Mientras que otros miembros del 27, como Pedro Salinas y Jorge Guillén, marcharon a Estados Unidos, donde fueron acogidos como profesores en sus universidades. Cernuda fue, por lo tanto, desterrado en su etapa angloamericana y transterrado durante su vida en México.

Nos proponemos, pues, en las páginas que siguen, intentar un recorrido biográfico de los años de destierro cernudiano, siguiendo las peculiaridades personales que arriba hemos señalado.

Cuando Luis Cernuda sale de España, en febrero de 1938, para dar unas conferencias en Londres invitado por su amigo Stanley Richardson, no creía que su ausencia durase más de uno o dos meses. Sin embargo ya nunca más habría de regresar a su país. En el poema "Guerra y paz", de *Ocnos*, el autor ha dejado el testimonio de su partida de España. Destaca, en él, el contraste entre la tierra que ha dejado atrás, envuelta en los horrores de la guerra, y la paz del territorio extranjero que pisa por primera vez en su camino hacia el destierro:

"La estación sin duda hubiera tenido que mostrar animación, vida, aún más por ser estación de frontera; pero cuando en aquel ano-

---

(5) GAOS, José: "Los transterrados españoles de la historia en México", en *Filosofía y Letras,* núm. 3, México, 1949.

checer de febrero llegaste a ella, estaba desierta y oscura. Al ver luz
tras de unos visillos, hacia un rincón del andén vacío, allá te encami-
naste.

”Sentado en medio de aquella paz y aquel silencio recuperados,
existir era para ti como quien vive un milagro. Sí, todo resultaba otra
vez posible (...)

”Era la vida de nuevo; la vida, con la confianza en que ha de ser
siempre así de pacífica y de profunda, con la posibilidad de su repetición cotidiana (...)

”Atrás quedaba tu tierra sangrante y en ruinas, la última estación,
la estación al otro lado de la frontera, donde te separaste de ella, era
sólo un esqueleto de metal retorcido, sin cristales, sin muros —un
esqueleto desenterrado al que la luz postrera del día abandonaba.

”¿Qué puede el hombre contra la locura de todos? Y sin volver
los ojos ni presentir el futuro, saliste al mundo extraño desde tu tierra
en secreto ya extraña.”

(OC., “Guerra y paz”, 73)

A pesar de su intervención directa en la Guerra Civil —su contri-
bución a las Misiones Pedagógicas y la participación del poeta en el
frente del Guadarrama así lo testimonian— Cernuda nunca tuvo tanta conciencia, como en estos momentos de su marcha, de los sucesos
por los que estaba atravesando su país. En *Historial de un libro* deja
constancia de este sentimiento que le va a atormentar largo tiempo
durante su exilio. El poeta esboza en este fragmento el drama que se
relaciona con el problema de las dos Españas y que tan debatido ha
sido por los escritores de su generación y posteriores:

“Al comienzo de aquélla (la guerra) estuve en ignorancia de la
persecución y matanza de tantos compatriotas míos (los españoles no
han podido deshacerse de una obsesión secular: que dentro del territorio nacional hay enemigos a los que deben exterminar o echar del
mismo), mas luego adquirí una consciencia tal de esos sucesos, que
enturbiaba mi vida diaria; hasta el punto de que, fuera de mi tierra,
tuve durante años cierta pesadilla recurrente: me veía allá buscado y
perseguido. Sufrir de tal sueño es cosa que, simbólicamente, me enseñó bastante respecto a mi relación subconsciente con España.”

(H. L., 919)

Aunque el gobierno inglés de Neville Chamberlain no era propicio a favorecer la permanencia en su país de los exiliados españoles no era tampoco del todo hostil a ellos. Hubo por tanto en Inglaterra una colonia importante, más por su calidad intelectual que por su número, de emigrados españoles (6). Fue precisamente el socialista Juan Negrín, que había sido ministro de Hacienda y luego presidente del Consejo de Ministros, quien se puso al frente de estos exiliados y quien trató en todo momento de ser el protector de su permanencia en Gran Bretaña.

El medio de subsistencia más generalizado y, al mismo tiempo, más acorde con la vocación intelectual de estos emigrados fue el de la enseñanza. El jurista Castillejo dio clases en la Universidad de Liverpool; Alberto Jiménez Fraud, el antiguo director de la Residencia de Estudiantes madrileña, fue profesor en Oxford; Rafael Martínez Nadal, autor entre otras obras de varios estudios sobre el teatro de Lorca, es profesor, aún hoy, de Kings College. En fin, el mismo Luis Cernuda, al que luego nos referiremos más ampliamente, enseñó en la Universidad de Glasgow.

No faltó entre los exiliados españoles en Inglaterra la obra editorial. El catalán Juan Luis Gili se estableció en Londres. Fue editor de varios escritores españoles, entre ellos Cernuda, a quien publicó la primera edición de *Ocnos* en 1942. También editó obras de hispanistas ingleses y él mismo fue autor de una conocida gramática catalana.

Entre las actividades más destacadas de estos emigrados españoles en Inglaterra merecen destacarse sus intervenciones de marcado cariz político en la BBC de Londres. Allí intervinieron Alberto Jiménez, Barea, con el seudónimo de "Juan de Castilla", Martínez Nadal, con el de "Antonio Torres" y Enrique Moreno Báez, que luego regresó a España aunque, sobre todo durante la segunda guerra mundial, siguiera padeciendo un ostracismo encubierto "que tuvo como compensación el mantener encendida la creencia en un futuro liberal y pacífico" (7).

Pero, sin duda, la obra más importante de los intelectuales españoles en Inglaterra fue la creación del Instituto Español, institución

---

(6) Para este aspecto me ha sido de enorme utilidad el estudio de Vicente Llorens ya citado.

(7) CUENCA TORIBIO, J. M.: "Enrique Moreno Báez" (1908-1976), en *ABC*, Sevilla, 6-III-80, pág. 13.

fundada por Pablo de Azcárate, bajo el patrocinio de Juan Negrín. El Instituto Español, en su primera época, tuvo una actividad importante que se prolongó desde 1946 hasta 1950. Colaboradores de este centro cultural fueron, entre otros, el musicólogo Martínez Torner y el poeta Salazar Chapela.

Como decíamos más arriba, a comienzos del año 1938 llegó Cernuda a Inglaterra. La primera impresión es la de sentirse como inadaptado ante una civilización mucho más refinada y culta que la española y, a pesar de esto y quizá por ello mismo, al poeta le posee un sentimiento de nostalgia por su país natal perdido:

"No conocía Inglaterra, aunque fuera país que desde mi niñez me interesó, sin duda por esa atracción de contrarios que tan necesaria es en la vida, ya que la tensión entre ellos resulta, al menos para mí, fructífera: mi sur nativo necesitaba del norte, para completarme. Londre me decepcionó al principio esperando ver otra ciudad de encanto exterior como París. Para gustar de Londres, como de toda Inglaterra (...) hace falta tiempo. Y eso era, precisamente lo que yo no quería tener entonces, tiempo; movido por la nostalgia de mi tierra, sólo pensaba en volver a ella, como si presintiera que, poco a poco, me iría distanciando hasta llegar a serme indiferente volver o no. De otra parte, pocos extranjeros, sobre todo los de países meridionales, dejan de experimentar en Inglaterra cierta humillación, nacida de la inferioridad inevitable ante el dominio del inglés sobre sí mismo y sobre el contorno, antes sus maneras, naturalmente tan delicadas, que muestran, por contraste, la tosquedad, la rudeza de las nuestras. Inglaterra es el país más civilizado que conozco, aquél donde la palabra civilización alcanzó su sentido pleno. Ante esta superioridad no hay sino someterse, y aprender de ella, o irse."

(H. L., 237)

Esta primera anglofilia, como luego veremos, se tornará, al cabo de sus años de exilio en Inglaterra, por un sentimiento de abierta animadversión contra el medio y el carácter ingleses.

Es curioso como, paradójicamente, en sus primeros años de estancia en Inglaterra, o sea cuando comienza *Ocnos*, y paralelamente a la elaboración de los poemas que integran el libro, Cernuda comienza una lenta pero segura recuperación del paraíso de la infancia sevillana. Philip Silver, que ha visto este aspecto de *Ocnos*, cree que la

razón estriba en el hecho de que el libro responde a un intento de
fijar para siempre en la memoria una experiencia y un ambiente, el de
Sevilla, al que nunca más podría volver el poeta. Pensamos que no
sólo es Sevilla, sino que esta Sevilla es la "sinécdoque de España" (8)
a la que como exiliado siente más próxima cuanto más lejana. Debido
a ello aparece en Cernuda, por este tiempo, un sentimiento patriótico
español muy en consonancia con la tradición del 98 —Unamuno y
Machado— a quienes Cernuda relee en la *Antología* de Diego:

"Cuando dejé España llevaba conmigo unos ocho poemas nuevos; en Londres, movido por las emociones encontradas a que ya me
referí, escribí seis más. La mayor parte de unos y de otros estaba
dictada por una conciencia española, por una preocupación patriótica
que nunca he vuelto a sentir. Entre los pocos libros que tenía conmigo estaba la antología *Poesía Española,* de Diego, y en ella releí a
Unamuno y Machado hallando en sus versos respuesta y alimento
para aquella preocupación a que acabo de aludir."

(H. L., 920-921)

Dentro de este tono de preocupación por España están, como es
lógico, los poemas de *Las Nubes* escritos en Inglaterra, y también,
aunque el calendario no coincida con su etapa inglesa, los ocho primeros poemas de la serie escritos en España. A este respecto, como
ya dijimos, es necesario señalar que el exilio de Cernuda empezó, por
varios motivos, entre ellos el político, antes del destierro.

Entre estos poemas de sentimiento español, cabe destacar el dedicado a la muerte de García Lorca "A un poeta muerto" escrito en
Valencia:

Entre un pueblo hosco y duro
No brilla hermosamente
El fresco y alto ornato de la vida
Por eso te mataron, porque eras
Verdor en nuestra tierra árida
Y azul en nuestro oscuro aire

(PO. C., 208)

A este mismo sentimiento responden las dos "Elegías españolas".
Recuérdese que la serie iba a llevar en principio este título. En la

---

(8) SILVER, Philip: *Luis Cernuda, el poeta en su leyenda, Op. cit.,* pág. 237.

primera de ellas Cernuda, en un arrebato de amor a España, la llama
madre:

> Háblame, madre;
> Y al llamarte así, digo
> Que ninguna mujer lo fue de nadie
> Como tú lo eres mía
>
> (PO. C., 212)

Por ello creemos que no tiene razón Octavio Paz, o por lo menos
habría que matizar sus palabras, cuando dice que la poesía de Cernuda está teñida de antiespañolismo. Esto es cierto si se refiere al pueblo
que se ha quedado atrás luchando fratricidamente, pero no lo es si se
refiere a la tierra, a España como país natal del poeta. Estos versos
surgen no del odio, explica Jenaro Talens, sino precisamente del
amor a una tierra perdida por el odio de una guerra civil. Nada más
definitivo para comprender este amor que los siguientes versos de
esta "Elegía Española":

> No sé que tiembla y muere en mí
> Al verte aún dolida y solitaria.
> En ruinas los claros dones
> De tus hijos, a través de los siglos;
> Porque mucho he amado tu pasado,
> Resplandor victorioso entre sombra y olvido
> (...)
> (...) eres
> La aurora que aún no alumbra nuestros cuerpos
> Tu sola sobrevives
> Aunque venga la muerte;
> Sólo en ti está la fuerza
> De hacernos esperar a ciegas el futuro
> Que por encima de estos y esos muertos
> Y encima de estos y esos vivos que combaten,
> Algo advierte que tú sufres con todos
> Y su odio, su crueldad, su lucha,
> Ante ti vanos son, como sus vidas,
> Porque tú eres eterna
> Y sólo los creaste
> Para la paz y gloria de su estirpe
>
> (PO. C., 214)

Así pues, el sentimiento amoroso por la tierra se sitúa por encima del sentimiento de odio a un pueblo que no ha sido capaz de evitar una guerra tan cruenta.

En este aspecto, Cernuda no se distingue de los demás miembros de su generación también exiliados exterior o interiormente —caso, este último, de Vicente Aleixandre que se quedó en España. El exilio marca en todos ellos, aún en los más beligerantes y revolucionarios, un desgarro emocional producido por el dolor de lo perdido. J. L. Aranguren habla al respecto de un "entrañamiento" —en vez del extrañamiento que sería más lógico— común a los escritores españoles emigrados con la Guerra Civil (9). Por esta razón, todos los emigrados, a medida que se alejan de España, sienten más su nostalgia. Este es el caso de Cernuda, que lo mismo que elaboró el mito de su vida para, de alguna manera, trascender al tiempo y a la muerte —el resultado de este mito es su obra poética incluida *Ocnos*— elaboró también el mito sobre España. Localizando este mito en una época —la de Felipe II— que representaba mejor que ninguna otra su idea de un pasado glorioso, en el que España era todavía la nación más poderosa del mundo. El símbolo de esta España eterna es para Cernuda el Escorial. A él le dedicó el poema "El ruiseñor y la piedra", también de Las Nubes:

> Lirio sereno en piedra erguido
> Junto al huerto monástico pareces
> Ruiseñor claro entre los pinos
> Que un canto silencioso levantara
> O fruto de Granada, recio afuera, Mas propi-
>   cio y jugoso en lo escondido
> Así, Escorial, te mira mi recuerdo
> Si hacia los cielos anchos te alzas duro.
> Sobre el agua serena del estanque
> Hecho gracia sonríes. Y las nubes
> Coronan tus designios inmortales

(PO. C., 272)

---

(9) ARANGUREN, J. L.: "La evolución espiritual de los intelectuales españoles en la emigración", en *Crítica y meditación*. Madrid, Taurus, 2.ª edición, 1977, págs. 131-166.

Conviene aclarar, sin embargo, que Cernuda no quiso reverdecer viejos laureles de una España ya pasada, como hizo el régimen oficial, capitalizando en su provecho la idea de un nuevo y trasnochado Imperio. Cernuda se instala en el mito del pasado porque la época presente es demasiado desagradable para ser vivida, sobre todo para un desterrado que ha perdido la fe en sus paisanos. El poeta no vuelve al pasado para tratar de resucitarlo, sino que se queda allí viviendo como en un presente histórico. Esta idea de España como mito responde a la misma concepción que alumbró *Ocnos*, el mito de la infancia como deseo de presente eterno. Por eso dice en el ya citado poema "El ruiseñor y la piedra" de *Las Nubes*:

> Porque me he perdido
> En el tiempo lo mismo que en la vida,
> Sin cosa propia, fe ni gloria
> Entre gentes ajenas
> Y sobre ajeno suelo
> Cuyo polvo no es el de mi cuerpo;
> No con el pensamiento vuelto a lo pasado,
> Ni con la fiebre ilusa del futuro,
> Sino con el sosiego así triste
> De quien mira a lo lejos, de camino,
> Las tapias que de niño le guardaran
> Dorarse al sol caído de la tarde.
> A ti Escorial, me vuelvo
>
> (PO. C., 272-273)

Por otra parte, el Escorial se levanta, al mismo nivel simbólico que antes hemos dicho, como representación del mundo inútil y hermoso del sur frente a la avanzada y práctica civilización del norte. Algo de esto quiso expresar Cernuda, pocos años después, en el poema de *Ocnos* "Ciudad Caledonia":

"Divinidad de dos caras, utilitarismo, puritanismo, es aquella a que pueden rendir culto tales gentes, para quienes pecado resulta cuanto no devenga un provecho tangible. La imaginación les es tan ajena como el agua al desierto, incapaces de toda superfluidad generosa y libre, razón y destino mismo de la existencia. Y allá en el fondo de tu ser, donde yacen instintos crueles, hallas que no sabrías condenar un sueño: la destrucción de este amontonamiento de nichos administrativos. Acaso fuese ello acción bienhechora, retribución justa a la naturaleza y la vida que así han desconocido, insultado y envilecido."

(OC., "Ciudad Caledonia", 76)

Vengamos, con ello, a los años en los que Cernuda trabajó en la primera edición de *Ocnos*.

2. EL NACIMIENTO DE "OCNOS"

Después de una breve estancia en París, el poeta regresa a Inglaterra, al condado de Surrey, situado al sur de Londres, donde, en la Cranleigh School, su amigo Stanley Richardson le había gestionado y conseguido una plaza de ayudante en el Departamento de Español. Luego de permanecer unos meses allí, en enero de 1939, pasó a la Universidad de Glasgow donde comienza a escribir *Ocnos*.

La imagen de la patria en la poesía de los desterrados españoles de estos dos últimos siglos —Meléndez Valdés, J. Joaquín de Mora, Bernardo Clariana, Angel de Saavedra, Unamuno y Rafael Alberti, entre otros— no se extiende a todo el ámbito geográfico de la misma. Para el exiliado sólo existe una parte del país del que se ha visto obligado a emigrar. Esta parte "suele coincidir con la región o comarca nativa" (10).

Por otra parte la visión de la tierra nativa en el desterrado suele ir acompañada por el recuerdo de la infancia. Incluso Miguel de Unamuno, que evoca desde el destierro no su ciudad natal sino Salamanca, vuelve con nostalgia al paisaje de su niñez, en el que encuentra la reconciliación necesaria frente al ambiente hostil que le rodea.

Este es también el caso de Angel de Saavedra, que recuerda la torre de Córdoba frente al faro de Malta, o la Carretera de Zamora evocada por Unamuno a su paso por los bulevares de París y, en fin, el mar de Cádiz añorado por Rafael Alberti al otro lado del Atlántico:

> No me dijiste, mar, mar gaditana,
> mar del colegio, mar de los tejados,

---

(10) LLORENS, V.: "La imagen de la patria en el destierro", en *Asonante*. San Juan de Puerto Rico, 4, núm. 3, 1949, pág. 30.

que en otras playas tuyas, tan distantes,
iba a llorar, vedada mar, por ti,
mar del colegio, mar de los tejados (11)

Vicente Llorens, quien ha estudiado con certera visión el tema,
piensa que aunque la imagen de la patria del desterrado sea cada vez
más limitada, esta limitación "parece estar en relación inversa con la
intimidad de la nostalgia" (12). Por tanto, "a medida que la visión de
la patria lejana se reduce (...) se hace más penetrante y dolorosa" (13).
Tal sucede en Cernuda. El resultado de esta nostalgia es *Ocnos*. Y no
solamente *Ocnos*. En la poesía de esta época aparece la naturaleza en
perjuicio de otros temas, como el amoroso, que ahora han quedado
relegados a un segundo plano. Este paisaje natural, aunque en ocasiones esté alumbrado por el paisaje inglés o francés, es en realidad un
sustituto del paisaje sevillano. En "Jardín antiguo", de la serie *Las
Nubes*, el recuerdo se proyecta sobre la imagen de un jardín de su
infancia:

Ir de nuevo al jardín cerrado,
Que tras los arcos de la tapia,
Entre magnolios, limoneros,
Guarda el encanto de las aguas.

Oír de nuevo en el silencio,
Vivo de trinos y de hojas,
El susurro tibio del aire
Donde las ramas viejas flotan.

Ver otra vez el cielo hondo
A lo lejos, la torre esbelta
Tal flor de luz sobre las palmas:
Las cosas todas siempre bellas.

Sentir otra vez, como entonces,
La espina aguda del deseo,
Mientras la juventud pasada
Vuelve. Sueño de un dios sin tiempo

(PO. C., 253)

_____
(11) Citado por V. Llorens, *art. cit.*, pág. 32.
(12) *Ibídem.*
(13) *Ibídem.*

Este jardín es el Alcázar sevillano y en *Ocnos* aparece un poema, con el mismo título, escrito también en los primeros años del exilio inglés. El poeta recorre, con amorosa mirada nostálgica en ambos poemas, arcos, fuentes, magnolios, palmeras y la torre esbelta —el mismo adjetivo en uno y otro— de la Giralda que al fondo sobresale más allá de las tapias y las azoteas blancas:

"Se atravesaba primero un largo corredor oscuro. Al fondo, a través de un arco, aparecía la luz del jardín, una luz cuyo dorado resplandor teñían de verde las hojas y el agua de un estanque. Y ésta, al salir afuera, encerrada allá tras la baranda de hierro, brillaba como líquida esmeralda, densa, serena y misteriosa.

"Luego estaba la escalera, junto a cuyos peldaños había dos altos magnolios, escondiendo entre sus ramas alguna estatua vieja a quien servía de pedestal una columna. Al pie de la escalera comenzaban las terrazas del jardín.

"Siguiendo los senderos de ladrillo rosáceos, a través de una cancela y unos escalones, se sucedían los patinillos solitarios, con mirtos y adelfas en torno de una fuente musgosa, y junto a la fuente el tronco de un ciprés cuya copa se hundía en el aire luminoso.

"En el silencio circundante, toda aquella hermosura se animaba con un latido recóndito, como si el corazón de las gentes desaparecidas que un día gozaron del jardín palpitara al acecho tras de las espesas ramas. El rumor inquieto del agua fingía como unos pasos que se alejaran.

"Era el cielo de un azul límpido y puro. Glorioso de luz y de color. Entre las copas de las palmeras, más allá de las azoteas y galerías blancas que coronaban el jardín, una torre gris y ocre se erguía esbelta como el cáliz de una flor."

(OC., "Jardín antiguo", 39)

A continuación, en el mismo poema de *Ocnos*, Cernuda explica el por qué de su recuerdo emocionado. El jardín cerrado protege al adolescente de la entrada en su vida del tiempo y el deseo. Cuando quiere darse cuenta de esto ya es tarde y está en un país extranjero que le aleja cada vez más del paraíso perdido de su infancia. El poeta despierta del sueño evocado que, por un momento, lo ha transportado a través del tiempo y el espacio:

"(...) Allí en aquel jardín, sentado al borde de una fuente, soñaste un día la vida como embeleso inagotable. La amplitud del cielo te acuciaba a la acción; el alentar de las flores, las hojas y las aguas, a gozar sin remordimiento.

"Más tarde habías de comprender que ni la acción ni el goce podrías vivirlos con la perfección que tenían en tus sueños al borde de la fuente. Y el día que comprendiste esta triste verdad, aunque estabas lejos y en tierra extraña, deseaste volver a aquel jardín y sentarte de nuevo al borde de la fuente, para soñar otra vez la juventud pasada."

(OC., "Jardín antiguo", 39-40)

En 1940, estando todavía el poeta en Glasgow, aparece en México la segunda edición de *La Realidad y el Deseo* aumentada con la sección VII de *Las Nubes*. Poco después, en 1943, se publica en Buenos Aires una edición pirata de esta última sección. Cernuda manifiesta, sin embargo, cierta alegría al saber que su trabajo poético está siendo conocido, a través de estas ediciones, por el público hispano. Y esto a pesar de sus temores hacia el silencio oficial que en España se mantenía sobre la obra de los poetas exiliados. La noticia le anima a seguir trabajando al saber que la comunidad de lengua con su pueblo no se había roto del todo:

"Había temido yo que la situación en España, después de terminada la guerra civil, no fuera favorable para nosotros, los poetas y escritores idos, y que mi trabajo, apenas comenzado a publicarse en 1936, quedaría olvidado y desconocido de los jóvenes. Que de mis versos se hiciera, no sólo una edición segunda, sino hasta una edición pirata, me permitió vislumbrar para el mismo posibilidades menos pesimistas."

(H. L., 924)

No obstante, a pesar de estas noticias, Escocia seguía sin agradarle. A partir de 1945 empieza a pasar las vacaciones estivales en Oxford. En uno de esos períodos empieza a escribir los poemas de *Como quien espera el Alba* que terminó en Cambridge, a cuya Universidad se trasladó en 1943. "Rara vez —confiesa Cernuda— me he ido tan a gusto de sitio alguno" (H. L., 925). En 1942 aparece la primera edición de *Ocnos*, En Dolphin Book de Londres, que, como hemos dicho, dirigía el catalán Juan Luis Gili. A ésta le seguirán dos ediciones más, en 1949 y 1963, respectivamente. Esta última póstuma.

En Cambridge le alcanza la terminación de la segunda Guerra Mundial y a esos años alude el título de *Como quien espera el Alba.* Comienza allí también la serie de *Vivir sin estar viviendo.*

En 1945 —última etapa de su vida en Inglaterra— se traslada a Londres en donde imparte clases, como ya hemos dicho, en el Instituto Español de esta capital. De estas fechas conservamos el testimonio de Leopoldo Panero, que visitó al poeta español en su exilio inglés. La cita, aunque larga, es importante en cuanto nos confirma dos aspectos de la vida de Cernuda en Inglaterra, que antes hemos apuntado como esenciales para el conocimiento de esta etapa creativa. En primer lugar el sentimiento de hostilidad que se despierta en Cernuda, pasados los primeros años de admiración por el carácter inglés, respecto al ambiente y las gentes que le rodean. En segundo lugar, y no menos importante que el anterior aspecto, la comprobación por otro poeta español, Leopoldo Panero, del contraste que ofrece el mundo industrial del norte frente al mundo natural y menos práctico de los exiliados del sur. Ambos aspectos son interesantes porque manifiestan una temperatura vital del poeta por esos años, que han sido los propicios para el alumbramiento de *Ocnos* y de su poesía histórica-mística sobre el pasado de España. Veamos pues la cita:

"Vivía Luis Cernuda en Londres en una habitación quimérica y minúscula, cuidadosamente tenida y silenciosamente habitada, cuya única ventana se abría a nivel de los árboles de Hyde Park, dejando ver sólo sus altas copas estremecidas y flotantes, de un verde denso, fresco y altivo, nimbado de libertad en medio de las calles oscuras, y llenando con su presencia resbalada y aérea la reducida estancia del poeta sevillano. Aquellos pocos árboles —tan hermosos, tan libres, tan naturalmente nobles y bellos—, y alguna escapada solitaria y ocasional hacia el mar, en un rincón apartado y medio salvaje del Cornualles céltico, eran lo único que Cernuda convivía y amaba, lo único que le consolaba de vivir en Inglaterra, sin tierra propia bajo las plantas de los pies, náufrago que la tempestad arroja al borde de un mundo extraño, ajeno y vagamente hostil. Llevaba, cuando yo volví a verle, cerca de diez años lejos de España. Recordaba con horror (o mejor dicho: eludía recordar) sus lóbregos tiempos de residencia en Glasgow, en el sórdido Glasgow industrial, infernal, nórdico, perpetuamente amortajado por el humo y la niebla hollinienta de sus fábricas: la ciudad más antisevillana del planeta (...). Londres acabó de distanciarle y exiliarle totalmente de Inglaterra. A última hora me inclino a pensar que la detestaba y aborrecía, aunque guardara siempre una especie de abstracta gratitud a su hospitalidad. Había usado hasta el límite su vocación de solitario y le dolía físicamente la nostalgia de su tierra nativa. Padecía una fatal inadaptación a la vida en torno y vivía sin más soporte que su pudorosa dignidad y su heroica resignación andaluza ante los azares de la muerte." (14).

Poco iba a durar ya su estancia en Inglaterra. En marzo de 1947 emprende viaje hacia los Estados Unidos de América.

3. EE. UU.

En marzo de 1947, su antigua amiga Concha de Albornoz, emigrada también a los EE. UU., le escribe preguntándole si aceptaría un puesto en Mount Holyoke College donde ella misma trabajaba. Cernuda, que no piensa ya en el regreso a su país, pues la separación espiritual con su tierra se iba poco a poco consumando, acepta encantado la idea y se pone a gestionar enseguida el visado para viajar al Nuevo Continente.

Vencidas las primeras dificultades de obtención de visado, consigue, no sin esfuerzo, un pasaje a bordo de un buque francés que hacía escala en Southampton rumbo a Nueva York.

La primera impresión al tomar contacto con el continente americano es de entusiasmo ante un país deslumbrante, sobre todo para un emigrado que venía de pasar las calamidades de dos guerras, con sus consiguientes períodos de escasez y pobreza en todos los órdenes. El poeta ha descrito en "La Llegada", de *Ocnos,* su primera impresión del puerto de Nueva York:

"Despierto mucho antes de amanecer, levantado, duchado y vestido, listo el equipaje te sentaste en el salón vacío (...) impaciente de la llegada a tierra y ciudad nuevas, aunque imaginadas de antiguo (...)

"Sentado por largo espacio de espaldas a la hilera de ventanales,

---

(14) PANERO, Leopoldo: *"Ocnos, o la nostalgia contemplativa",* en *Cuadernos Hispanoamericanos,* Madrid, julio-agosto, 1949, pág. 184-185.

un presentimiento te hizo volver de pronto la cabeza. Ya estaba allí: la línea de rascacielos sobre el mar, esbozo en matices de sutileza extraordinaria, un rosa, un lila, un violeta como los de la entraña en el caracol marino, todos emergiendo de un gris básico graduado desde el plomo al perla. La cresta de los edificios contra el cielo y el borde contiguo del cielo, estaban marcados de amarillo por un sol invisible, y a un lado y a otro ese eje de luz se oscurecía con noche y con mar en lo más alto y lo más bajo del horizonte.

"Cuántas veces lo habías visto en el cine. Pero ahora eran la costa y la ciudad reales las que aparecían ante ti; sin embargo, qué aire de irrealidad tenían. ¿Eras tú quien estaba allí? ¿Estaba ante ti la ciudad que esperabas? Parecía tan hermosa, más hermosa que todo lo supuesto antes en imagen e imaginación; tanto, que temías fuera a desvanecerse como espejismo (...)

"Mas era la realidad: las molestias innumerables con que los hombres han sabido y tenido que rodear los actos de la vida (pasaportes, permisos, turnos de espera, examen policíaco, aduana) te lo probaron de manera tajante."

(OC., "La llegada", 95-96)

A continuación viene un párrafo que en la edición de *Ocnos₃*, en donde apareció por primera vez este poema, estaba sustancialmente cambiado con respecto a la versión primitiva del mismo, que vio la luz en *México en la Cultura,* en el año 1956. La variante es particularmente sugestiva en orden al desarrollo que venimos haciendo en este capítulo sobre el exilio de Cernuda. Cuando llega a puerto es interrogado por el policía neoyorkino sobre sus antecedentes políticos. El poeta se siente reconfortado por única vez de ser un exiliado político que no tiene nada que ver con el régimen de Franco. Sin duda Cernuda suprimió este párrafo en la edición de 1963 porque no lo consideraba ya oportuno, máxime si el poeta esperaba con toda razón que su libro se leyera en España: Pensamos que operó en él una cierta autocensura. A continuación citamos el párrafo según la visión de "México en la Cultura":

"(...) Y más de siete horas después, la nerviosidad y la impaciencia alzadas al máximo imposible, pudiste al fin salir de la aduana y del muelle, curiosamente confortado con aquellas palabras del policía que examinó tus papeles: *You are not a Franquist? Welcome to the United States*" (15).

Cernuda, por fin se adentra en la ciudad. Al principio se desilusiona al creer que está otra vez en Escocia, pero cuando llega al centro y ve las calles, y sobre todo, las tiendas iluminadas, la impresión es reconfortante, sobre todo viniendo de un país sumido en las calamidades de la posguerra:

"(...) al fin pisabas la ciudad que entreviste, fabulosa como un leviatán, surgiendo del mar de amanecida.

"Parecía ahora tan trivial, igual en calles pardas y casas sórdidas a aquella Escocia aborrecible, dejada atrás hacía años. Pero eran sólo los suburbios; la ciudad verdadera estaba adentro, toda tiendas con escaparates brillantes y tentadores, como juguetes en día de reyes o día del santo, empavesada de banderas bajo un cielo otoñal claro que encendía los colores, alegre con la alegría envidiable de la juventud sin conciencia. Y te adentraste por la ciudad abrupta, maravillosa, como si tendiera hacia ti la mano llena de promesas."

(OC, "La llegada", 96)

En *Historial de un libro*, Cernuda manifiesta también la magnífica impresión que le causó su llegada a los Estados Unidos, así como la cordialidad del recibimiento en Mount Holyoke donde, por fin, su trabajo iba a retribuirse decorosamente:

"(...) las tiendas de Nueva York, que son quizás uno de sus encantos mayores, me lo hicieron aparecer como país de Jauja. Mount Holyoke me agradó, así como la cordialidad de la gente y la abundancia de todo. Téngase en cuenta que, por vez primera en mi vida, mi trabajo iba a pagarse de manera decorosa y suficiente, lo cual, como es natural, acaso ayudaba a mi primera reacción optimista."

(H. L., 931)

En noviembre de 1947, a poco de su llegada a los Estados Unidos, recibe ejemplares de *Como quien espera el Alba*. El poeta, a pesar de

---

(15) En esta ocasión citamos por la edición de *México en la Cultura*, México, núm. 394, octubre 1956, pág. 1. La frase *you are not a franquist...*, con mayúscula en el original.

estar cada vez más distanciado de su tierra, recibe testimonios de que su nombre no se ha olvidado en los círculos literarios españoles. Se da cuenta, por ello, de que su primera vocación por la poesía no ha sido un error y que, de cualquier forma, el ser poeta ha resultado ser el mayor consuelo durante los años de exilio:

"La poesía, el creerme poeta, ha sido mi fuerza, y, aunque me haya equivocado en esa creencia, ya no importa, pues a mi error he debido tantos momentos de gozo."

(H. L., 932)

Durante dos años, de 1947 a 1949, el poeta sigue encontrándose a gusto en Mount Holyoke. Allí termina *Vivir sin estar viviendo* y empieza a escribir los poemas de la serie *Con las horas contadas*. En 1949 aparece en España la segunda edición de *Ocnos*. A partir de este mismo año empieza a pasar sus vacaciones de verano en México. Comienza, con ésta, la tercera y última etapa del "desterrado-transterrado" Luis Cernuda.

4. MEXICO

En el verano de 1949, como ya dijimos antes, Cernuda viaja a México a pasar sus vacaciones estivales. El reencuentro con su lengua nativa y con clima tan parecido al de su antiguo país del sur mediterráneo resultan reconfortantes. Hasta el punto que el regreso a Mount Holyoke se le hace insoportable. En *Variaciones sobre tema mexicano*, que comienza a escribir en el invierno de 1949, se puede entrever el conflicto existencial de estos años en los que se sabía viviendo en un sitio y con el alma en otro bien distante. Se asemeja esta experiencia a los primeros años de exilio en Inglaterra, cuando comenzó a escribir *Ocnos*.

En un poema de *Variaciones*, "Centro del hombre", el poeta nos ha dejado expresada la tensión emocional que sufrió por estos años de destierro:

"Durante muchos años has vivido, tu cuerpo en un sitio, tu alma en otro; mientras la necesidad te ataba a un lado, el gusto, el afecto tiraban de ti hacia otro. Los optimistas, al pretender como situación preferible aquélla precisamente donde se encuentran, olvidan que el espíritu, lo mismo que el cuerpo, no puede vivir en un medio que le sea desfavorable, o mejor dicho, que le sea ajeno."

(V. T. M., 154)

Por eso, al visitar México por primera vez, encuentra de nuevo el paraíso perdido de su infancia. Es el reencuentro del hombre con su tierra. Cernuda ya no es el desterrado de Inglaterra y EE. UU. sino, según la afortunada definición de José Gaos para estos emigrados españoles en América, el "transterrado" en México. Así lo vemos en el mismo poema "Centro del hombre":

"Por unos días hallaste en aquella tierra tu centro, que las almas tienen también, a su manera, centro en la tierra. El sentimiento de ser un extraño, que durante tiempo atrás te perseguía por los lugares donde viviste, allí callaba, al fin dormido. Estabas en tu sitio, o en un sitio que podía ser tuyo; con todo o con casi todo concordabas, y las cosas, aire, luz, paisaje, criaturas, te eran amigas. Igual que si una losa te hubieran quitado de encima, vivías como un resucitado."

(V. T. M., 154)

Durante las vacaciones de verano de los cursos siguientes sigue volviendo a México y la crisis de añoranza por este país se agudiza todavía más al encontrar de nuevo el amor, "desde un principio bajo la amenaza de extinción, porque el encuentro casi coincidió con el término de mi estancia autorizada en México."

(H. L., 933)

Nunca como desde los días de *Donde habite el olvido* ha estado el poeta enamorado, o por lo menos no nos lo ha dicho en su obra con tanta intensidad. En esta ocasión el amor le inspira los versos de *Poemas para un cuerpo*. En *Ocnos,* "Regreso a la sombra"*,* Cernuda deja constancia de este amor mexicano. El poema nos parece similar, porque la experiencia amorosa es la misma, a otro que había escrito con ocasión del amor de *Donde habite el olvido.* En aquellos momentos, como veremos cuando analicemos la temática amorosa, la experiencia pareció negativa y el resultado lo veremos en "Aprendiendo olvido" de *Ocnos.* Ahora se consumará la pasión amorosa pero en este "Regreso a la sombra" ese momento feliz aún no ha llegado:

"Atrás quedaban los días soleados junto al mar, el tiempo inútil para todo excepto para el goce descuidado, la compañía de una criatura querida como a nada y como a nadie. El frío que sentías era más el de su ausencia que el de la hora temprana en un amanecer de toño.

"Despojado bruscamente de la luz, del calor, de la compañía, te pareció entrar desencarnado en no sabías que limbo ultraterreno. Y con angustia creciente volvías atrás la mirada hacia aquel rincón feliz, aquellos días claros, ya irrecobrables.

"(...) Tus lágrimas brotaron entonces amargamente, pues que estabas solo y nadie sino tú era testigo de tanta debilidad, en honor de lo perdido. ¿Lo perdido? Tú mismo eras a un tiempo, viudo de tu amor, el perdidoso y el perdido.

"¿No será posible recobrar en otra vida los momentos de dicha, que tan breves han sido en este existir todo fastidio, monotonía, seres extraños? ¿No será posible reunirte para siempre con la criatura que tanto quieres? (...) si no es posible, ¿qué razón tiene el vivir, cuando aquello en que se sustenta es ya pasado? (...)"

(OC., "Regreso a la sombra", 100-101)

La vida en Mount Holyoke, que al principio de su estancia resultó tan agradable, se le va haciendo imposible. Ni las clases ni la lectura, que en otros momentos tanto atractivo ha ejercido para Cernuda, logran distraerle de la añoranza del amor y de la tierra de México.

Cuando lee lo hace, según el mismo poeta, para buscar en los libros la vida que no vivía. A esta experiencia se refiere en otro poema de *Ocnos*, "Biblioteca", que sin duda escribe por estas fechas:

"(...) Mas un libro debe ser cosa viva, y su lectura revelación maravillada tras de la cual quien leyó ya no es el mismo o lo es más de como antes lo era (...)

"Que la lectura no sea contigo, como si lo es con tantos frecuentadores de libros, leer para morir. Sacude de tus manos ese polvo bárbaramente intelectual, y deja esta biblioteca, donde acaso tu pensamiento podrá momificado alojarse un día. Aún estás a tiempo y la tarde es buena para marchar al río, por aguas nadan cuerpos juveniles más instructivos que muchos libros, incluido entre ellos algún libro tuyo posible. Ah, redimir sobre la tierra, suficiente y completo como un árbol, las horas excesivas de lectura."

(OC., "Biblioteca", 81)

El amor tira de él finalmente hacia México. Antes de comenzar el curso de 1952 decide renunciar a su plaza en Mount Holyoke. En noviembre de este mismo año se instala en México. Se cumple así una especie de sino en la vida de Cernuda. Desde joven el poeta deambulará por el mundo impelido por las lecturas de su infancia y por la necesidad de conocer nuevos sitios y nuevas gentes. En un poema de *Ocnos*, "El viaje", escrito en México por esta época, alude sin duda a esta característica de su personalidad migratoria:

"En los estantes de la biblioteca paterna (...) halló el niño unos tomos en folio de encuadernación rojo y oro, por cuyas páginas se ahondaban los grabados con encanto indecible. Ellos fueron quizás lo que primero llamaron su atención, más que los nombres de ciudades desconocidas que llevaban en el lomo: Roma, París, Berlín, (...) luego supo que algunas de aquellas obras eran famosas en la literatura de viajes (...)

"Mas con esas y otras lecturas iba aprendiendo que ni la vida ni el mundo eran, o al menos no eran sólo, aquel rincón nativo, aquellas paredes que velaban sobre su existir infantil; y sembrando así para la curiosidad adolescente la semilla, el germen de una dolencia terrible (...) que consiste en un afán de ver mundo, de mirar cuanto se nos antoja necesario, o simplemente placentero, para formación o satisfacción de nuestro espíritu.

"(...) Mucho más si se cree, como creía él, que lo que nuestro deseo no halla al lado va a hallarlo a la distancia.

"Viejo es aquello que dijo alguno: quien corre allende los mares muda de cielo, pero no muda de corazón; lo cual acaso sea verdad (...) mas nunca sabremos que no daríamos de corazón, de no correr allende los mares lo cual de por sí sería ya razón suficiente para ir de un lugar a otro, manteniendo al menos así, viva y despierta hasta bien tarde, la curiosidad, la juventud del alma."

(OC., "El viaje", 48-49)

En México terminó *Con las horas contadas* y *Poemas para un cuerpo*, ambas series empezadas en Mount Holyoke. Desde 1952 hasta 1960 permanece en Méjico. Como antes decíamos esta tierra significó para Cernuda el reencuentro con la lengua, la gente y, hasta cierto punto, el paisaje de su país nativo. Fruto de este descubrimiento feliz con la patria espiritual son los poemas de *Variaciones sobre tema mexicano:* "La lengua" —"la primera que pronunciaron tus labios era española y española será la última" (V. T. M., 117)—; "Lo nuestro" —"Aquella tierra estaba viva y entonces comprendiste todo el valor de esa palabra y su entero significado, porque casi te habías olvidado de que estabas vivo (...) Oh gente mía, mía con toda su pobreza y su desolación, tan viva, tan entrañablemente viva" (V. T. M., 127)—; y el ya citado "Centro del Hombre".

México, como contrapartida, sólo pudo ofrecerle un puesto de sustituto del profesor de literatura francesa en la Universidad. Más tarde el Colegio de México, con Alfonso Reyes a la cabeza, le concedió una beca para escribir sus estudios de *Poesía Española Contemporánea*. Eso fue todo.

A partir de 1960 la vida de Cernuda se va a repartir entre la capital mexicana, donde vive en casa de Concha Méndez y Manuel Altolaguirre, y las universidades de California. Allá enseñó, en tres etapas sucesivas, en Los Angeles (U.C.L.A.), San Francisco State College y la Universidad de California (U.S.C.). Durante este período, entre México y EE. UU., escribe *Desolación de la Quimera* y la editorial Porrúa y Obregón le publica, en 1952, *Variaciones sobre tema mexicano*.

De la etapa californiana, última de su vida, tenemos también testimonio en algunos poemas de la tercera edición de *Ocnos*. Los Angeles le entusiasma y prueba de ello es el poema del libro "Pregón tácito". Pero San Francisco, al año siguiente, no le agrada tanto. El parque Golden Gate, próximo a su residencia, le parece algo fúnebre y descrito queda en el poema "El parque" de *Ocnos*.

Precisamente los últimos años de su vida van a estar marcados por las preocupaciones editoriales de este último libro que no aparecería hasta finales del 63, muerto ya el poeta. Su última carta a Carlos P. Otero, amigo íntimo de Cernuda por aquellos días, muestra la tensión nerviosa ante la salida de su última obra:

"Los de *Ocnos* me tienen con la espada de Damocles sobre mí respecto a la cubierta, que no me dejan ver. Estoy hasta el pelo (...)" (16).

A los cuatro días moría en México, en casa de Concha Méndez. La aventura del destierro, que tan ligada estuvo desde su inicio a

---

(16) P. OTERO, Carlos: "Cernuda en California", en *Insula*, Madrid, núm. 207, 1964, pág. 14.

Ocnos, termina precisamente con el desencanto de Cernuda por no alcanzar a ver publicada la obra en cuyas páginas tanto recuerdo amoroso hay para la tierra que lo vio partir en febrero de 1938.

III. Contexto cultural y literario de la obra.

Es conveniente comenzar advirtiendo que *Ocnos* no es un libro *sobre* Sevilla, ni mucho menos *sobre* Andalucía, ya que rehúye todo el pintoresquismo descriptivo propio del costumbrismo decimonónico. Pero sí es un libro *de* Sevilla y *de* Andalucía, en el sentido que surge de un clima espiritual absorbido por el poeta desde su infancia y que, como manantial poderoso, brota cuando menos se espera o cuando más necesita de él Cernuda para calmar su sed andaluza en los climas húmedos y fríos de Escocia.

Ya hemos señalado la deuda de Cernuda con respecto al "andaluz universal", Juan Ramón Jiménez. Ahondemos ahora un poco más en este capítulo sobre la idea, o una de las ideas, originarias del libro: el canto admirado y espontáneo, aunque también rebelde y crítico, de Andalucía.

A nuestro juicio, *Ocnos* se inscribe o, por lo menos, nace endeudado con las tendencias regionalistas en la segunda década del siglo veinte. Atención a esto, hemos dicho que se inscribe *en* y no que surja como una relación directa de causa-efecto.

Nuestra intención, en este sentido, es proveer de un marco sociocultural a la obra, sin por ello desatender las circunstancias personales o históricas —el mismo exilio, ya estudiado, sería una de ellas— que forman parte del contexto de *Ocnos*. Algo parecido, en este sentido, encontramos en las ideas expuestas por Michael P. Predmore para explicar *Platero y yo*, de Juan Ramón Jiménez —casualmente otra obra andalucista, aunque más alejada de *Ocnos* que otras páginas del autor onubense— como un reflejo directo del Krausismo español (1).

Empecemos, pues, hablando de Sevilla como marco escénico de la obra y del reflejo del idealismo andaluz en el *Ocnos* de Luis Cernuda. Tocaremos también, aunque sólo sea brevemente, dos aspectos generales de la obra de Cernuda —la infancia y su visión paradisíaca del mundo andaluz— que creemos encajan de lleno en el significado andalucista de este capítulo. Finalmente, y en relación con esto último, haremos alusión a la raíz utópica del libro.

Sin embargo, antes de seguir adelante, es conveniente aclarar que aunque Andalucía —Sevilla y la costa malagueña— no se mencionen en *Ocnos*, ello obedece, a nuestro juicio, a dos razones. La primera es de orden literario, la segunda de orden filosófico o ideológico. Pasemos a ver, brevemente, ambas. En cuanto a la razón de orden literario, gran parte de la crítica ha visto en la obra de los escritores del 27 un deseo por eludir referencias localistas. Refiriéndose a la dedicatoria del poema más conocido de *Sombra del paraíso*, de V. Aleixandre —libro por tantas razones paralelo a *Ocnos*—, "Ciudad del paraíso", dice Leopoldo de Luis:

"Esta dedicatoria ["A mi ciudad Málaga"] no figuró en las primeras ediciones del libro (2). Aunque sea un detalle de menor importancia, no deja de ser un síntoma de la evolución experimentada por la poesía de Vicente Aleixandre que, durante su llamada primera época (3) [...] *elude la referencia localista* (actitud propia de la poética inicial de la generación del 27) (4), en tanto que iniciada su segunda época,

---

(1) Cfr. P. PREDMORE, Michael: *La obra en prosa de Juan Ramón Jiménez*, Madrid, Gredos, 1966 y JIMÉNEZ, J. R.: *Platero y yo*, edición de Michael P. Predmore, Madrid, Cátedra, 1978, págs. 46 y 55.

(2) ALEIXANDRE, V.: *Sombra del paraíso*, apareció en 1944. Obsérvese la proximidad a la primera edición de *Ocnos* en 1942. Adán (colección "La creación literaria") era la editorial madrileña, dirigida por Joaquín Gurruchaga que acogió la primera edición del libro. Posteriormente apareció otra edición de la obra en la Editorial Losada de Buenos Aires, antes de las *Poesías Completas* del autor —editorial Aguilar, Madrid 1960—, que ya vio la luz con la dedicatoria "A mi ciudad de Málaga" en el poema "Ciudad del paraíso".

(3) La primera época aleixandrina abarca desde los inicios hasta *Historia del corazón* (1954).

(4) La cursiva es mía.

más testimonial, por así decirlo, decide facilitar la pista geográfica."
(5)

La segunda razón apuntada es de orden ideológico o filosófico.
Nos referiremos a que *Ocnos* es un libro de raíz utópica, aunque
como también apunta Leopoldo de Luis para *Sombra del paraíso*, sea
una utopía al revés, es decir "modelo de pasado en vez de modelo de
futuro" (6). En este sentido, el valor toponímico del libro es lo que
menos importa "porque, en verdad, el propósito del poeta no es
construir un himno que ensalce los paisajes, sino utilizar éstos como
esquemas felices en su creación de la soñada *edad de oro*." (7).

Raíz del tronco verde ¿quién la arranca?
Aquel amor primero ¿quién lo vence?
Tu sueño y tu recuerdo ¿quién lo olvida,
Tierra nativa, más mía cuanto más lejana?

(L. CERNUDA, PO. C., 289)

1. LA SEVILLA INFANTIL DE L. CERNUDA

Sin perjuicio de establecer más adelante las comparaciones opor-
tunas entre Cernuda y otros autores sevillanos que escriben sobre su
ciudad —Chaves Nogales y J. M.ª Izquierdo entre otros—, nos ha
parecido interesante, por los motivos que más adelante se verán, relacionar la obra de Cernuda con la de Romero Murube, y, sobre todo,
un fragmento de este último en donde se describe el ambiente y la
vida sevillana de principios de siglo.

Al leer *Ocnos* siempre nos hemos preguntado cómo era la ciudad
que vio nacer al poeta y que, desde luego, está en la raíz de su creación poética. La ciudad que no se nombra y que "despechada o in-
grata le contesta al poeta con un silencio insólito e inexplicable" (8).

---

(5) DE LUIS, Leopoldo: *Vida y obra de Vicente Aleixandre*, Madrid, Espasa Cal-
pe, 1978, pág. 67, nota.

(6) *Ibídem*, págs. 189-190.

(7) Una vez más nos apoyamos en los esquemas críticos de Leopoldo de Luis
para Aleixandre. Véase: V. Aleixandre, *Sombra del paraíso*, edición, introducción y
notas de Leopoldo de Luis, Madrid, Clásicos Castalia, 1976, pág. 24.

(8) MORALES PADRÓN, F.: *Sevilla insólita*, P. U. S., 1972, pág. 64.

Como dice Romero Murube, aunque no se la nombra, "Sevilla está allí, latente, pluralmente referida. *Ocnos* es el libro sevillano de más fina, difícil, alta alusión y paisaje" (9).

Precisamente hemos acudido a la descripción sevillana de Romero y Murube (10), tal como se halla en su *Discurso de la mentera*, para tratar de reflejar el ambiente y paisaje de la capital andaluza, por los años infantiles (11) y juveniles de los dos poetas sevillanos que escribieron de su tierra; el uno, Romero Murube, desde la cercanía, y el otro, Cernuda, desde la distancia imaginada del exilio. ¿Cómo era Sevilla cuando Cernuda empezó a inundarse materialmente del paisaje, el ambiente y la luz de su tierra nativa? El mismo Romero y Murube nos lo cuenta:

"Recordémosla: (...) Una agradable nostalgia nos invade al asomarnos a esta ciudad que creemos que aún podemos tocar con nuestras manos, porque está muy cerca de nosotros, pero que se ha hundido y perdido para siempre. Es esa Sevilla de ayer a la que la luz de gas ponía aún ese tinte de ciudad tuberculosa que tenían todas las ciudades del siglo pasado (...). Aún no había automóviles, abundaban las *jardineras* y los *break*. Hasta pocos años antes, los tranvías habían

---

(9) ROMERO Y MURUBE, Joaquín: *Los cielos que perdimos*, Sevilla, 1964. Recogido en *Luis Cernuda*, edición de Derek Harris, Madrid, Taurus, "El escritor y la crítica", 1977, pág. 30.

(10) Joqín Romero y Murube nació en el año 1904 y Cernuda en 1902. Juntos pudieron y debieron de pasear innumerables veces por Sevilla. A título de curiosidad recojo aquí la anécdota que cuenta el propio Romero y Murube en su libro de recuerdos *Lejos y en la mano:* "Juan Ramón Jiménez, de paso por Sevilla, y aquella noche, un grupo muy reducido de amigos que le acompañaban a deambular vagamente por las calles... Primavera temprana, transparencia lunar, un poco de frío, Luis Cernuda, el delicadísimo poeta de la calle del Aire, ante la insistencia cariñosa del autor de *Platero*, acepta el echarse sobre los hombros el abrigo de Juan Ramón. Por la diferencia de estatura, casi le llega a los pies y le arrastra. Cernuda va hecho un lío entre su invencible timidez, el esperpento de su propia sombra derramada por el suelo, y la obediencia al máximo poeta...

"Al desembocar por alguna bocacalle a Mateos Gago, aparece en el cielo, inmediata, íntegra y absoluta, la Giralda, Juan Ramón interrumpe con naturalidad la animada charla, y exclama para sí mismo, casi en voz baja:

"—¡Qué maravilla! ¡No tiene más que carne rosa!".

Joaquín Romero y Murube, *Lejos y en la mano*. Sevilla, Gráficas Sevillanas, 1959.

(11) A este respecto, recuérdese que *Ocnos* es un libro de recuerdos que empieza en la infancia del poeta: "La poesía", "La naturaleza", "El otoño", "El piano", etc.

sido arrastrados por mulas, las farolas tenían una pomposidad italianesca. Los soportales de la plaza de San Francisco daban a aquel lugar de la ciudad cierta gracia de patio. ¿Por qué hemos destruido casi todos los soportales de Sevilla? ¿Por qué los arquitectos de hoy los han hecho desaparecer casi en absoluto en los nuevos modos constructivos? (...)

"Había por entonces en las calles mucho menos ruido que ahora. Los pregones callejeros eran verdaderas obras de arte; el de los escobones provocaba aplausos y la discusión de los aficionados a la música. Por las esquinas de los barrios ya un poco en huida, jocunda mujeres de García Ramos (12) —falda larga, moño alto—. Era el tiempo feliz de los valses, aunque pronto las excentricidades negras iban a dar comienzo con el *cakewalk*. Se leía a Pérez Escrich (13) y a *La dama de las Camelias* (...) Aún en los viejos arcones se guardaban las últimas telas importadas de las colonias. En las azoteas, por las tardes, había una melancolía de guajira disuelta en olor de los nardos recién regados (...) Todos los inviernos una riada (...) ¡Las riadas! El barrio de la Alameda era el más castigado. Una mañana de lluvia amanecía todo aquello convertido en río ancho y caudaloso. Para nuestro infantilismo eran aquellos unos días felices" (14).

No hemos querido interrumpir la larga y amena descripción evocadora de la Sevilla infantil de Romero y Murube. Hay en ella aspectos dignos de comentar y que justifican, a nuestro juicio, la elección del citado fragmento. Para empezar, la fecha de aparición del libro, 1943, paralela a la primera edición de *Ocnos* en 1942. En segundo lugar, el tono general de evocación, inspirada por el clima nostálgico

---

(12) José García Ramos fue un pintor sevillano nacido en Sevilla en 1852 y muerto, en la misma capital, el año 1912. Fue discípulo de Eduardo Cano y José Giménez Aranda. Tras una etapa de estudios en Roma (1872) y en París, se estableció en Sevilla. Se especializó en pintura de género y costumbres locales. Está ampliamente representado en el museo de Sevilla.

(13) Enrique Pérez Escrich, escritor valenciano nacido en 1829 y muerto en Madrid en 1897. Sus dramas —*El rey de bastos* (1850) *El maestro de baile* (1856)— le dieron cierto renombre, aunque no obtuvieron el éxito esperado. Sin embargo, uno de ellos —*El cura de aldea* (1858)— sirvió de base a una adaptación novelística del propio autor que, con el mismo título, alcanzó amplia popularidad. Ello supuso su consagración como autor de novelas por entregas.

(14) ROMERO Y MURUBE, J.: *Discurso de la mentira*, Madrid, Revista de Occidente, 1943, pág. 55-57.

de la infancia del poeta. En ambos —Cernuda y Romero Murube—
se advierte el mismo tono de añoranza por una Sevilla, la de la infancia, irrecobrable. Unos años antes, en 1936, Cernuda, en un artículo
aparecido en la revista *Cruz y Raya* titulado "Divagación sobre la
Andalucía romántica", tendría ocasión de decir, evocando como Ro-
mero·y Murube las bellezas destruidas de su ciudad:

"(...) Por eso quizás el encanto romántico andaluz, tenga en esta
ciudad (Sevilla) un caríz moribundo; es una dorada ruina. Hoy tal
vez no sea fácil percibir esto, porque una ola de falsa tradición reno-
vadora la ha venido anegando en los últimos años; se la ha disfrazado
como para un carnaval (...) Preferibles son mil veces las ruinas, fieles
siempre, a ese absurdo y externo andalucismo reciente, de una facili-
dad repugnante (...) Hace tiempo buscaba yo viejas fotografías sevillanas, comparándolas mentalmente con la ciudad actual. Qué desola-
lación. No tener presente, pase; pero no tenerlo y destruir además el
pasado admirable..."

(D. A. R., 1.296)

Son también importantes, aunque de menos trascendencia, las
concomitancias anecdóticas entre el texto de Romero Murube y algunos fragmentos de *Ocnos*. Por ejemplo, la misma referencia a los
pregones infantiles de Romero Murube la encontramos en la evocación cernudiana del poema en prosa de *Ocnos*, "Pregones". Citaremos sólo unos párrafos, ya que este asunto tendremos ocasión de
tratarlo más adelante:

"Eran tres pregones.
"Uno cuando llegaba la primavera, alta ya la tarde, abiertos los
balcones, hacia los cuales la brisa traía un aroma áspero, duro y agudo, que casi cosquilleaba la nariz. Pasaban gentes: mujeres vestidas
de telas ligeras y claras; hombres, unos con traje de negra alpaca o
hilo amarillento, y otros con chaqueta de dril desteñido y al brazo el
canastillo, ya vacío, del almuerzo, de vuelta del trabajo (...)"

(OC., "Pregones", 30)

Obsérvese, de pasada, la misma referencia de Cernuda y Romero
Murube a las transeúntes femeninas inmediatamente después de la
alusión a los pregones. En Cernuda: "mujeres vestidas de telas ligeras", en Romero Murube: "Mujeres de (...) falda larga, moño alto".

Otro paralelismo más entre los recuerdos infantiles de Murube y Cernuda es el de la alusión a las azoteas de las casas sevillanas. Dice Romero Murube en el texto antes citado:

"En las azoteas, por las tardes, había una melancolía de guajira disuelta en el olor a los nardos recién regados (...)" (15).

Y Cernuda en el poema en prosa "Atardecer":

"En los largos atardeceres del verano subíamos a la azotea. Sobre los ladrillos cubiertos de verdín, entre las barandas y paredones encalados, allá en un rincón, estaba el jazminero, con sus ramas oscuras cubiertas de menudas corolas blancas, junto a la enredadera que a esa hora abría sus campanillas azules."

(OC., "Atardecer", 52)

Finalmente, el paralelismo más curioso entre el texto de Romero Murube y la prosa poética de *Ocnos* es la alusión a los recuerdos infantiles de las riadas sevillanas. Sin por ello adelantar acontecimientos, es decir anunciar aspectos del mundo cernudiano que estudiaremos en otro lugar, citemos tan sólo el fragmento siguiente que hace referencia a los típicos desbordamientos del Guadalquivir:

"Noviembre y febrero son allá meses de lluvias torrenciales (...) una mañana vinieron a buscarle al colegio a hora desusada. Llovía días y días, torrencialmente; y el agua desbordando ya por el prado, sería difícil para él volver a su casa en las afueras si se retrasaba un poco. Hubo que dejar el coche al salir de las últimas calles. Aquella avenida de castaños que antes tantas veces recorriera a pie, tuvo entonces que cruzarla en barca."

(OC., "La riada", 46)

Es curioso pero casi con toda certeza podemos fechar los acontecimientos que han dado origen a este poema en prosa. Forzosamente tuvieron que ocurrir entre los años 1911, cuando la familia de Cernuda se trasladó a vivir a la casa del Prado, y 1918, en que otra vez fueron a vivir a la ciudad antigua, en la calle del Aire, "en una casa típicamente andaluza que aún existe" (16).

---

(15) *Ibídem*, pág. 57.

(16) CAPOTE BENOT, J. M.ª: *El período sevillano de Luis Cernuda*, Madrid, Gredos, 1971, pág. 25.

Decimos esto porque Romero Murube sitúa su descripción de
Sevilla en el año 1907, es decir que, con escaso margen de diez años,
los dos poetas hablan de la misma ciudad —aunque Cernuda sin
nombrarla— y de la misma época.

2. EL "IDEALISMO" REGIONAL ANDALUZ

Intentemos ahora, hecha esta incursión por la Sevilla de principios de siglo en el testimonio de dos de sus poetas, resumir la herencia andaluza, en un plano de referencias socio-culturales como más
arriba dijimos, del libro *Ocnos*. En este sentido consideramos importante el estudio de dos revistas sevillanas, que contribuyeron, cada
una en su momento, al resurgir del ambiente de la capital andaluza,
aproximadamente en el período comprendido entre los años 1915 y
1926. Es decir, un intervalo de diez años que abarca desde los trece a
los veinticuatro años de Cernuda. Como se ve, años vitales para la
formación de un poeta.

La primera revista a la que hacemos referencia es *Bética*, que vino
a representar en el campo de las artes —pintura, escultura, arquitectura, música y, por supuesto, literatura— un fiel reflejo del despertar
de la conciencia nacionalista en Andalucía. Efectivamente, Andalucía, como fuente de inspiración, ocupaba lugar preferente en los ar-
tistas españoles de la época. Basta recordar, en el campo de la música,
como Albéniz, Granados y M. de Falla se inspiran en la tradición
popular andaluza para crear sus obras pianísticas. Pero, en el campo
de las ideas, la mayor aportación de "Bética" consiste en la búsqueda
del ideal andaluz. Este ideal "llevaba en sí el doble cometido de ser,
por una parte, la luz que guiase los esfuerzos de los andaluces preo-
cupados en la regeneración nacional y, por otra, de acabar con la falsa
leyenda pintoresquista que sobre Andalucía pesaba (...)" (17).

Baluartes de este regionalismo andaluz fueron José M.ª Izquierdo, Alejandro Guichot y Blas Infante. De los tres, posiblemente el
que más influyera en la literatura sevillana de principios de siglo, y

---

(17) CORTINES TORRES, Jacobo: *Indice Bibliográfico de "Bética, revista ilustrada" (Sevilla, 1873-1917)*, Sevilla, Publicaciones de la Excma. Diputación, 1971,
pág. 23.

por ende en Cernuda, fue el primero. J. M.ª Izquierdo plasmó sus ideas andalucistas en su obra capital *Divagando por la ciudad de la gracia* (18). Será casual pero Cernuda tituló un artículo, en donde expone más claramente su "teoría" de Andalucía, en 1936: "Divagación sobre la Andalucía romántica". En *Ocnos*, precisamente, la única figura contemporánea sevillana que aparece retratada es J. M.ª Izquierdo:

"Pequeño, moreno, vestido de negro, con ojos interrogativos y melancólicos, la cara alargada por unas oscuras patillas de chispero. Siempre en la biblioteca del Ateneo, escribiendo los artículos diarios en que tiraba a la calle su talento, cuando no iba con su paso escurridizo atravesando el patio matinal de la Universidad o camino del río en su cotidiano paseo vespertino."

                    (OC., "José M.ª Izquierdo", 53)

Para, a continuación, hacer Cernuda un elogio justificativo de la pasión de Izquierdo por su ciudad natal y de la incomprensión del ideal andaluz por parte de los contemporáneos sevillanos perdidos en mezquindades pintoresquistas:

"¿Por qué se obstinó alicortado en un rincón provinciano, pendón de bandería regional para unos cuantos compadres que no podían comprenderle?

"Hoy, distantes aquellos días y aquella tierra, creo que de todo fue causa un error de amor: el amor a la ciudad de espléndido pasado, cuyo espíritu acaso quiso él resucitar, dando para ello lo mejor que tenía, sacrificando su nombre y su obra."

                    (OC., "José María Izquierdo", 53)

Nos atreveríamos a decir que los parecidos entre Izquierdo y Cernuda, salvando las distancias generacionales, son muchos. Izquierdo buscó el ideal andaluz, como Cernuda, en el contacto con la naturaleza:

"(...) en este retorno a los campos acaso los hombres logren fundir el ideal hedonístico, dionisíaco, de amorosa comunidad con la naturaleza, y el ideal ético, apolíneo, de la rítmica soberanía del espí-

---

(18) IZQUIERDO, J. M.ª: *Divagando por la ciudad de la Gracia*, Sevilla, 1974.

ritu... Armonía que quizás hayamos dejado dormir para siempre en tierras de Andalucía, por no habernos cuidado de cultivar su genio" (19).

Al igual que Izquierdo, Cernuda trata de revitalizar el paisaje como lugar de un mítico paraíso de virtudes naturales y espirituales consustanciales al hombre.

Divagando por la ciudad de la gracia, como más tarde *Ocnos,* no puede considerarse como una pintura fiel de Sevilla. La concepción urbanística del libro de Izquierdo "se orienta hacia la Sevilla que podría y debería ser" (20). En esta raíz de origen utópico se basan, en cierto modo, los dos libros estudiados, porque ambos imaginan la ciudad como un ideal de comunidades humanas. Posturas parecidas mantuvieron, anteriormente, otros dos avanzados del regionalismo para sus respectivas ciudades, A. Gavinet, en su *Granada la Bella,* y Juan Maragall, en su *Ciudad del Ensueño.*

La siguiente revista que, hasta cierto punto, mantiene la antorcha del andalucismo propugnado por el grupo de *Bética* es *Mediodía.* El mismo Romero Murube dice que "a la generación literaria de J. M. Izquierdo, M. Romero Martínez, Cortines y Murube, y del grupo de la revista *Grecia* (21) (...) sucedió cronológicamente en Sevilla la del grupo *Mediodía* (22).

Mediodía tiene la importancia, además, de ser la revista del grupo generacional de Cernuda. En ella colaboraron, además de Cernuda, los poetas mayores del 27: Guillén, G. Diego, García Lorca y R. Alberti. Eduardo Llosent, su director, manifestaba así los principios fundacionales de *Mediodía,* demostrando la deuda enriquecedora de J. M.ª Izquierdo:

"Es la fundamental aspiración que *Mediodía* se impone *conti-nuando el vigor interpretativo de Izquierdo* (23), el proponer una

---

(19) *Ibídem,* pág. 383.

(20) CORTINES TORRES, J.: *Op. cit.,* pág. 24.

(21) A nuestro juicio *Grecia* fue una revista de inspiración y tono de vanguar-dia que, hasta cierto punto, rompía de forma manifiesta con la anterior tradición literaria sevillana.

(22) ROMERO Y MURUBE, J.: *Sevilla en los labios,* ed. cit., pág. 109.

(23) La cursiva es mía.

orientación más sensible en el conocimiento y en un activo desarrollo cultural de nuestra ciudad" (24).

Esta misma deuda la ha destacado M.ª del Pilar Márquez González en su libro sobre el poeta Alejandro Collantes de Terán: "Dentro del elenco de escritores modelos locales estaba José M.ª Izquierdo. De él, de su peculiarísima manera de captar nuestra multiforme ciudad, viviéndola intensamente a cada instante, heredaron los poetas más jóvenes —Murube y Alejandro [Collantes de Terán] mejor que ningún otro— una visión muy característica de su objetivo poético y una personal manera de expresarlo —en poemas y *divagaciones*— inconfundiblemente sevillanas" (25).

Por otro lado, *Mediodía* vislumbró, como el mismo Cernuda comprendiera, los peligros de exaltación localista, tópica y sin valores universales, que el poeta sevillano señalara constantemente en sus escritos. Ya Joaquín Romero Murube había dicho, refiriéndose a su generación: "Odiamos el narcisismo localista y todo lo que en arte pueda significar un tope o una limitación: Queremos una Sevilla universal dentro de las normas propias y características que hacen de las ciudades valores apartes y comunes como rosas de distintos aromas y colores" (26).

Y Cernuda, en su *Historial de un libro* (1958), avisaba así de los peligros del pintoresquismo provinciano que trató de evitar siempre: "(...) Una constante de mi vida ha sido actuar por reacción contra el medio donde me hallaba. Eso me ayudó a escapar al peligro de lo provinciano, habiendo pasado la niñez y juventud primera en Sevilla, donde la gente pretendía vivir no en una capital de provincia más o menos agradable, sino en el ombligo del mundo, con la falta consiguiente de curiosidad hacia el resto de él."

(H. L., 937)

Esto explica, hasta cierto punto, la actitud distante y, a primera vista, desdeñosa con algunos miembros de su generación. Pero esto

---

(24) LLOSENT, Eduardo: "La Sevilla literaria que yo conocí", *ABC*, 15 de agosto de 1967. Citado por MÁRQUEZ GONZÁLEZ, M.ª Pilar: *Alejandro Collantes de Terán poeta de Sevilla*, Sevilla, Diputación Provincial, 1973, pág. 39.

(25) *Ibídem*, pág. 47.

(26) ROMERO Y MURUBE, J.: *Sevilla en los labios*, ed. cit., prólogo, Sevilla, Mediodía, 1938.

nos llevaría a un estudio más profundo de su personalidad que, en cualquier caso, nos apartarían del tema que estamos estudiando en estos momentos.

2.1. El "idealismo andaluz" en la generación del 27: La "teoría" de Cernuda sobre Andalucía.

Mediodía tuvo como aspecto positivo el de servir de enlace y hasta de órgano de expresión del grupo generacional del 27. Ya ha quedado apuntado cómo en la revista publicaron los poetas mayores de la generación: Lorca, Alberti, Guillén, etc. Detengámonos a analizar, brevemente, la inspiración andalucista en algunos miembros de la citada generación. José Bergamín en un artículo publicado en la revista *La Gaceta Literaria* de Madrid, en 1927, dejaba constancia de la exaltación del "idealismo andaluz" en algunos poetas del grupo. Idealismo que él relaciona con la herencia directa de tres valores universales andaluces: Juan Ramón Jiménez en Literatura, Falla en la Música y Picasso en la Pintura (27).

Bergamín señala, en primer lugar, la importancia de Pedro Salinas y de su libro *Presagios* (1924) como páginas asimiladoras, por un poeta castellano, de la idealidad andaluza: "(...) el tono, escuetamente castellano, de sus versos, se infiltraba ya (...) de finas esencias andaluzas; se flexibiliza la línea pura de su forma (...) por el gracioso contorno ideal del andalucismo" (28). Después de Salinas habría que detener la atención en la obra de J. Guillén. En palabras de Bergamín, la poesía de Jorge Guillén "aparece más que influida, enamorada de lo andaluz" (29) y apunta las herencias juanramoniana y clásica andaluza en la poesía del poeta vallisoletano: "su perfecta cristalización poética debe, tal vez mucho, a este amor inicial del poeta por la poesía andaluza —de Juan Ramón Jiménez o de Góngora—" (30).

Precisamente en las huellas andaluzas de la poesía de Guillén encuentra Cernuda, a juicio de Bergamín, un cauce poético para su

---

(27) BERGAMÍN, José: "El idealismo andaluz", en *La Gaceta Literaria*, núm. 11, Madrid, 1927, pág. 7. Recogido por la revista *Litoral*, núms. 79-80-81, Málaga, 1978, págs. 110-182.

(28) *Ibídem*, pág. 180.

(29) *Ibídem*.

(30) *Ibídem*.

libro de inspiración andalucista *Perfil del Aire:* "Su poesía [la de Cernuda] tiene, sobre todo, la gracia, el angélico don andaluz —sevillano— de la gracia (...)" (31). Después de descartar todo posible parentesco formal entre uno y otro poeta, termina diciendo de Cernuda: "pensamiento lírico nuevo (...) en que el idealismo andaluz se afirma, vivo, infantil, casi recién nacido, eterno —como en la rebolera de un capote fugitivo en su permanencia" (32).

En primer lugar, señalemos el hecho de que no sólo *Perfil de Aire* (1927) y el primer *Ocnos* (1942) nacen al amparo de la inspiración andalucista. También los poemas de la serie *Un río un amor* (1929) surgen con el recuerdo y la nostalgia andaluza, pero esta vez malagueña. Los primeros poemas de *Un río, un amor* fueron escritos en París, durante un exilio temporal, mientras que *Ocnos* fue íntegramente escrito en el exilio verdadero, en Inglaterra. Ambos fueron tentativas nostálgicas, por cuanto uno y otro no eran sino recreaciones de Andalucía: *Ocnos de Sevilla,* y *Un río, un amor* de la costa malagueña.

Ocnos (1942), como ya hemos apuntado, es un libro fundamentalmente de recuerdos sevillanos, a pesar del antiandalucismo repetidamente declarado por el poeta a lo largo de su vida. El profesor F. López Estrada ha señalado ya la duda en que se debatía Cernuda:

"Retorcido por una contradicción que le apretaba el alma, parecía ajeno a Sevilla, sin raíces aparentes, sin relación con la ciudad, a la que incluso azotaría con algún comentario crudo; pero otras veces la recordaba, la quería cerca de sí, aunque fuese en fotografía, en trozos muy concretos de sus calles y jardines. En una carta envía a Capote las indicaciones para que fotografíe la Giralda y un lugar determinado del Alcázar (...)" (33).

Y más adelante añade: "Estas cartas [las de Cernuda a su amigo Higinio Capote] ilustran el episodio del desgajamiento de su patria inevitable, chica en el decir común, grande por su tradición y por una realidad que gustase o no al poeta, acabaría trasmutándose en deseo de belleza" (34).

---

(31) *Ibídem,* pág. 181.

(32) *Ibídem,* pág. 182.

(33) LÓPEZ ESTRADA, F.: "Estudios y cartas de Cernuda", en *Ínsula,* núm. 207, Madrid, 1964, pág. 3.

(34) *Ibídem.*

A nuestro entender, es en el propio Cernuda y en el ya mencionado *Historial de un libro* donde podemos encontrar resuelto, hasta
cierto punto, el problema de esta contradicción:

"En julio de 1928 murió mi madre (...) y a comienzos de septiembre dejé Sevilla. La sensación de libertad me embriagaba. Estaba har-
to de mi ciudad nativa, y aún hoy pasados treinta años, no siento
deseo de volver a ella. Las ciudades, como los países y las personas, si
tienen algo que decirnos requieren un espacio de tiempo nada más,
pasado éste, nos cansan. *Sólo si el diálogo quedó interrumpido podemos desear volver a ellas.*"

(H. L., 906. La cursiva es nuestra)

En efecto, Cernuda dejó abierto, suspenso, el diálogo amoroso
con su ciudad natal. Por eso el recuerdo en los poemas de *Ocnos*,
porque no ha olvidado del todo: "Somos hombres en tanto podemos
olvidar y recordar" (D. A. R., 1.284).

En el poema de *Ocnos*, "Jardín antiguo", encontramos perfectamente explicada la sensación de vacío que asalta al poeta en la distancia de su patria lejana:

"Hay destinos humanos ligados con un lugar o con un paisaje.
Allí en aquel jardín, sentado al borde de una fuente, soñaste un día la
vida como embeleso inagotable. La amplitud del cielo te acuciaba a la
acción; el alentar de las flores, las hojas y las aguas a gozar sin remordimientos.

"Más tarde habías de comprender que ni la acción ni el goce podrías vivirlos con la perfección que tenían en tus sueños al borde de la
fuente. Y el día que comprendiste esa triste verdad, aunque estabas
lejos y en tierra extraña, deseaste volver a aquel jardín y sentarte de
nuevo al borde de la fuente, para soñar otra vez la juventud pasada."

(OC., "Jardín antiguo", 39)

La misma sensación nostálgica asalta al poeta al comparar la primavera andaluza, ya lejana, con la presente de su exilio americano:

"Este año no conoces el despertar de la primavera por aquellos
campos, cuando bajo el cielo gris, bien temprano a la mañana, oías
los silbos impacientes de los pájaros, extrañando en las ramas aún

secas la hojosa espesura húmeda de rocío que ya debía cobijarles. En lugar de praderas sembradas por las corolas del azafrán, tienes el asfalto sucio de estas calles; y no es el aire marceño de tibieza prematura, sino el frío retrasado quien asalta en tu deambular, retándote a cada esquina."

(OC., "La primavera", 86)

Por eso, la impresión del paisaje mexicano que encontramos en *Variaciones* le devuelve, aunque sólo en parte, los fragmentos perdidos de su infancia andaluza. Es este paisaje tropical, sureño, el que Cernuda siente como perteneciente a su raíz andaluza:

"¿En cuántos lugares, por extraño que algunos fueran para ti, no has hallado ese rincón donde te sentías vivo en lo que es tuyo? ¿Tuyo? Bueno di; en lo que es de tu casta y no tanto por paisanaje, aunque lo que de tierra nativa hay en ti entra por mucho en la afinidad instintiva, como por temperamento."

(V. T. M., 143)

Además de *Ocnos*, en donde Andalucía, y más concretamente Sevilla, se recuerda mas no se nombra, Cernuda dejó esbozada su "teoría" de Andalucía en el artículo, antes mencionado, "Divagación sobre la Andalucía romántica". El título ya es significativo acerca del encanto especial que ejerce para Cernuda la visión, en cierta manera tópica, de los viajeros románticos a nuestra región andaluza. Para Cernuda sólo en el romanticismo es posible hallar los últimos vestigios del pasado esplendor de Andalucía y es la época romántica la última oportunidad que tuvo Andalucía para edificar un futuro que hoy le es hostil en todos los aspectos:

"Existió, sin duda, una Andalucía tal como los románticos la soñaron desde tierras lejanas y tal como la buscaron una y otra vez, con enconado afán, en sus viajes a España, tal vez sea una locura perseguirla hoy a través de las tristes deformaciones, las toscas mentiras, el falso amor de sus últimas generaciones; (...)"

(D. A. R., 1.282-83)

Esta visión idealizadora de la Andalucía romántica se viene a sumar a lo que, para Luis Felipe Vivanco y Philip Silver —aprovechan-

do la "Teoría de Andalucía" de Ortega y Gasset (35)—, viene a de-
nominarse el ideal vegetativo que muy bien podría quedar reflejado
en las siguientes palabras de Cernuda:

"La naturaleza es tan viva allí que sus dones deberían bastar generosamente a quienquiera. Ha sido necesaria la feroz civilización burguesa para que el hombre del pueblo andaluz se viera desposeído en
un ambiente donde todo respira, al contrario, abundancia y descui-
do."

(D. A. R., 1.280)

Al leer estas palabras de Cernuda, no podemos sustraernos al eco
que despiertan en nosotros, respecto a unas muy parecidas que fueron escritas, precisamente, por otro escritor sevillano que hemos situado como modelo de Cernuda, en el desvelo por el amor a su patria
andaluza. Nos referimos a José M.ª Izquierdo:

"(...) el panteísmo del mediodía, en una naturaleza más que pró-
diga, lujuriosa, enerva a los hombres en una indolencia oriental casi
búdica...

"Andalucía, en su improvisora pereza, llora —¿la Gloria que fue,
o la ilusión perdida?— y como es altiva y espléndida, seca sus lágrimas en la orgía de luz y de fuego de sus fiestas y de su arte (...)" (36).

Ya en *El indolente* (1929), Cernuda había imaginado un edén
—Sansueña—, en donde los hombres vegetarían sin apenas ningún
esfuerzo vital y en donde la paz reinaría, por encima de los deseos
impuros:

"En Sansueña los ojos se abren a una luz pura y el pecho respira
un aire oloroso. Ningún deseo duele al corazón, porque el deseo ha
muerto en la beatitud de vivir; de vivir como viven las cosas: con
silencio apasionado. La paz ha hecho su morada bajo los sombrajos
donde duermen estos hombres (...) si alguna vez me pierdo, que ven-
gan a buscarme aquí, a Sansueña."

(E. I., 189)

---

(35) ORTEGA Y GASSET, José: "Teoría de Andalucía", en *Viajes y países*, Madrid,
Revista de Occidente, 3.ª edic., 1968, págs. 91-107.
(36) IZQUIERDO, J. M.ª: *Divagando por la ciudad de la gracia*, ed. cit., pág. 45.

Ni que decir tiene que Sansueña, pueblo imaginario del sur —probablemente alguna aldea malagueña—, es la quintaesencia de los valores naturales del paisaje y la vida urbana andaluza. Precisamente en *El indolente* encontramos la descripción de un día festivo en un pueblo andaluz, con ocasión del patrono del lugar. En Andalucía cada ciudad tiene su santo patrono o patrona y la celebración de este ritual, de una religiosidad primitiva, cae casi siempre en pleno y riguroso verano. El fragmento está lleno de connotaciones sensoriales y plásticas, que más adelante veremos reflejadas en el mundo andaluz de *Ocnos:*

"¡Mañanas de julio y agosto con repique de campanas, en sombra las calles entoldadas y alfombrado el suelo de romero y juncia! El aire tiene una vivacidad, una frescura nueva, las gentes pasan sonrientes, alguna música tosca suena sus cobres en una plaza lejana. De pronto el repique se hace más intenso, vienen bocanadas de incienso y por una esquina antes solitaria se van congregando los curiosos: mujeres vestidas de claro y cubierta la cabeza por un velo o pañuelo, hombres con el sombrero en la mano y vestidos de oscuro.

"Aparece la procesión, son primeros los tambores con seco y duro redoble, luego los monaguillos de rojo y blanco, con ciriales e incensarios, los curas de gesto hosco y rígida capa bordada, hasta que al fin aparecen las andas de plata, con flores y faroles encendidos a pesar de ser mediodía, en torno a un San Rafael de alas doradas y un pez rosa en la mano; o un San Cristóbal de pierna y brazo arremangado con el niño sentado sobre un hombro; o un santo obispo de mitra y báculo, el gesto estático y beatífico (...)

"Cuando ha pasado, aún queda flotando en el aire el perfume de las flores y del incienso, el eco árido del tambor y las trompetas (...)"

(E. I., 217-219)

La cita es importante porque nos da idea del significado de Sansueña en la visión andalucista de Cernuda. Sansueña es un nuevo ideal pastoril que se opone radicalmente, en su originaria inocencia natural, a la ciudad moderna con sus instituciones corrompidas y su sociedad alienante. De ahí que D. Mister —alter ego de Cernuda y personaje principal de *El indolente*— le diga al muchacho andaluz Aire, cuando éste le comunica sus inquietudes de viajar a países lejanos en busca de aventuras:

"¿Qué buscarías bajo ellos [otros cielos] que aquí no tengas? Sólo encontrarías soles mojados y tristes. Un día has de recordar esta luz, esta misma luz de la tarde sobre esas tapias blancas y la echarás de menos. Entonces querrás volver."

(E. I., 202)

Al parecer, según los acontecimientos que rodearon la vida de Cernuda y teniendo en cuenta la fecha temprana —mucho antes del exilio— de esta narración, las palabras resultaron proféticas en la vida del poeta sevillano.

3. EL PARAISO ANDALUZ: LA INFANCIA COMO PARAISO

En el primer *Ocnos* (1942), Cernuda incluyó, al final del libro, un poema de suma importancia para entender el sentido general de la obra del poeta sevillano. Este poema es "Escrito en el agua" que el mismo Cernuda, como hemos dicho, suprimió de las dos ediciones posteriores —1949 y 1963— porque "aquella pieza final de la primera edición actuaba como una especie de tapón, e impedía la continuación del libro" (37). Suprimido éste, el poeta quedaba en libertad de añadir nuevos poemas a las sucesivas ediciones de la obra. El fragmento de dicho poema en prosa que nos interesa, como punto de partida, es el siguiente:

"Desde niño, tan lejos como vaya mi recuerdo, he buscado siempre lo que no cambia, he deseado la eternidad. Todo contribuía alrededor mío, durante mis primeros años, a mantener en mí la ilusión y la creencia en lo permanente: la casa familiar inmutable, los accidentes idénticos de mi vida. Si algo cambiaba, era para volver más tarde a lo acostumbrado, sucediéndose todo como las estaciones en el ciclo del año, y tras la diversidad aparente siempre se traslucía la unidad íntima.

"Pero terminó la niñez y caí en el mundo, las gentes morían en torno mío y las casas se arruinaban (...)"

(OC., "Escrito en el agua", 107)

---

(37) Fragmento de una carta inédita de L. Cernuda a J. L. Cano, con ocasión de la publicación de *Ocnos* (1949). Véase: CANO, J. L.: "Nota sobre *Ocnos* con dos cartas inéditas de Luis Cernuda", art. cit., pág. 195.

Philip Silver ya analizó y valoró convennientemente, en 1965, la importancia que adquiría la obra total de Cernuda a la luz del poema que estamos comentando. Luis Cernuda construye la fábula de su propia existencia —su obra poética— como resultado de la propia conciencia de estar arrojado a un mundo que le es hostil, en donde la realidad no es compatible con el deseo, porque el poeta ha sido arrojado del paraíso de la infancia, allí donde la realidad temporal no existía. La fábula de su existencia —su poesía— es la única forma de perpetuarse sin que el tiempo pueda nada contra ella. Su obra, a la luz de este fragmento, se estructura en torno a los mitos del edén: la edad de la inocencia y la caída. Así, el niño, al alcanzar la mayoría de edad es arrojado del paraíso. El propio Cernuda, con imagen bíblica, nos induce a pensar en ello cuando leemos en el poema "El tiempo", de *Ocnos*, este fragmento:

"Llega un momento en la vida cuando el tiempo nos alcanza. (No sé si expreso esto bien.) Quiero decir que a partir de tal edad nos vemos sujetos al tiempo y obligados a contar con él, *como si alguna visión con espada centelleante nos arrojara del paraíso primero*, (...)"

(OC., "El tiempo", 28. La cursiva es nuestra)

Es la misma imagen del poema X de *Donde habite el olvido:*

Bajo el anochecer inmenso,
Bajo la lluvia desatada, iba
Como un ángel que arrojan
de aquel edén nativo
(PO. C., 159)

Por eso mismo, también en *Primeras Poesías*, el jardín paradisíaco de la niñez que encontramos en *Ocnos* se ha convertido en prisión. El poeta tiene conciencia de las limitaciones impuestas al edén de la infancia. Entre los poetas andaluces de la generación del 27, que sufrieron el exilio, ha sido lugar común el lamentarse de la separación física de su patria andaluza. Andalucía, en muchos de ellos, adquiere el valor de símbolo de la patria española. El propio Cernuda en un poema de *Las nubes*, "Elegía española", invocando a España, nos dice:

Cuando la primavera vieja
Vuelva a tejer su encanto

Sobre tu cuerpo inmenso
Cuál ave hallará nido
Y qué savia rama
Donde brotar con verde impulso?
¿Qué rayo de luz alegre,
Qué nube sobre el campo solitario,
Hallarán agua, cristal de hogar en calma
Donde reflejen su irisado juego?

(PO. C., 212)

Aquí, en este poema, el bosque, el aire y la luz "son atributos del paisaje mítico de Andalucía y ésta es la sinécdoque de Cernuda en relación a España" (38). Los poetas andaluces del 27 han lamentado con más frecuencia que los castellanos la separación de su tierra natal, porque tienen una particular experiencia del medio físico que les vio nacer. La distinción es importante, en el sentido que conecta con un tema generacional específico de los poetas del 27. Este tema es el ya apuntado en *Sombra del paraíso*, de Aleixandre, que se refiere a la añoranza de un paraíso terrestre.

Este tema es compartido por todos, aunque en Salinas y Guillén su geografía es siempre general y abstracta, mientras que para los poetas andaluces sus atributos físicos son los de la Andalucía de sus años mozos. En la prosa de Cernuda encontramos referencias muy concretas del paraíso según hemos señalado. Por ejemplo, la visión que tiene para el niño Albanio el invernadero en el poema "El huerto" de *Ocnos:*

"(...) ¿Era dicha creencia, lo que revestía de tanto encanto aquel lugar? Hoy creo comprender lo que entonces no comprendía: Cómo aquel reducido espacio del invernadero, atmósfera lacustre y dudosa (...) era para mí imágen perfecta de un edén."

(OC., "El huerto", 24)

En *El indolente*, el paraíso es también la tierra perdida de la infancia:

"¡Oh delicia del tiempo ido, de las mañanas estivales de esta tierra perdida!"

(E. I., 218)

---

(38) SILVER, Philip: *Luis Cernuda, el poeta en su leyenda*, ed. cit., pág. 237.

Igualmente en la citada "Divagación sobre la andalucía romántica":

"Y cuando en la juventud se avanza hacia la vida (...) son varias las veces que quedamos derribados en tierra con un extraño amargor en los labios. Se vuelven entonces los ojos hacia no sabemos que paraísos terrestres; aunque ya entonces comprenda nuestro desengaño que tal anhelo no es más que un atávico sueño. Todos somos libres, sin embargo, para acariciar ese sueño y para situarlo más acá o más allá del mundo."

(D. A. R., 1279)

Y más adelante:

"Confesaré que sólo encuentro apetecible un edén donde mis ojos vean el mar transparente y la luz radiante de este mundo; donde los cuerpos sean jóvenes, oscuros y ligeros; donde el tiempo se deslice insensiblemente entre las hojas de las palmas y el lánguido aroma de las flores meridionales. Un edén, en suma, que para mi bien pudiera estar situado en Andalucía."

(D. A. R., 1279-80)

Definitivamente Andalucía es el paraíso para Cernuda. Un paraíso que, como dijimos, mientras aún estaba en España, se situaba muy probablemente en la costa malagueña, porque Sevilla estaba demasiado asociada, todavía, a los provincianos recuerdos familiares. Por eso, en "Divagación", este paraíso tiene todos los atributos de la geografía malagueña. Un detalle más para relacionar a Cernuda con Vicente Aleixandre:

"Cálidas ciudades de nieve y espuma, escalonadas al lado del mar o escondidas, como altaneras aves entre las montañas, tendidas en una verdosa marisma o en soñoliento valle; habitadas por hermosas criaturas de oscura piel y revueltos cabellos, con pupilas de sombrío fulgor, talle quebradizo, ronco y cadencioso hablar. Unas veces tienen como fondo la fuerte y esbelta arquitectura de los navíos anclados en el puerto callado, libre del horrible tráfico vulgar, si no es el ir y venir de cuerpos sin prisa, casi desnudos como dioses o cubiertos con ligeros vestidos de sonoros colores. Otras es la calle aguda y flexible como un acero, con los tejados próximos dejando percibir una estría de luz embriagadora. Las casas de gruesos muros y rejas dramáticas permiten a la mirada envidiosa perderse en el encantado vergel que asoma apenas por una revuelta del oscuro corredor. Y un silencio, un silencio donde se aspira, denso como gotas de lluvia, el perfume de los jazmines, de los nardos y de las magnolias. Tal vez una voz gutural lejana lo rompe con un grito que se apaga en cadencia ondulante, igual que las olas del mar sobre la playa *¿Cómo no añorar un paraíso semejante* desde las horribles ciudades modernas"

(D. A. R., 1287-88)

Hemos ya señalado la proximidad de todos los poetas del 27 en el tratamiento de un perdido paraíso andaluz. Los más próximos, como ya ha quedado dicho, son Aleixandre y Cernuda. Para ambos es una forma de salvar la temporalidad. Sin embargo, mientras que Cernuda cree en la posibilidad de recuperarlo, Aleixandre inicia un nuevo camino y busca su salvación por la incorporación a la Historia. Es decir, Aleixandre comprende que la regresión al mítico paraíso es solamente una huida, mientras que Cernuda se aferra a una especie de utopía evasiva. Pero este es otro tema que procuraremos tratar más adelante.

Tan importante como el tema del paraíso es el de la infancia, puesto que, como veíamos en "Escrito en el agua", el paraíso es un estado de atemporalidad que sólo es posible gozarlo en la infancia:

"Todo contribuía alrededor mío, durante mis primeros años, a mantener en mí la ilusión y la creencia en lo permanente (...)
"Pero terminó la niñez y caí en el mundo."

(OC., "Escrito en el agua", 107)

Con el mismo dolor por la infancia-adolescencia perdida se manifiesta en su obra poética:

> Adolescente fui en días idénticos a nubes,
> cosa gracil, visible por penumbra y reflejo,
> y extraño es, si ese recuerdo busco,
> Que tanto, tanto duela sobre el cuerpo de hoy
> (...)
> Aquel fue, aquel fui, aquel he sido;
> Era la ignorancia mi sombra
> Ni gozo ni pena; fui niño

(PO. C., 139)

O también, en otro lugar:

Yo fui
(...)
Lo que pinta el deseo en días adolescentes
Como un golpe de viento
que deshace la sombra,
caí en lo negro,
En el mundo insaciable
He sido   (PO. C., 153)

Por eso el poeta desea permanecer, con los atributos elementales de la naturaleza, en un estado permanente de eterna adolescencia:

Porque algún día yo seré todas las cosas que amo:
El aire, el agua, las plantas, *el adolescente*
                                (PO. C., 139)

El deseo por recobrar la infancia es aún más comprensible si tenemos en cuenta que Cernuda empezó a escribir los poemas en prosa de *Ocnos* en el exilio, para fijar, en cierto modo, un tiempo y un ambiente al que nunca podría volver. En la infancia cualquier visión de la naturaleza, por imaginaria que sea, supera con creces a la realidad del mundo del hombre. Esta es la impresión que le acomete cuando, en *Ocnos*, compara ambos tiempos —el infantil y el de la madurez—, ante la visión de un brezal:

"(...) El tiempo, aunque pusiese color, quitaba encanto, y mucho tiempo había pasado ya, al confrontar la realidad íntima tuya con la otra. Tantas cosas como el brezal pudo decirte antes y ahora que lo tenías allí estaba inexpresivo y mudo, ¿o eras tú quien lo estaba? (...)

"(...) y te decías que cuando la realidad visible parece más bella que la imaginada es porque la miran ojos enamorados, y los tuyos no lo eran ya, o al menos no en aquel momento. La creación imaginaria vencía a la real, aunque ello nada significara respecto a la hermosura del brezal mismo. Sino sólo que en la visión infantil hubo más amor que en la contemplación razonable del hombre, y el goce de aquélla, por entero y bello, había agotado las posibilidades futuras de ésta, por muy reales que fuesen o pareciesen."
                        (OC., "El brezal", 79-80)

Solamente en el México de *Variaciones* el hombre puede reencontrar al niño que fue. El aire, la luz, el ambiente de un patio mexicano le transporta de nuevo al de su niñez sevillana:

"Viendo este rincón, respirando este aire, hallas que lo que afuera ves y respiras también está dentro de ti; que allá en el fondo de tu alma (...) está la imagen misma de lo que en torno tienes: y que desde tu infancia se alza, intacta y límpida, esa imagen fundamental, sosteniendo, ella tan leve, el peso de tu vida y de su afán secreto.

"El hombre que tú eres se conoce así, al abrazar ahora al niño que fue, y el existir único de los dos halla su raíz en un rinconcillo secreto y callado del mundo. Comprendes entonces que al vivir esta otra mitad de la vida acaso no haces otra cosa que recobrar al fin, en la presente, *la infancia perdida, cuando el niño, por gracia era ya dueño de lo que el hombre luego,* tras no pocas vacilaciones, errores y extravíos, *tiene que recobrar con esfuerzo.*"

(V. T. M., 149. La cursiva es nuestra)

La importancia de la infancia o adolescencia en Cernuda es enorme. Para el poeta sevillano la belleza de la juventud es un intento de aprisionar la eternidad en un instante, por pequeño que éste sea, y por lo tanto es una victoria sobre el tiempo. Tal visión se halla implícita en la contemplación del adolescente que aparece en el poema de *Ocnos* "El enamorado":

"Otros podrán hablar de cómo se marchita y decae la hermosura corporal, pero tú sólo deseas recordar su esplendor primero, y no obstante la melancolía con que acaba, nunca quedará por ella oscurecido su momento. Algunos creyeron que la hermosura, por serlo, es eterna *(Como dal fuoco il caldo, esser diviso - Non puó'l bel dall'eterno),* y aún cuando no lo sea, tal en una corriente el remanso nutrido por idéntica agua fugitiva, ella y su contemplación son lo único que parece arrancarnos al tiempo durante un instante desmesurado."

(OC., "El enamorado", 51)

En parecidos términos se expresa Cernuda en el poema "Sombras" del mismo *Ocnos:*

"Aquellos seres cuya hermosura admiramos un día, ¿dónde están? Caídos, manchados, vencidos, si no muertos, mas la eterna maravilla de la juventud sigue en pie, y al contemplar un nuevo cuerpo joven, a veces cierta semejanza despierta un eco, un dejo del otro que antes amamos."

(OC., "Sombras", 59-60)

El niño o el joven representan la inocencia, aun en sus deseos menos puros. "El amor del poeta por los niños y los adolescentes —dice Philip Silver— debe considerarse como un intento de recuperar la inocencia de su propia infancia de segunda mano; es en el fondo un anhelo nostálgico" (39).

La infancia, además de representar la temporalidad y la inocencia, reúne, en sí misma, otro atributo más que es el de la unión mística con la naturaleza. Antes de *Ocnos*, *Platero y yo*, de Juan Ramón Jiménez, es una obra que acoge este mismo sentimiento de lo natural con respecto a la infancia.

Sin embargo, el sentimiento de la naturaleza que aparece en Platero le viene a Juan Ramón, como ya dijimos más arriba, del krausismo español y de la influencia de Francisco Giner de los Ríos. Mientras que *Ocnos* recoge, en este sentido, la influencia, junto con el Unamuno contemplativo, de la poesía inglesa de Wordsworth. "Tanto Cernuda como Unamuno comparten el fuerte sentimiento místico de Wordsworth por la naturaleza y su conexo interés por la infancia y por el niño" (40).

Sólo en la infancia se hace posible la realización del ideal vegetativo, de unión con la naturaleza, que encontramos en el poema, precisamente titulado, "La naturaleza" de *Ocnos*:

"Le gustaba al niño ir siguiendo paciente, día tras día, el brotar oscuro de las plantas y de sus flores. La aparición de una hoja, plegada aún y apenas visible su verde traslúcido junto al tallo donde ayer no estaba, le llenaba de asombro, y con ojos atentos, durante largo rato quería sorprender su movimiento, su crecimiento invisible, tal otros quieren sorprender, en el vuelo, como mueve las alas el pájaro.

"Tomar un renuevo tierno de la planta adulta y sembrarlo aparte, con mano que él deseaba de aire blando y suave, los cuidados que entonces requería, mantenerlo a la sombra los primeros días, regar su

---

(39) *Ibídem*, pág. 92.
(40) *Ibídem*, pág. 80.

sed inexperta a la mañana y al atardecer en tiempo caluroso, le embe-
lecían de esperanza desinteresada.

"Qué alegría cuando veía las hojas romper al fin, y su calor tierno, que a fuerza de trasparencia casi parecía luminoso, acusando en
relieve las venas, oscurecerse poco a poco con la savia más fuerte.
Sentía como si él mismo hubiese obrado el milagro de dar vida, de
despertar sobre la tierra fundamental, tal un dios, la forma antes dormida en el sueño de lo inexistente."

(OC., "La naturaleza", 20)

4. LA EDAD DE ORO

Queremos, brevemente, para terminar este capítulo, sugerir una
idea sobre el valor utópico de la obra de Cernuda. *Ocnos* es una
utopía, como la de Aleixandre en *Sombra del paraíso*, al revés, es
decir, de evasión en vez de reconstrucción. No es un proyecto de
futuro sino una nostalgia del pasado. Si hablamos de utopía es, únicamente, porque en *Ocnos* no hay referencias topónimas, aunque todo
el mundo suponga que Cernuda está hablando de Sevilla. Por eso
preferimos hablar de reminiscencia de la edad de oro. Esta edad de
oro para Cernuda es el jardín o paraíso de la infancia en que el poeta-
niño se encuentra antes de la caída en el mundo.
bre moderno, con sus angustias y frustraciones, que debería tener
relaciones más profundas con el mundo que habita. Cernuda se ha
dado cuenta de las posibilidades de felicidad de las que se ha apartado, al caer en el mundo y perder la infancia. En *Ocnos* —sobre todo
el primer *Ocnos*— encontramos el mito de la edad de oro de la infancia, porque Cernuda ha guardado muy bien, en su memoria, el recuerdo de una época en que la separación con la naturaleza no había
sobrevenido aún.

Baste recordar, a este propósito, el poema, antes citado, "La naturaleza" en donde el niño se siente en íntima armonía con la misma.
Pero además la caída en el mundo representa la conciencia de la limitación y, por lo tanto, la muerte es la única forma de salvación, ya
que Cernuda no acepta su destino. Se evade así hacia el mito de la
edad dorada. Esta edad de oro se ha situado ya en Andalucía, sin
especificar sitio, en un lugar que bien pudiera ser la costa malagueña.
Es la "Sansueña" de *El indolente*:

"Cuando todo ha pasado, aún queda flotando en el aire el perfume de las flores y del incienso, el eco ávido del tambor y las trompetas. Entonces nace cerca, dulce *como una reminiscencia de la edad de oro*, el son de un pífano alegre y saltarín (...)
"Quien no te conoce, Andalucía, no conoce nada."

(E. I., 216-219. La cursiva es nuestra)

El reencuentro con el mundo de la infancia que supone *Variaciones sobre tema mexicano* es un intento de hacer concreto el mundo utópico de *Ocnos*. Será la posibilidad de reconquistar el paraíso infantil de antes de la caída. Un esfuerzo por volver a ser niño, lo que ocurre es que los dos planos —niñez y madurez— no coinciden. El niño no tiene —en su inocencia— los deseos del hombre y, por lo tanto, el intento de hacer posible el mundo utópico no resulta positivo. Las coordenadas espacio-temporales no coinciden, a pesar de que el paisaje de México traiga para Cernuda reminiscencias andaluzas.

Por otra parte, creemos encontrar, aplicando los criterios psicoanalistas de Jung al tema de la edad de oro, un deseo de retorno a la quietud del seno materno por parte de Cernuda. Mucchielli, que ha estudiado este asunto y su reflejo en la literatura, cree que tales creaciones ideales responden a un arquetipo de la humanidad, un tema del inconsciente colectivo en el cual el mundo se ve exento de frustraciones, de impotencias y de limitaciones que se imponen en la existencia del adulto (41). En este sentido Juan Altolaguirre —el hijo de Concha Méndez y Manuel Altolaguirre—, que murió apenas nacer, ejemplifica para Cernuda una pureza e inocencia íntegras que ni su propia infancia, la del poeta, podría tener. Sobre todo después de la caída:

Eras tierno deseo

...

Como nube feliz que pasa sin la lluvia,
Como un ave olvidada de la rama nativa
A un tiempo poseíste muerte y vida,
Sin haber muerto, sin haber vivido

(PO. C., 164)

_____

(41) MUCCHIELLI: *Le mythe de la cité idéale*, París, 1960.

El simbolismo del muro, o del jardín, en la obra de Cernuda tendría, a nuestro juicio, un significado íntimamente relacionado con ese lugar cerrado —seno materno también— que para el poeta representa la localización atemporal, y lejana, del mito de la edad dorada. El mismo sentido de insularidad —nada más adecuado para la literatura utópica que una isla— tiene el poema en prosa "La riada", de *Ocnos,* que nos permite advertir síntomas inequívocos del paraíso perdido que ha sido la infancia del poeta:

"Se sentía (el niño) como en una isla, separado del mundo y de sus aburridas tareas en ilimitada vacación: una isla mecida por las aguas, acunando sus últimos sueños de niño."

(OC., "La riada", 46-47)

Los utopistas imaginan sociedades, en alguna medida, cerradas y estáticas y para ello nada mejor que la representación de una isla. Apuntemos, finalmente, que el amor de Cernuda por el mundo helénico es otro reflejo del mito de la edad de oro. El poeta, ante una realidad que le es hostil, se vuelve de espaldas a ella y lo mismo dirige su imaginación, buscando nuevos paraísos, a la evocadora Andalucía de su juventud que a la Grecia de los dioses antiguos. En un poema de *Ocnos,* "Helena", el poeta se lamenta de que en España nunca haya arraigado el espíritu de la Grecia clásica:

«En otra ocasión has escrito: "No puedo menos de deplorar que Grecia nunca tocara el corazón ni la mente española, los más remotos e ignorantes, en Europa de la 'Gloria que fue Grecia'. Bien se echa de ver en nuestra vida, nuestra historia, nuestra literatura" (42). Lo que España perdió así para siempre no fue sólo el conocer a la hermosura, tanto como eso es (...), sino el conocer también y respetar a la mesura, uno de los más significantes atributos de ella.

»Nadie entre nosotros hubiera sido capaz de aquel deseo de conocimiento hermoso que, en Fausto, al contemplar la faz de Helena,

---

(42) Se refiere Cernuda a lo que había escrito en 1959, para su *Historial de un libro:* «Aquel mundo remoto de Grecia, tan cercano a nosotros al mismo tiempo, me atrajo en no pocas ocasiones de mi vida, sintiendo la nostalgia que otros poetas, mejor enterados de él que yo, expresaron en sus obras. No puedo menos de deplorar que Grecia nunca tocara al corazón ni a la mente española, los más remotos e ignorantes, en Europa, de "La Gloria que fue Grecia". Bien se echa de ver en nuestra vida, nuestra historia, nuestra literatura (...)»

símbolo admirable de Grecia, su patria, se preguntaba: *Was this the face that launched a thousand ships / And burnt the topless towers of Ilium?* En esa faz mágica cifraron algunos pocos toda su creencia y su amor en este mundo.»

(OC., "Helena", 98)

Y es que Cernuda, lo mismo que Hölderlin, añoraba aquella edad desaparecida, en que el poeta servía de mediador entre los dioses y el hombre. Pero este es ya otro tema al que, por su importancia, le dedicaremos un lugar aparte.

IV. Estudio temático de *Ocnos*

El tiempo, ese blanco desierto ilimitado,
Esa nada creadora, amenaza a los hombres
Con luz inmortal se abre ante los deseos juveniles.
Unos quieren asir locamente su mágico reflejo,
Mas otros le conjuran con su hijo
Ofrecido en los brazos como víctima.
Porque de nueva vida se mantiene su vida
Como el agua del agua llorada por los hombres.

(L. CERNUDA, PO. C., 228)

1. EL TIEMPO

La idea de empezar a tratar el tema del tiempo en *Ocnos* no es
arbitraria ya que responde, según la mayoría de la crítica, a la constante más reiterada de la poesía de Cernuda. Si leemos *Ocnos*, como
se debe leer, empezando por el que es primer poema del libro, aunque ocupe el último lugar en la edición de 1942 —"Escrito en el
agua"— nos apercibimos enseguida de la importancia del tiempo en
esta obra y, por ende, en toda la poesía de Cernuda. Todo el poema
gira en torno a la idea de tiempo infinito o eternidad. Los otros temas
que estudiaremos sucesivamente —el amor, la muerte y Dios— forman como un círculo que rodea el tema fundamental. Intentando

representar lo que decimos de una manera gráfica obtendremos algo
parecido al siguiente dibujo:

Aclaremos ahora que el concepto nuclear es el de "no-tiempo", o
sea eternidad, mientras que el tiempo (limitado) se opone al concepto
de eternidad, como el de la muerte$_1$ se opone al amor, y nuevamente la muerte$_2$ se opone a la idea de Dios. O sea que en el poema se
observa una dialéctica perfecta entre, por una parte, el ansia de eternidad del poeta y los conceptos de tiempo y muerte, que se oponen a
ella.

Así, de nuevo intentando trasladar el poema a una representación
gráfica, en una columna colocaríamos la eternidad, con los otros temas que a ella son connaturales —Dios y el amor—, mientras que en
la otra representaríamos el tiempo (1) junto con la idea de muerte que
le es propia:

ETERNIDAD - TIEMPO
AMOR - MUERTE$_1$
DIOS - MUERTE$_2$

Intentemos ahora una lectura del poema, con los apartados opor-
tunos, según la idea que hemos tratado de expresar arriba.

ETERNIDAD: "Desde niño, tan lejos como vaya mi recuerdo,
he buscado siempre lo que no cambia, he deseado la eternidad" (2).

---

(1) A partir de ahora, siempre que no indique lo contrario, hablaremos de tiempo en el sentido de tiempo limitado.

(2) Desde ahora todas las citas, mientras no se diga lo contrario, pertenecen a
Luis Cernuda, "Escrito en el agua", en *Ocnos*, ed. cit., págs. 107-108. La cursiva será,
también, a partir de ahora, nuestra.

Los rasgos más característicos en los que el niño ve reflejada la eternidad pertenecen, en un plano autobiográfico, a las circunstancias domésticas-familiares:

"Todo contribuía alrededor mío, durante mis primeros años, a mantener en mí la ilusión y la creencia en lo permanente: la casa familiar inmutable, los accidentes idénticos de mi vida."

En un plano simbólico, esta idea de eternidad responde a una concepción casi primitiva del reciclaje de la naturaleza. Las sociedades tradicionales asustadas ante la idea lo que Mircea Eliade (3) llama el "terror del tiempo", imaginaban la existencia temporal del hombre como una repetición *ad infinitum* de determinados arquetipos y gestos ejemplares. La repetición de las estaciones del año y del reverdecer de la naturaleza, en un eterno volver a empezar, es una idea que vemos reflejada en el poema de *Ocnos* que estamos analizando:

"Si algo cambiaba, era para volver más tarde a lo acostumbrado, *sucediéndose todo como las estaciones en el ciclo del año*, y tras la diversidad aparente siempre se traslucía la unidad íntima." (4)

TIEMPO: Primer enfrentamiento con el tiempo al acabar la edad de la inocencia, la infancia, y entrever la idea de la muerte:

"Pero terminó la niñez y caí en el mundo. Las gentes morían en torno mío y las casas se arruinaban."

La primera pareja de conceptos antitéticos está conclusa. Otra vez, curiosamente como en el ciclo de la naturaleza, el poeta se vuelve a aferrar a lo que puede representar, por lo menos al principio de su vida, una nueva idea de eternidad. En este caso el amor.

AMOR = ETERNIDAD

"Como entonces me poseía el delirio del amor, no tuve una mirada siquiera para aquellos testimonios de la caducidad humana. Si había descubierto el secreto de la eternidad, si yo poseía la eternidad en mi espíritu, ¿qué me importaba lo demás?"

---

   (3) ELIADE, Mircea: *Imágenes y símbolos*, Madrid, Taurus, 3.ª edición, 1979, págs. 78-80.
   (4) SILVER, Philip, *El poeta en su leyenda*, ed. cit., págs. 232-233.

Al amor se opone la muerte que el poeta ve reflejada en la naturaleza, en el fin del amor, y en el de su propia desaparición.

MUERTE₁:

"Mas apenas me acercaba a estrechar un cuerpo contra el mío, cuando con mi deseo creía infundirle permanencia, huía de mis brazos dejándolos vacíos.

"Después amé los animales, los árboles (he amado un chopo, he amado un álamo blanco), la tierra. *Todo desaparecía, poniendo en mi soledad el sentimiento amargo de lo efímero.* Yo sólo parecía duradero entre la fuga de las cosas. *Y entonces, fija y cruel, surgió en mí la idea de mi propia desaparición,* de cómo también yo me partiría un día de mí."

Es preciso aclarar que, en el primer párrafo, la idea de huida de los seres amados se asemeja —o por lo menos tiene el mismo valor— a la idea de la muerte que el poeta ve reflejada en la caducidad de la naturaleza.

Con esto vemos acabado, de nuevo, el ciclo eternidad-muerte. Pasemos a ver, por tercera vez consecutiva, la última pareja de contrarios.

DIOS = ETERNIDAD

"¡Dios!, exclamé entonces: dame la eternidad. Dios era ya para mí el amor no conseguido en este mundo, el amor nunca roto, triunfante sobre la astucia bicorne del tiempo y de la muerte. Y amé a Dios como al amigo incomparable y perfecto."

A esta idea de Dios se opone, finalmente, la de la muerte.

MUERTE₂:

"Fue un sueño más, porque Dios no existe. Me lo dijo la hoja seca caída, que un pie deshace al pasar. Me lo dijo el pájaro muerto, inerte sobre la tierra el ala rota y podrida. Me lo dijo la conciencia, que un día ha de perderse en la vastedad del no ser. Y si Dios no existe, ¿Cómo puedo existir yo? Yo no existo ni aun ahora, que como una sombra me arrastro entre el delirio de sombras, respirando estas palabras desalentadas, testimonio (¿de quién y para quién?) absurdo de mi existencia."

Aunque la cita textual del poema ha sido larga y, consiguientemente, el análisis paralelo que hemos tratado de efectuar también, sin embargo, creemos conveniente señalar que partimos de este poema básico para el análisis temático de *Ocnos*. Así pues, los temas fundamentales que estudiaremos en el libro serán los del tiempo, el amor, la muerte y Dios.

Empecemos con el tema del tiempo en *Ocnos*.

1.2. El tiempo como presente eterno

La mayoría de los críticos cernudianos están de acuerdo en opinar que el tema del tiempo en su poesía es un deseo por interpretar la existencia a partir de la expulsión del paraíso de la infancia como un presente eterno. En principio este es otro punto que conecta a Cernuda con la generación del 27. Poetas de evocación y recuerdos paradisíacos, los del 27, se empeñaron en imaginar el paraíso terrestre en un eterno ahora. Tenían un modelo que seguir en la obra de Juan Ramón Jiménez. El poeta de Moguer elaboró en su poesía la dimensión de un eterno presente. Esto es así porque la visión de un paraíso requiere, en cierta medida, la consideración de un tiempo ahistórico.

Es curioso como el ya mencionado Joaquín Romero Murube, en su libro *Sevilla en los labios*, había elegido bien el concepto de "eterno presente" para aplicarlo a Sevilla, la ciudad que está presente, aunque no se nombre, en *Ocnos*. Primero oigamos una cita de T. Gautier, que recuerda el propio J. Romero Murube, cuando el escritor francés visitó Sevilla. Señalemos, a este respecto, la afinidad de L. Cernuda con los viajeros románticos, de la que dio muestra en el artículo "Divagación sobre la Andalucía romántica". Dice Gautier que a Sevilla "El ayer no le preocupa, el mañana menos todavía; *ella es sólo presente. El recuerdo y la esperanza son felicidad de los pueblos desgraciados y Sevilla es feliz*" (5). Y, a continuación, el mismo J. Romero Murube se reafirma en la idea del romántico francés:

---

(5) Citado por ROMERO MURUBE, J., *Sevilla en los labios*, ed. *cit.*, págs. 16. La cursiva es mía.

"Esta acendrada sabiduría que nos descubre la profundidad de placer que puede haber en un minuto de espera, en un diálogo sin trascendencia, o en la luz dormida de un patio olvidado, es lo que hace de los sevillanos un pueblo centrípeto, sabio y poco curioso del mundo circundante (...) Este goce interior, esa presencia constante de nuestra actividad espiritual en el misterioso fluir de la vida, esa imposible —y sin embargo real— *paralización momentánea del tiempo* en nuestro latido vital, que ahora és y... ya se hace muerte deleitosa, vida gozada...; eso sí que es alma de Sevilla y razón de sus veneros hondos y arrolladores" (6).

En *Ocnos* son numerosos los pasajes en los que el poeta alude a la eternidad. En un principio este tiempo eterno se alza frente al niño como algo desconocido que incluso le produce miedo:

"(...) Mas a su idea infantil de Dios se mezclaba insidiosa la de la eternidad y algunas veces en la cama, despierto más temprano de lo que solía (...) le asaltaba el miedo de la eternidad, del tiempo ilimitado."

(OC., "La eternidad", 23)

La razón de este miedo a la eternidad es porque el niño va adquiriendo, progresivamente, la conciencia del tiempo limitado.

Hay dos enemigos opuestos al niño, uno, el tiempo pasado y, otro el tiempo futuro:

"La palabra (eternidad) aplicada a la conciencia del ser espiritual que en él había, le llenaba de terror (...) sentía su vida atacada por dos enemigos, uno frente a él y otro a sus espaldas, sin querer seguir adelante y sin poder volver atrás."

(OC., "La eternidad", 23)

Es la misma sensación que encontramos en el poema "El piano":

"Por los corredores iba hacia la habitación a través de cuya pared él estudiaba, y allí solo y a oscuras, profundamente atraído (...) escuchabas aquellas frases lánguidas, de tan penetrante melancolía, que

---

(6) *Ibídem*, págs. 18. La cursiva es mía.

llamaban y hablaban a tu alma infantil, evocándole un pasado y un futuro igualmente desconocidos."

(OC., "El piano", 22)

Del pasado Cernuda teme el no ser y del futuro la muerte. Por eso, enfrentado con estas dos opciones el niño se verá obligado a escoger. Si pudiera elegiría la primera alternativa. Ya hemos visto como Juan Altolaguirre —el hijo de Concha Méndez y M. Altolaguirre, muerto apenas nacer— representaba para el poeta la mayor pureza de vida no realizada, es decir de vida paradisíaca no interrumpida por la caída en el mundo. Como le es imposible elegir, Cernuda inventa un compromiso equidistante entre una y otra propuesta que consiste en un *modus vivendi* apropiado a sus circunstancias: la experiencia como presente eterno. El drama del tiempo en la obra de Cernuda comienza cuando el poeta adquiere la conciencia de desterrado del paraíso de la infancia.

1.3. La conciencia dramática del tiempo

En todo estudio del tiempo en la poesía de Cernuda es obligado referirse a un artículo de José Olivio Jiménez, fundamental en la bibliografía sobre el poeta sevillano (7). J. Olivio Jiménez ha sido el primero en ver la deuda de Cernuda, en su concepción del tiempo, con respecto a otro poeta sevillano, también exiliado y —tercera coincidencia— también muerto más allá de nuestras fronteras. Este poeta es A. Machado.

Hay especialmente un paisaje del *Juan de Mairena*, de Antonio Machado, que viene especialmente a la memoria cuando se lee la obra de Cernuda. Nos referimos a aquel en que Abel Martín exclamaba: "Sin el *tiempo*, sin esa invención de Satanás, sin ese que llamó mi maestro 'engendro de Luzbel en su caída', el mundo perdería la angustia de la espera y el consuelo de la esperanza. Y el diablo ya no tendría nada que hacer. Y los poetas tampoco" (8).

Es precisamente a raíz de la consideración del tiempo como realidad fluyente, que actúa sobre los cuerpos envejeciéndolos y priván-

---

(7) OLIVIO JIMÉNEZ, J., "Emoción y trascendencia del tiempo en la poesía de Luis Cernuda", en *La caña gris*, Valencia, núms. 6, 7 y 8, 1962.

(8) Citado por OLIVIO JIMÉNEZ, J.: *Art. cit.*, pág. 45.

dolos de su hermosura primera, como hay que entender la antinomia *realidad-deseo* en la obra del poeta. Por lo tanto el drama del poeta Cernuda empieza cuando, alejado de los primeros tiempos infantiles, comienza a ver la realidad temporal:

"Llega un momento en la vida cuando el tiempo nos alcanza (No sé si expreso esto bien). Quiero decir que a partir de tal edad nos vemos sujetos al tiempo y obligados a contar con él, como si alguna colérica visión con espada centelleante nos arrojara del paraíso primero, donde todo hombre una vez ha vivido libre del aguijón de la muerte."

(OC., "El tiempo", 28

Es la misma sensación de "Escrito en el agua":

"Pero terminó la niñez y caí en el mundo. Las gentes morían en torno mío y las casas se arruinaban."

(OC., "Escrito en el agua", 107)

Por esta razón, el tiempo en la obra de Cernuda es algo más que un tema poético sentido en mayor o menor medida. Es la conciencia de la propia desaparición del poeta y la desaparición de los demás lo que siente el poeta en su propia carne:

"(...) Y entonces, fija y cruel, surgió en mía la idea de mi propia desaparición, de cómo también yo me partiría un día de mí (...)"

(OC., "Escrito en el agua", 107)

Quiere decirse que Cernuda nunca se sitúa en un plano impersonal, como muchos poetas de su misma generación. La poesía de Cernuda siempre está vinculada a su vida. Ya en *Perfil del aire* está presente la idea del tiempo, bien que no alcance todavía las dimensiones tremendas a que habrá de elevarse más adelante. Hay que tener en cuenta que, en esta serie, el protagonista-héroe apenas acaba de caer en el mundo. El tiempo está sentido todavía como algo externo al poeta. Unicamente en el último de los poemas el sentimiento trágico del tiempo entra en la visión del personaje:

> Mas el tiempo ya tasa
> El poder de esta hora;
> Madura su medida.
> Escapa entre sus rosas

(PO. C., 61)

J. Olivio Jiménez se refiere a este período del sentimiento temporal como antehistoria de su dolor humano. Según esto, distinguimos tres etapas, no necesariamente cronológicas, en la poesía del poeta sevillano: Emoción; Contemplación y Trascendencia. Trataremos de ver cumplidas estas mismas etapas en *Ocnos*, con algunas referencias a la poesía como complemento obligado.

1.4. Emoción

Para Cernuda, las emociones son las adherencias del alma, jubilosas o tristes, positivas o devastadoras, a la irrefutable presencia de las cosas. De aquí que la emoción más sentida será la que surja de observar el final de las cosas o seres que ama el poeta:

"Después amé los animales, los árboles (he amado un chopo, he amado un álamo blanco), la tierra. Todo desaparecía, poniendo en mi soledad el sentimiento amargo de lo efímero."

(OC., "Escrito en el agua", 107)

En *Ocnos* la emoción temporal se extiende, por lo tanto, a las cosas, los lugares desaparecidos. Veamos un ejemplo, en donde la emoción del poeta se deleita en recordar, paso a paso, todos los rincones de un jardín de la infancia, se trata del alcázar sevillano. La emoción del recuerdo es la única forma de recuperar, de alguna manera, los lugares desaparecidos para el poeta:

"Se atravesaba primero un largo corredor oscuro. Al fondo a través de un arco, aparecía la luz del jardín, una luz cuyo dorado resplandor teñían de verde las hojas y el agua de un estanque. Y ésta, al salir afuera, encerrada allá tras la baranda de hierro, brillaba como líquida esmeralda, densa, serena y misteriosa.

"Luego estaba la escalera, junto a cuyos peldaños había dos altos magnolios, escondiendo entre sus ramas alguna estatua vieja a quien servía de pedestal una columna. Al pie de la escalera comenzaban las terrazas del jardín.

"Siguiendo los senderos de ladrillos rosáceos, a través de una cancela y unos escalones, se sucedían los patinillos solitarios, con mirtos y adelfas en torno de una fuente musgosa, y junto a la fuente el tronco de un ciprés cuya copa se hundía en el aire luminoso.

"En el silencio circundante, toda aquella hermosura se animaba con un latido recóndito, como si el corazón de las gentes desaparecidas que un día gozaron del jardín, palpitara al acecho tras de las espesas ramas. El rumor inquieto del agua fingía como unos pasos que se alejaran.

"Era el cielo de un azul límpido y puro, glorioso de luz y de calor. Entre las copas de las palmeras, más allá de las azoteas y galerías blancas que coronaban el jardín, una torre gris y ocre se erguía esbelta como el cáliz de una flor."

(OC., "Jardín antiguo", 39)

Pero el recuerdo del jardín se subjetiviza en emoción cuando se adquiere la certeza de saberlo perdido. La experiencia es aún más dramática para el poeta al comprender que su destino está íntimamente unido al paisaje paradisíaco de su infancia. Cuando se da cuenta ya es tarde para volver a él, sólo queda el escape emocionado del recuerdo:

"Hay destinos humanos ligados con un lugar o con un paisaje. Allí en aquel jardín, sentado al borde de una fuente, soñaste un día la vida como embeleso inagotable. La amplitud del cielo te acuciaba a la acción; el alentar de las flores, las hojas y las aguas, a gozar sin remordimientos.

"Más tarde habías de comprender que ni la acción ni el goce podrías vivirlos con la perfección que tenían en tus sueños al borde de la fuente. Y el día que comprendiste esa triste verdad, aunque estabas lejos y en tierra extraña, deseaste volver a aquel jardín y sentarte de nuevo al borde de la fuente, para soñar otra vez la juventud pasada."

(OC., "Jardín antiguo", 39-40)

El poeta trata de recuperar los lugares gracias a los cuales podrá recuperar, más tarde, a las personas. Por ejemplo, en "El destino", Cernuda recuerda su paso por la Universidad, la Universidad como los cuarteles, como todos los lugares donde se reúnen un colectivo de personas, es el sitio idóneo para recordar el paso de las generaciones y, a su vez, trasmitir el poeta la emoción de intensísimo grado que le proporciona el paso del tiempo. Nunca como en este lugar han quedado fijas las adherencias del alma a la irrefutable presencia de las cosas:

"Había en el viejo edificio de la Universidad, pasado el patio grande, otro más pequeño, tras de cuyos arcos, entre las adelfas y limoneros susurraba una fuente. El loco bullicio del patio principal, sólo con subir unos escalones y atravesar una galería, se trocaba allá en silencio y quietud.

"Un atardecer de mayo, tranquilo el edificio todo, porque era ya pasada la hora de las clases y los exámenes estaban cerca, te paseabas por las galerías de aquel patio escondido. No había otro rumor sino el del agua en la fuente, leve y sostenido (...)

"(...) Aquella tarde, el surtidor que se alzaba como una garzota blanca para caer luego deshecho en lágrimas sobre la taza de la fuente, su brotar y anegarse sempiterno, trajo a tu memoria, por una vaga asociación de ideas, el fin de tu estancia en la universidad.

"Nunca al pasar de las generaciones parece tan melancólico como al representárselo en algo materialmente, tal en esos viejos edificios de universidades o cuarteles, por los que discurre cada año la juventud nueva, dejando en ellos sus voces, los locos impulsos de la sangre. Recuerdos de juventudes idas llenan su ámbito, y renuevan sus muros en el silencio como la espiral vacía de un caracol marino."

(OC., "El destino", 57)

Después, Cernuda hace una pequeña divagación sobre un problema marginal y de tipo personal, para volver luego a lo realmente importante. La emoción del recuerdo es producida por el fluir incesante del tiempo, al cual está sometido el poeta:

"Apoyado en una columna del patio, pensante en tus días futuros, en la necesidad de escoger una profesión, tú a quien todas repugnaban igualmente, y sólo deseabas escapar de aquella ciudad y de aquel ambiente letal. Cosas contradictorias eran tu necesidad y tu deseo, atándote a ambos sin solución la pobreza. Mas aquel problema mezquino, ¿qué valor tenía cuando te veías arrastrado en el avanzar incesante del tiempo, ascendiendo con una generación de hombres para caer luego, perdiéndote con ellos en la sombra? Privado de gozo, de placer y de libertad, como tantos otros, comprendiste entonces que acaso la sociedad ha cubierto con falsos problemas materiales los verdaderos problemas del hombre, para evitarle que reconozca la melancolía de su destino o la desesperación de su impotencia."

(OC., "El destino", 57-58)

Cernuda ha utilizado, en este poema en prosa de *Ocnos*, una metáfora muy significativa —"La espiral vacía de un caracol marino"— para expresar de qué manera evocan nuestros recuerdos, nuestras emociones, los lugares vacíos por donde han pasado las personas queridas y han permanecido adheridas las sensaciones tristes o alegres de un pasado irrecuperable. De igual manera, la música, en el poema "La Concha vacía" —metáfora similar a la del anterior poema—, de *Variaciones sobre tema mexicano*, actúa de cauce para los recuerdos de un lugar querido —por las circunstancias agradables de un amor mexicano— y abandonado a la fuerza por el poeta:

"Este aire, esta tonada que inconscientemente te encuentras de pronto tarareando entre dientes, la oíste allá y allá inconscientemente la aprendiste. Pero ahora, al decírtela, se transmuta, y ya no es su melodía lo que únicamente te viene con ella, sino la realidad misma de los días cuando la aprendiste."

(V. T. M., 155)

Y como en el poema anterior, la angustia sobreviene al comprender el poeta que las imágenes que evoca la música, como el reflejo que proyecta el espejo, son nuevas sombras que desaparecerán con el paso del tiempo:

"Pero si esta tonada guarda y te devuelve la silueta de los días cuando a ella se asomó tu vida, de lo que sin ella sería abstracción, afán sin cuerpo, deseo sin objeto, amor sin amante, sólo es también por un momento, como el espejo guarda y devuelve por un momento la imagen que a él se confía. Porque esa supervivencia de tu existir, ido tu, ¿quién podrá hallarla en ella, descifrando ese eco tuyo, esas horas, ese pasado que tú le confiaste? Todo caerá contigo, como oropel de la fiesta una vez terminada, hasta la sombra de unos días a los que diste morada en la música, y nadie podrá ya evocar para el mundo lo que en el mundo termina contigo."

(V. T. M., 156)

No es desacertado, a nuestro juicio, ver ciertos reflejos de la filosofía presocrática en estos pasajes que estamos comentando. Cernuda intenta apresar en lugares y sensaciones los momentos distantes que un día resultaron felices para el poeta. Pero la imposibilidad de recuperar el tiempo ido es algo consustancial a la propia característica fluyente del tiempo, que pasa vertiginoso por las cosas y los lugares donde un día estuvo el poeta. Parecida actitud heraclitiana le acomete al poeta al escribir en *Como quien espera el Alba:*

> No comprendo a *los ríos*. Con prisa errante pasan
> Desde la fuente al mar, en ocio atareado.
> Llenos de su importancia, bien fabril o agrícola;
> *la fuente*, que es promesa, el mar sólo la cumple,
> El multiforma *mar* incierto y sempitierno
> Como en fuente lejana, en el futuro...
>
> (PO. C., 201)

Los ríos, la fuente, el mar son imágenes de un fluir constante del tiempo que quiso y no pudo seguir siendo eterno, al abandonar la niñez el poeta. En *Historial de un libro*, Cernuda nos deja patente su interés, algo más fuerte que el de un simple lector, por la filosofía de los presocráticos:

> "No sería justo si no mencionase ahora, después de indicar mi cansancio entonces de la lectura, cómo en Mount Holyoke hice una en extremo reveladora: la de Diels, *Die Fragmente der versokratiker*, ayudado por una traducción inglesa de los mismos textos; más tarde, ya viviendo en México, leería también la Obra de Burnet, *Early Greek Philosophy. Los fragmentos de filosofía presocrática que en una y otra obra conocí*, sobre todo, quizás, los de Heráclito, me parecieron lo más profundo y poético que encontrara en filosofía."
>
> (H. L., 934)

Igualmente, en el poema "Las iglesias" de *Variaciones sobre tema mexicano* hay una referencia a Heráclito, en un fragmento en el que, casualmente, se vuelve a emplear la metáfora de la concha vacía para explicar las sensaciones y los recuerdos de un pasado irrecobrable:

> "Cierto que ya pocas iglesias son aquí más que una concha vacía: el mismo impulso que las levantó, las destruye. ¿Desgraciadamente? Quién sabe. Alguien, ¿fue Heráclito?, dijo: El camino que sube y el camino que baja es uno y el mismo."
>
> (V. T. M., 133)

De igual manera que sobre las cosas y los lugares que han formado parte del pasado histórico del poeta, Cernuda proyecta la emo-

ción del sentimiento temporal sobre las personas. Del paso del tiempo sobre éstas, Cernuda lamenta la pérdida de su hermosura. Hay un
texto, en *Poesía y Literatura I*, en el que Cernuda intenta una aproximación crítica a este tema, ejemplificando, con un cuentecillo árabe,
su postura ante el paso del tiempo sobre la belleza:

«Leyendo un estudio de cierto arabista acerca de la vida y la doc-
trina de un teólogo musulmán, hallé esta respuesta del teólogo ·en
cuestión a uno de sus discípulos; mientras caminaban por la calle,
uno de aquellos le preguntó, al oír un son de flauta: "Maestro, ¿qué
es eso?". Y el maestro le respondió: "Es la voz de Satán que llora
sobre el mundo". Según aquel teólogo, Satán ha sido condenado a
enamorarse de las cosas que pasan, y por eso llora; llora, como el
poeta, la pérdida y destrucción de la hermosura.»

(P. L. I., 874-875)

Esta es la actitud del poeta en varios poemas de *Ocnos*. Desde
niño, Cernuda no alcanza a comprender por qué el cristianismo ha
menoscabado el sentido de la belleza que tenían algunos mitos helénicos y se ha empeñado en divinizar el sufrimiento humano:

"Que triste te pareció entonces tu propia religión. Tú no discutías
ésta, ni la ponías en duda, era difícil para un niño; mas en tus creencias hondas y arraigadas se insinuó, si no una objeción racional, el
presentimiento de una alegría ausente. ¿Por qué se te enseñaba a doblegar la cabeza ante el sufrimiento divinizado, cuando en otro tiempo los hombres fueron tan felices como para adorar, en su plenitud
trágica, la hermosura?"

(OC., "El poeta y los mitos",̓ 31)

Esta sería una mirada nostálgica al pasado como comprensión
humanística de la belleza corporal. Pero Cernuda no tiene que volver
su mirada al pasado. El ejemplo de la belleza corporal lo tiene delante
y con ella, paradójicamente, la comprensión de su pronta desaparición por culpa del tiempo. En el poema "El enamorado" hay un
intento de expresar el paso del tiempo por los cuerpos jóvenes y, a la
vez, la voluntad del poeta por detener el mismo fluir del tiempo en la
contemplción momentánea de la belleza:

"(...) Otros podrán hablar de cómo se marchita y decae la hermosura
corporal, pero tú sólo deseas recordar su esplendor primero, y no

obstante la melancolía con que acaba, nunca quedará por ello oscurecido su momento. Algunos creyeron que la hermosura, por serlo, es eterna (...), y aún cuando no lo sea, tal en una corriente el remanso nutrido por idéntica agua fugitiva, ella y su contemplación son lo único que aparece arrancarnos al tiempo durante un instante desmesurado."

(OC., "El enamorado", 51)

En otro poema, "Sombras", la contemplación de la belleza de un cuerpo joven, que recuerda al poeta otra visión parecida, es un intento de deterner el fluir del tiempo en el paso de las generaciones. El tema aparece expresado con ciertas connotaciones del tópico medieval del *Ubi sunt:*

"Aquellos seres cuya hermosura admiramos un día, ¿dónde están? caídos, manchados, vencidos, si no muertos. Mas la eterna maravilla de la juventud sigue en pie, y al contemplar un nuevo cuerpo joven, a veces cierta semejanza despierta un eco, un dejo del otro que antes amamos. Sólo al recordar que entre uno y otro median veinte años, que este ser no había nacido aún cuando el primero llevaba ya encendida la antorcha inextinguible que de mano en mano se pasan las generaciones, un impotente dolor nos asalta, comprendiendo, tras la persistencia de la hermosura, la mutabilidad de los cuerpos. ¡Ah, tiempo, tiempo cruel, que para tentarnos con la fresca rosa de hoy destruiste la dulce rosa del ayer!"

(OC., "Sombras", 59-60)

No es raro, entonces, que Cernuda tema a la vejez física. En los últimos poemas de *Ocnos* encontramos muestras de cómo el poeta, a medida que avanza en edad, pone más atención en los viejos. Es, sin duda, un presentimiento de su propia vejez. "Las viejas" son el ejemplo más claro del paso del tiempo:

"Flota en torno de ellas un aura de fétidos perfumes, como aquel de un cajón en mueble cerrado largos años, se exhala ya descompuesto, *evocando el tiempo ido,* que vuelve, no en recuerdo, sino presencia, irrevocable e inútil. Nadie las conoce, las habla o las acompaña, y vistas así, en la mañana, al atardecer, porque parecen rehuir la luz del pleno día, son imágenes del destierro más completo, aquel que no aleja en el espacio sino en el tiempo."

(OC., "Las viejas", 82)

La misma naturaleza no le parece ya tan hermosa. En el poema "La primavera", del que cabría esperar un canto gozoso de la estación, en otro tiempo más querida para Cernuda, sólo destaca la imagen de la hoja muerta y el viejo solitario, su juventud marchita, que sólo aguarda la muerte. Claro es que el paisaje del parque no es el sur de su tierra nativa, ni las circunstancias del desterrado son las propicias para cantar la estación y el lugar. En este sentido es hasta cierto punto lógico que el poeta sólo se fije en lo que en el parque más se aproxima a la muerte. En cualquier caso la hoja muerta y el viejo son vestigios del tiempo inexorable:

"(...) Abstraído en ese imaginar, marcha con nostalgia por la avenida del parque, donde revuela espectral a ras de tierra y te precede, fugitiva ala terrosa, una hoja del otoño último. Tan reseca es y oscura, que se diría muerta años atrás; imposible su verdor y frescura idos, como la juventud de aquel viejo, inmóvil allá, traspuesta la reja, hombros encogidos, manos en los bolsillos, aguardando no sabes qué."

(OC., "La primavera", 86)

En este párrafo observamos todo un campo de connotaciones léxicas de acuerdo con la idea de tiempo irreparable que acongoja al poeta. Es, en primer lugar, el preceder ("te precede") de la hoja muerta —símbolo del paso del tiempo— al caminante. Igualmente la utilización no arbitraria de una serie de palabras con matiz de tristeza y de fugacidad. En el primer aspecto: *nostalgia, espectral, Otoño, reseca, oscura, muerta, viejo;* en el segundo: *marchas, revuela, fugitiva, idos.*

1.5. Reflexión

En principio es obligado advertir que en Cernuda hay un perfecto equilibrio entre lo que sintió y lo que pensó. Es decir no es posible distinguir, en su obra poética —y desde luego no en *Ocnos*—, entre la emoción y la reflexión. En todo caso, si de algún lado habría de inclinarse la balanza sería del primer aspecto, a pesar de que algunos de sus poemas de madurez parezcan acumular una mayor materia reflexiva. Por nuestra parte, una primera actividad crítica ante la obra de Cernuda debe ser el intentar apresar entre líneas su reflexión sobre el tiempo. Es el momento también de aclarar algo, en cierta manera relacionado con lo que hemos dicho al principio. Si el pensamiento de Cernuda es, hasta cierto punto, resultado de la emoción, muchos de los ejemplos aducidos ya en el apartado anterior servirían para ilustrar algunos aspectos parciales de éste. Si no lo hacemos siempre será con el ánimo de no pecar de reiterativos en las citas.

El pensamiento de Cernuda sobre el tiempo nace en gran parte endeudado con el filósofo francés Bergson y su libro *Essai sur les donnés inmediates de la conscience,* libro fundamental en el cual volcó sus ideas sobre el tiempo y el espacio. Bien es cierto que en Bergson reaparece otra vez la antigua idea heraclitiana del cambio continuo como esencia última del universo. No hace falta poner de relieve otra vez —recuérdese el apartado anterior— la deuda de la obra de Cernuda con el filósofo presocrático y, en concreto, de los pasajes comentados de *Ocnos.* La huella bergsoniana —y probablemente de otros filósofos contemporáneos como Dilthey y Heidegger— más palpable en la obra de Cernuda es la de que el hombre es un ser histórico. El poeta sevillano tiene la certidumbre de que en cada instante de la vida del hombre está todo su pasado y es, a la vez, punto de partida de su proyección hacia el futuro. Según esto, para Cernuda, el hombre de hoy es el niño de ayer. En un pasaje de *Variaciones* vemos expresado esto, de un modo rotundo, cuando leemos:

"El hombre que tú eres se conoce así, al abrazar ahora al niño que fue, y el existir único de los dos halla su raíz en un rinconcillo secreto y callado del mundo. Comprendes entonces que al vivir esta otra mitad de la vida acaso no haces otra cosa que recobrar al fin, en lo presente, la infancia perdida, cuando el niño, por gracia, era ya dueño de lo que el hombre luego, tras no pocas vacilaciones, errores y extravíos, tiene que recobrar con esfuerzo."

(V. T. M., 149)

Igualmente en el poema "Propiedades" vemos sostener parecida teoría aplicada a Choco y por extensión al poeta y a todos nosotros:

"(...) Lo único que posee (...) es su gracia; y aún ésta la perderá, una vez hecho hombre. Pero no por eso dejará de ser él, como nosotros hemos dejado de ser los que fuimos. Porque su alma quedará intacta sosteniéndole."

(V. T. M., 148)

En ningún sitio como en *Variaciones* está mejor expresado el pensamiento historicista de Cernuda. La razón es que *Ocnos* es el tiempo perdido, mientras que *Variaciones* es el tiempo recobrado. Muy claramente se ve esto en el poema, antes comentado, "El patio", cuando dice Cernuda que "al vivir esta otra mitad de la vida acaso no haces otra cosa que *recobrar* al fin, en lo presente, *la infancia perdida.*"

(V. T. M., 149)

Hay un segundo aspecto en la teoría de Bergson que vemos reflejado en la obra de Cernuda. Bergson distingue el tiempo cualitativo *(durée pure)* del tiempo cuantitativo *(durée homogéne).* El primero sería el tiempo real, el segundo el tiempo medido. Ambos están presentes, de alguna forma, en el poema "Sombras" de *Ocnos*, ya citado en el apartado anterior. El poeta contempla, como se recordará, la belleza de un cuerpo hermoso, y esta contemplación le trae el recuerdo de análoga visión años atrás:

"(...) Mas la eterna maravilla de la juventud sigue en pie, y al contemplar un nuevo cuerpo joven, a veces cierta semejanza despierta un eco, un dejo del otro que antes amamos."

(OC., "Sombras", 59)

Tal sería para Cernuda la plasmación del tiempo cualitativo *(durée pure)* bergsoniano. Pero lo que ocurre es que al hombre esta dimensión del tiempo, la real, se le escamotea bajo múltiples máscaras que se presentan de común como tiempo medido, contado, temporal: *la durée homogéne* de Bergson. Tal es la antítesis que trata de expresar Cernuda en el pasaje comentado y por eso exclama en contra del tiempo medido, es decir de la dimensión temporal que nos escamotea la auténtica visión supratemporal de las cosas:

"Sólo al recordar que entre uno y otro median veinte años (...) un impotente dolor nos asalta, comprendiendo tras la persistencia de la hermosura, la mutabilidad de los cuerpos. ¡Ah tiempo, tiempo cruel, que para tentarnos con la fresca rosa de hoy destruiste la dulce rosa de ayer!"

(OC., "Sombras", 60)

El compromiso de Cernuda, como cualquier otro poeta del tiempo que haya reflexionado sobre el mismo, sería el de vencer la barrera entre el espacio y el tiempo. Y esto es así porque el paso de la *durée pure* a la *durée homogéne*, es decir del concepto *tiempo* al de *temporalidad*, está enormemente influenciado por la idea inseparable del espacio que rige fundamentalmente nuestra conciencia. Prueba de esto es que Cernuda asocia una y otra categoría en varios poemas de *Ocnos*. Así lo vemos en "Las Campanas", donde presenciamos de qué manera la sensación acústica, producida por tal instrumento, puede retrotaer al poeta a determinados paisajes de su infancia lejana. Las barreras entre el espacio y el tiempo están así salvadas:

"Quisieras saber qué razón tiene el atractivo del recuerdo. La misma palabra recuerdo, ¿designa toda la emoción intemporal de un evocar que sustituye lo presente en el tiempo con un presente suyo sin tiempo? Porque ahí está lo misterioso: que nazca una emoción al adumbrarse en la memoria el recuerdo de algo que ninguna emoción parecía suscitar cuando actualmente ocurriera, como la luz que recibimos de una estrella no es la luz contemporánea de ese momento, sino la que de ella partió en otro ya distante. Hay emociones, entonces, cuyo efecto no es simultáneo con la causa, y deben atravesar en nosotros regiones más densas o más vastas, hasta que sean perceptibles un día. Mas, ¿por qué entonces, no antes, ni luego? ¿Qué proporción hay entre la fuerza de una emoción y la resistencia de nuestro espíritu?

"Eso te preguntas al experimentar ahora, sin razón aparente, una emoción retardada que desborda sobre la actual, trayendo conmigo, visibles sólo para la mirada interior, sus circunstancias en el espacio y en el tiempo. Desatendiendo a que acaso el efecto se parezca en razonable desproporción con la causa, en lo que así te vuelve el son de aquellas campanas de la Catedral."

(OC., "Las campanas", 93-94)

Antes de seguir adelante, preciso es aclarar que no hay que ver la reflexión sobre el tiempo de Cernuda como un dictado a la letra del pensador francés Bergson. Algunos críticos ya han advertido la deuda del poeta sevillano con el pensamiento europeo contemporáneo —Rilke, Jaspers, Heidegger y Sartre. Entre estas últimas conexiones, no serían menos importantes cuestiones como la estrecha causalidad entre vida-muerte, el predominio de ésta —la muerte— como última realidad para el poeta, y, en fin, la misma situación, ya comentada, de

saberse arrojado del paraíso de la infancia a una existencia temporal
para la que no ha habido alternativa posible. Esto es lógico si se
piensa que la obra de Cernuda es lo suficientemente amplia e importante como para no poder explicarla desde una sola directriz del pensamiento actual. Y además por una razón de orden metodológico,
defendida por este mismo pensamiento actual, del que la obra de
Cernuda es deudora: la obra literaria, como cualquiera otra actividad
del espíritu, goza de la suficiente entidad y coherencia interna, como
para que la última interpretación que la explique deba de hacerse
desde dentro de la misma.

Intentemos, para finalizar este apartado de nuestra exposición sobre el tiempo, una conclusión globalizadora de la reflexión de Cernuda sobre el tiempo. En resumen, para Cernuda, el tiempo, la temporalidad de Bergson, existe, pero es algo inaprehensible para el hombre, puesto que sólo es visible a través de su paso por las cosas, lugares y personas y todos estos desaparecen más tarde o más temprano.
Cabe preguntarse, entonces, qué es lo que queda de ellos: únicamente el olvido. Y, aun así, el mismo olvido de las cosas acabará por
perderse también un día. El olvido es la nada, la muerte, luego, en
definitiva, el tiempo es la muerte. Pero es preciso trascender esta idea
de la muerte como última explicación de la temporalidad. Aborda-
mos, con ello, un último apartado, dentro de la exposición del tema
del tiempo en la obra de Cernuda.

1.6. Trascendencia del tiempo

La búsqueda de trascendencia al tiempo limitado implica en Cernuda, como en todos los poetas y pensadores contemporáneos —el
más cercano a Cernuda sería, en este caso, el filósofo alemán Karl
Jaspers—, una aspiración al conocimiento de lo Absoluto. Esto nos
llevaría a plantearnos lo que sería, de alguna forma, una metafísica del
poeta sevillano. Esta idea de la trascendencia o metafísica del tiempo
cernudiano, sería objetivable en cuatro puntos, en cierto modo cone-
xos, que trataremos de ilustrar en los pasajes de *Ocnos* y de alguna
otra prosa y poesía de Cernuda.

Es, en primer lugar, la actitud cognoscitiva del poeta frente a la
realidad la manera de poder trascender el tiempo. En este punto Cernuda se declara idealista, en oposición a los materialistas, según la

antigua división entre platónicos y aristotélicos, que el mismo Cernuda recuerda en *Historial de un libro:*

"Los hombres son, por nacimiento, platónicos o aristotélicos, o sea idealistas o materialistas."

(H. L., 935)

En este sentido, Cernuda se inclina por ver el lado trascendente de la realidad, que gusta de llamar invisible y sin cuya posesión todo intento de conocer queda incompleto. En el poema en prosa "La poesía", de *Ocnos,* hay un párrafo que viene a ilustrar, de manera clara, esta intuición de una segunda realidad en la vida del poeta, niño todavía:

"¿Era la música? ¿Era lo inusitado? Ambas sensaciones, la de la música y la de lo inusitado, se unían dejando en mí una huella que el tiempo no ha podido borrar. Entreví entonces la existencia de una realidad diferente de la percibida a diario, y ya oscuramente sentía cómo no bastaba a esa otra realidad el ser diferente, sino que algo alado y divino debía acompañarla y aureolarla, tal el nimbo trémulo que rodea un punto luminoso."

(OC., "La poesía", 14)

Con palabras parecidas se expresará en el poema "Díptico español" de *Desolación de la Quimera:*

> En el estante de los libros paternos
> Hallastes aquéllos,
> Abriste uno
> y las estampas tu atención fijaron;
> las páginas a leer comenzaste
> ...
> y cruzaste el umbral de un mundo mágico
> La otra realidad que está tras esta

(PO. C., 480)

Un poeta tan próximo a Cernuda por varios motivos, André Gide, nos comunica una experiencia de este tipo en las páginas autobiográficas de *Si la semilla no muere:*

"La creencia indistinta, indefinible, en no sé qué otra cosa junto a lo real, lo cotidiano, lo reconocido, me acompañó durante muchos años, y no estoy seguro de no volver a encontrar en mí, todavía ahora, algunos restos de ella" (9).

El propio Cernuda nos explica, en *Historial de un libro,* la sensación de estar descubriendo por primera vez las cosas —una nueva realidad— cuando, de joven, hacía el servicio militar en íSevilla. Es la tercera experiencia que enmarca, históricamente, su descubrimiento de la poesía. Las otras dos han coincidido con el traslado de los restos de Bécquer a Sevilla y con el despertar de la sexualidad. Veamos esta tercera y última:

"El hito tercero y decisivo en el camino que yo parecía seguir casi sin iniciativa propia, lo crucé hacia 1923 ó 1924, a los 21 ó 22 años. Hacía entonces el servicio militar y todas las tardes salía a caballo con los otros reclutas (...) por los alrededores de Sevilla; una de aquellas tardes, sin transición previa, las cosas se me aparecieron como si las viera por vez primera, como si por primera vez entrara yo en comunicación con ellas, y esa visión inusitada, al mismo tiempo, provocaba en mí la urgencia expresiva, la urgencia de decir dicha experiencia. Así nació toda una serie de versos, de los cuales ninguno sobrevió."

(H. L., 899)

El segundo punto que distinguimos en la trascendencia temporal de la obra de Cernuda es el que se refiere a su idea esencial del hombre. En este aspecto, Cernuda se declara a favor de la esencia divina del ser humano. Sólo comparando nuestro tiempo humano limitado al infinito de los dioses, nos será dado a los mortales trascender la propia limitación constitutiva de nuestra existencia. A la luz del origen divino del hombre se explican poemas de *Ocnos* —como "El tiempo" y "Escrito en el agua"— en donde la expulsión del paraíso y la edad de la caída se relacionan con la pérdida de la esencia divina del ser humano. Lo que ocurre es que en Cernuda está ausente el sentido de culpa cristiano e intenta solucionar este problema, aunque sin conseguirlo, con un ensayo de interpretación panteísta del mundo. Así lo vemos en "Escrito en el agua":

"¡Dios!, exclamé entonces: dame la eternidad. Dios era ya para

---

(9) GIDE, André: *Si la semilla no muere,* traducción de L. Echávarri, Buenos Aires, Losada, 4.ª edic., 1969, pág. 20. La cursiva es nuestra.

mí el amor (...) triunfante sobre la astucia bicorme del tiempo y de la muerte (...)

"Fue un sueño más, porque Dios no existe. Me lo dijo la hoja seca caída, que un pie deshace al pasar. Me lo dijo el pájaro muerto, inerte sobre la tierra el ala rota y podrida. Me lo dijo la conciencia, que un día ha de perderse en la vastedad del no ser. Y si Dios no existe, ¿cómo puedo existir yo? (...)"

(OC., "Escrito en el agua", 107-108)

De cualquier forma, para Cernuda, el concepto divino de la esencia humana trasciende la aparente contradicción cristiana y se refugia en el mundo de la mitología griega:

"Bien temprano en la vida, antes que leyeses versos alguno, cayó en tus manos un libro de mitología. Aquellas páginas te revelaron un mundo donde la poesía, vivificándolo como la llama al leño, trasmutaba lo real. Que triste te pareció entonces tu propia religión (...) ¿Por qué se te enseñaba a doblegar la cabeza ante el sufrimiento divinizado, cuando en otro tiempo los hombres fueron tan felices como para adorar, en su plenitud trágica, la hermosura?

"Que tú no comprendieras entonces la causalidad profunda que une ciertos mitos con ciertas formas intemporales de la vida, poco importa: cualquier aspiración que hay en ti hacia la poesía, aquellos mitos helénicos fueron quienes la provocaron y la orientaron."

(OC., "El poeta y los mitos", 31)

La tercera idea para trascender el tiempo es la función que adquiere el amor en la poesía de Cernuda. Puesto que a este aspecto dedicaremos un capítulo aparte, no nos detendremos demasiado, ahora, en el estudio del mismo. Destaquemos sólo dos ejemplos, entresacados de *Ocnos*, para ilustrar la función del amor como intento de trascender el tiempo humano limitado. En "Escrito en el agua" leemos:

"Pero terminó la niñez y caí en el mundo. Las gentes morían en torno mío y las casas se arruinaban. Como entonces me poseía el delirio del amor, no tuve una mirada siquiera para aquellos testimonios de la caducidad humana."

(OC., "Escrito en el agua", 107)

Igualmente, en "Río", el amor se nos muestra como un deseo anhelante de poseer otra vez la juventud perdida:

"(...) El amor escapa hacia la corriente verde, hostigado por el deseo de poseer otra vez, con el ser y por el ser deseado, el tiempo de aquella juventud sonriente y codiciable, que llevan conmigo, como si fuera eternamente, los remeros primaverales."

(OC., "Río", 77)

Nos queda, finalmente, un cuarto y último punto que tratar en relación a la trascendencia. Se refiere a la salvación de la muerte por la poesía. También abordaremos este aspecto cuando hablemos del tema de la muerte en *Ocnos*. En la *Poética* que el propio Cernuda escribió para la *Antología* de Gerardo Diego, en 1931, decía que "sólo podemos concer la poesía a través del hombre; únicamente él, parece, es buen conductor de poesía, que acaba donde el hombre acaba, *aunque a diferencia del hombre no muere*" (10).

Y en "Mañanas de verano", de *Ocnos*, podemos leer:

"Parecía como si sus sentidos, y a través de ellos su cuerpo, fueran instrumento tenso y propicio para que el mundo pulsara su melodía rara vez percibida. Pero al niño no se le antojaba extraño, aunque sí desusado, aquel don precioso de sentirse en acorde con la vida y que por eso mismo ésta le desbordara, transportándole y transmutándole. Estaba borracho de vida, y no lo sabía; estaba vivo como pocos, como sólo el poeta puede y sabe estarlo."

(OC., "Mañanas de verano", 34)

Terminemos diciendo que la poesía puede ser trascendente —en el sentido que venimos estudiando— para un escritor que construyó su obra como propia biografía espiritual. Esta feliz definición ya la acuñó Octavio Paz (11). Nosotros pensamos que la obra de Cernuda es una biografía espiritual porque lleva en sí el anhelo de reconciliación entre, por un lado, la *realidad* temporal y, por otro, el *deseo* de trascenderla, y la tensión entre ambos modos produce poesía porque el biógrafo es poeta.

---

(10) DIEGO, Gerardo: *Poesía española contemporánea (1901-1934)*, Madrid, Taurus, 6.ª edic., 1972, pág. 657.

(11) PAZ, Octavio: "Andando el tiempo", en *Claridades literarias*, México, núm. 2, 1959, pág. 23.

Si el hombre pudiera decir
...
la verdad de sí mismo
Que no se llama gloria, fotuna o ambición,
Sino amor o deseo.
...
Tú justificas mi existencia:
Si no te conozco, no he vivido:
Si muero sin conocerte, no muero, porque no he vivido.

(L. Cernuda, PO. C., 125)

2. EL AMOR

En sus *Estudios sobre poesía española contemporánea* hay un capítulo, dedicado a la Generación del 98 y Modernismo, en el que Cernuda se lamenta de la poca atención que los críticos españoles han dedicado al sentimiento amoroso en las distintas épocas literarias. Lamenta estas circunstancias principalmente referidas a un autor —Salvador Rueda— no demasiado tenido en cuenta por la misma crítica, al que Cernuda considera relevante sólo por el tratamiento que el amor recibe en su poesía. El capítulo en cuestión es importante en cuanto nos da la primera pauta a seguir para el estudio del tratamiento del amor en *Ocnos*. Esta primera clave es la distinción entre amor y deseo que el propio Cernuda hace en el mencionado estudio:

"La crítica literaria apenas se ha cuidado, que yo sepa, de atender a las mutaciones del sentimiento amoroso, o del deseo diferenciado del amor, en las distintas épocas literarias (...) para Rueda el amor o el deseo son una urgencia de todo ser, la cual reivindica su derecho a realizarse, como forma suprema que para él es de la vida; más aún; el deseo, el sexo, es la vida."

(E. P. E. C., 341)

Primera distinción importante: para Cernuda el amor es un sentimiento diferente al deseo. Por otra parte y abundando en esta idea, lo mismo que en el tema del tiempo, ya estudiado, hacíamos una distinción entre Cernuda y los demás miembros de su generación, de la misma manera, en el tema del amor, la obra de Cernuda debe considerarse, no en el contexto de la poesía contemporánea —muchísimo menos en la escrita por la generación española del 27—, sino más bien sobre el telón de fondo de la poesía de amor platonizante del Renacimiento.

En este sentido es de enorme importancia la deuda de Cernuda con el Shakespeare de los sonetos o incluso con Miguel Angel. Y todavía de mayor trascendencia es la huella que observamos, en su poesía amorosa, con respecto a los metafísicos ingleses, especialmente John Donne y Marvell. Cernuda lo mismo que Donne, ha rehuido el sentimentalismo del amor y ha pasado directamente por la carne, sin rodeos. Tal es la razón de que hable más de deseo que de amor. En *Ocnos*, en el poema "El acorde", vemos, mejor que en ningún otro pasaje, reflejada esta circunstancia:

"En otra ocasión lo has dicho: nada puedes percibir, querer ni entender si no entra en ti primero por el sexo, de ahí al corazón y luego a la mente. Por eso tu experiencia, tu acorde místico, comienza como una prefiguración sexual."

(OC., "El acorde", 104)

Destaquemos, en este sentido, las circunstancias paralelas al descubrimiento de la sexualidad, que conducen a Cernuda al descubrimiento de la poesía. En *Historial de un libro* dejó dicho el poeta: "Hacia los catorce, y conviene señalar la coincidencia con el despertar sexual de la pubertad, hice la tentativa primera de escribir versos."

(H. L., 899)

En *Ocnos* hay un pasaje, del poema "Mañanas de verano", que ilustra acerca de la importancia que el autor va a conceder al deseo sexual en su vida:

"(...) flotaba un aire limpio (...) que embargaba el alma del niño y despertaba en él un gozo (...) que ni los de la inteligencia luego, ni siquiera los del sexo, pudieron igualar ni recordárselo."

(OC., "Mañanas de verano", 33)

Quedémonos, pues, con la importancia que concede Cernuda al sexo en el sentimiento amoroso, porque más tarde habremos de volver a ello. Sirvan estas líneas de introducción al tema. Advirtamos, por último, la idea —no del todo ajena a la deuda enriquecedora de la poesía metafísica inglesa— de que la obra amorosa de Cernuda constituye, más que una suerte de encuentros efusivos con el ser amado, una manera de meditar sobre el sentimiento amoroso.

2.1. El amor y la eternidad

Nuevamente es preciso partir de "Escrito en el agua", el poema en prosa que hemos tomado como punto de arranque para el análisis de los cuatro temas fundamentales —el tiempo, el amor, la muerte y Dios— de *Ocnos*. Recordemos que el niño ha perdido el sentimiento de la eternidad que le embargaba en el paraíso de la infancia. La niñez ha terminado y con ello llega la caída en el mundo. Aparece, pues, el sentimiento de tiempo limitado y, con él, la muerte. Frente a ellos —el tiempo y la muerte— el amor aparece como la única esperanza de salvación después de la caída en el mundo:

"Pero terminó la niñez y caí en el mundo. Las gentes morían en torno mío y las casas se arruinaban. *Como entonces me poseía el delirio del amor,* no tuve una mirada siquiera para aquellos testimonios de la caducidad humana."

(OC., "Escrito en el agua", 107)

Por esta razón al amor se le denomina, en el mismo fragmento, como el secreto de la eternidad:

"Si había descubierto el secreto de la eternidad, si yo poseía la eternidad en mi espíritu, ¿qué me importaba lo demás?"

(OC., "Escrito en el agua", 107)

En parecidos términos se manifiesta Cernuda, con respecto al amor, en el ya citado *Historial de un libro:*

"Al amor no hay que pedirle sino unos instantes, que en verdad equivalen a la *eternidad,* aquella eternidad profunda a que se refirió Nietzsche. ¿Puede esperarse más de él? ¿Es necesario más?"

(H. L., 937)

Y el Cernuda de *Con las horas contadas* se expresaba de la misma manera:

Porque el tiempo
de amor nos vale
Toda una eternidad
(PO. C., 457)

Igualmente, en "Cuatro poemas a una sombra" de *Vivir sin estar viviendo*:

> Un astro fijo iluminando el tiempo,
> Aunque su luz al tiempo desconoce,
> Es hoy tu amor, que quiere
> Exaltar mi destino
> Adonde se conciertan fuerza y gracia;
> Fijar una existencia
> Con tregua eterna y breve, tal la rosa;
> El dios y el hombre unirlos.
>
> (PO. C., 349)

Este espejismo del amor como salvación —trascendencia—, frente al tiempo destructor, le hará olvidar al poeta todo lo que ocurre a su alrededor. En "Escrito en el agua" dice: "qué me importaba lo demás". Es la misma indiferencia con que se expresa en el poema VII de *Primeras poesías*.

> Vivo un solo deseo
> Un afán claro, unánime;
> Afán de amor y olvido.
> Yo no sé si alguien cae
>
> (PO. C., 45)

Por eso, pensamos que aunque el protagonista poético del mundo de las *Primeras poesías* corra hacia su destrucción, sólo el deseo del poeta, y el poeta mismo, parecen fuera del alcance del tiempo. Lo que ocurre es que este espejismo del amor va a acabar pronto. En el mismo "Escrito en el agua" leemos:

"Mas apenas me acercaba a estrechar un cuerpo contra el mío, cuando con un deseo creía infundirle permanencia, huía de mis brazos dejándolos vacíos."

(OC., "Escrito en el agua", 107)

Esta frase concreta es esclarecedora respecto a la ambivalencia de la obra cernudiana. Nos referimos a que una vez desaparecido el espejismo del amor, como fórmula salvadora del tiempo, se establece la dicotomía entre la realidad y el deseo. Y es que el amor, cuando se realiza, es como un espejo de eternidad, pero con mayor frecuencia es una meta imposible hacia la cual avanza el poeta. Por tanto, si el amor no puede llevarse a efecto es sinónimo de la alienación y de la separación —la soledad cernudiana— entre los hombres. Será por esta razón que nos parecen muy semejantes a este fragmento los poemas de la serie *Donde habite el olvido*. En este libro los poemas están estructurados como partes de un poema único. El angel-demonio reaparece continuamente en el tema del amor. Igualmente es, como el niño de *Ocnos*, un angel arrojado ("como si alguna colérica visión con espada centelleante nos arrojara del paraíso primero") de su edén nativo. El poeta se dirige fatalmente hacia el amor, aunque sepa que en el fondo le aguarde la destrucción. En este sentido, encontramos una cierta explicación a la preferencia de Cernuda por el mito de Apolo y Dafne. Apolo, como se recordará, perseguía a la ninfa Dafne que, al ser alcanzada, se convertía en laurel. De igual manera que al dios Apolo, al hombre se le transforma en sus manos todo lo que ve, lo que posee, o cree que ha poseído alguna vez.

2.2. La aparición del deseo

Durante la infancia, mientras el deseo no había hecho su aparición todavía, era posible la unión perfecta entre el alma y el cuerpo, porque el cuerpo no era, todavía, esclavo del deseo. Sólo en la infancia era posible este ideal de existencia porque ésta —la infancia— entrañaba la negación del deseo. Cuando el deseo aparece, el poeta se ve forzado a abandonar su paradisíaca existencia en el jardín de la infancia. Aparece, por tanto, la idealización de esta existencia vegetativa. El resultado, como hemos dicho en ocasión anterior, serán los primeros poemas de *Ocnos*. Los más representativos, en este sentido, van a ser "La naturaleza", "La eternidad" o "El piano". "Pero terminó la niñez y caí en el mundo". Justamente esta frase de "Escrito en el agua", es la que nos interesa puesto que con ella, con la pérdida de la infancia, aparece también el amor.

Llegado este punto, y como inciso en nuestra exposición, nos gustaría hacer alguna aclaración necesaria al tema que estamos tratando. Se refiere al término amor y su correlato deseo en la obra de Cernuda. Cuando el poeta sevillano utiliza la palabra *deseo*, pensamos que lo hace debido al abuso que se ha hecho de la palabra amor a

lo largo de la historia de la literatura. Sin duda también, por el hecho
de las connotaciones románticas de este último término, el poeta prefiere usar la palabra *deseo* para la expresión del sentimiento amoroso.
Pero es que, además, hay otra razón de orden más profundo, Cernuda quiere evitar toda noción de *agapé* cristiano inherente en la palabra amor. Del modo en que Cernuda emplea el término deseo es en el
sentido de "Eros". Un anhelo de salvar la distancia entre el adolescente de *Ocnos* y los otros:

> "Si había descubierto el secreto de la eternidad, si yo poseía la
> eternidad en mi espíritu, ¿qué me importaba lo demás?"
>
> (OC., "Escrito en el agua", 107)

Claro es que el adolescente de *Ocnos* ignora todavía lo que va a
aprender el protagonista de *Los placeres prohibidos*:

> Porque ignoraba que el deseo es una pregunta
> cuya respuesta no existe
> Una hoja cuya rama no existe,
> Un mundo cuyo cielo no existe
> ...
> Porque el deseo es una pregunta cuya respuesta nadie sabe
>
> (PO. C., 123)

Por esta razón se ha señalado que el deseo atribuido al niño Albanio en *Ocnos* es como el deseo de los poemas de *Perfil del Aire*, un
vago anhelo todavía, y aun inocente, por cuanto permanece sin consumarse en acción. E incluso permaneciendo sin consumarse en acción, la comprensión del deseo existe y lo vemos en poemas del libro
como "Sortilegio nocturno":

> "(...) un tintineo de cascabel delataba el coche que venía y luego
> pasaba lento, echada la capota, apenas visible las piernas entrelazadas
> de aquella pareja, cuyas caricias favorecían con la complicidad la so-
> ledad y la penumbra.
> "Al balanceo del coche iban anónimos él y ella, levantados por el
> *deseo* a un rango donde el nombre no importa, porque el acto lo
> excluye, haciendo del particular oscuro cifra total y simbólica de la
> vida. *Entrelazados no en amor, qué importa el amor, subterfugio des-
> mesurado e inútil del deseo*, sino en el goce puro del animal, cumplían

el rito que les ordenaba la especie, de la cual eran los dos juguete emancipado y sometido a un tiempo."

(OC., "Sortilegio nocturno", 56)

Lo que ocurre es que en *Ocnos*, al contrario de lo que sucede en los poemas de amor de las distintas series de *La Realidad y el Deseo*, se da a éste un marco más explícito, por cuanto el poema en prosa tiene por objeto permitir un contenido más personal, más accidental que el poema propiamente dicho. No obstante, en estos primeros poemas de *Ocnos*, en donde se nos aparece la visión del adolescente, el deseo aparece todavía sin la fuerza de la sexualidad adulta, que tendrán los poemas de *La Realidad y el Deseo*, a partir sobre todo de *Un río, un amor*.

Dado el carácter irreversible de este deseo cuando, en los años de madurez del poeta, se consume, la nota más destacada de su poesía va a estar teñida con el carácter nostálgico, no ajeno a *Ocnos*, por el tiempo de la juventud en que el amor era un deseo no realizado de la sexualidad. Con razón, cuando el poeta no encuentre acoplamiento entre *su* deseo y la realidad, volverá una y otra vez a *Ocnos* como recuerdo añorado del tiempo en que el amor era un deseo no consumado del niño en el jardín. Dentro de este contexto se entenderán mejor poemas del libro como "Sombras", "El amante" y "Río", en los que el poeta ve en el amor un deseo de poder trascender la realidad, hostil al propio amor.

Por todo lo que venimos diciendo, la contemplación amorosa de los niños y adolescente adquieren en *Ocnos* —y en toda la obra de Cernuda— un matiz nostálgico que es producto del intento de recuperar la inocencia de la propia infancia del poeta, en la que el deseo y la realidad no aparecían como antagónicos. Fragmentos de "Sombras" o "Río" ilustran, mejor que ningún otro poema, el amor uranista de Cernuda:

"El verles huir así solicita al deseo doblemente, porque a tu admiración de la juventud ajena se une hoy tu nostalgia de la propia, ya ida, tirando dolida de ti desde las criaturas que ahora la poseen."

(OC., "Río", 77)

Pero esto ya es otro asunto que empezamos a tratar en el epígrafe siguiente.

2.3. Los placeres prohibidos

Hasta ahora, en los poemas en prosa de *Ocnos* que hemos visto, nos hemos referido solamente a la actitud pasiva del niño ante el amor del que él "solo tenía el deseo". Poemas como "El escándalo", "El vicio" o "El placer" ilustrarían este período. Pero con "El enamorado" la actitud pasiva del adolescente cambia. En este poema el protagonista-héroe queda incorporado a la sociedad por medio del amor-deseo que ya hace su aparición definitiva en *Ocnos:*

"(...) Sentado entre los suyos, como tú entre los tuyos, no lejos de ti le descubriste, para sucitar con su presencia, desde el fondo de tu ser, esa atracción ineludible, gozosa y dolorosa, por la cual el hombre, identificado más que nunca consigo mismo, deja también de pertenecerse a sí mismo.

"No fue esa la primera vez que te enamoraste, aunque si fue acaso la primera en que el sentimiento, todavía sin nombre, urgió sobre tu conciencia (...)

"Aquella noche prendió en ti sólo una chispa del fuego en el cual más tarde debías consumirte (...)"

(OC., "El enamorado", 50)

En un plano ontológico, la naturaleza del amor cernudiano se encuadra en el pensamiento neoplatónico, según el cual la aspiración frustrada del hombre será buscar la otra mitad que lo completa. Recordemos que el hombre, según Platón, fue condenado por Zeus a buscar su mitad perdida como único medio de alcanzar la felicidad. Según esto, el amor será para Cernuda, en principio, un medio para integrarse en su otra mitad, para romper, de alguna manera, la soledad y la sensación de estar separado de la naturaleza que acongoja al niño desde la separación del paraíso primero. En el poema, ya antes citado, "El enamorado", hay un fragmento orientativo acerca de la capacidad ontológicamente integradora del amor:

"Un pudor extraño, defensa quizá de la personalidad a riesgo de enajenarse, tiraba hacia dentro de ti, *mientras una simpatía instintiva tiraba hacia fuera de ti, hacia aquella criatura con la que no sabías cómo deseabas confundirte.*"

(OC., "El enamorado", 50)

En "Propiedades", de *Variaciones sobre tema mexicano,* Cernuda quiso expresar, de alguna forma, esto mismo:

"(...) Cuando tenemos afecto a una criatura queremos ser como esa criatura, *queremos ser esa* criatura."

(V. T. M., 148)

Lo que ocurrirá, y aquí entramos de lleno en el tema de este apartado, es que la naturaleza antisocial del amor cernudiano será decisiva a la hora de salvar la alteridad antológica que separa a los amantes. El amor, así, se convierte en el único medio de salir de su soledad, pero la sociedad se lo prohíbe. Así pues, es la sociedad la que condena a la persona a la soledadEsta es la naturaleza del amor en *Ocnos.* Si ya de por sí el amor heterosexual es difícil de realizar, más lo será un amor homosexual que desde el principio es condenado por la sociedad a la que perteneció el poeta. Pero hay que aclarar o, mejor dicho, completar este aspecto al que enseguida volveremos para analizarlo de una manera menos superficial. Antes digamos que cuando Cernuda quiso plasmar en su obra el amor se vio ayudado por el descubrimiento de la mitología griega. En "El poeta y los mitos", de *Ocnos,* ya aludió, de alguna manera, a esta circunstancia autobiográfica:

"(...) ¿Por qué se te enseñaba a doblegar la cabeza ante el sufrimiento divinizado, cuando en otro tiempo los hombres fueron tan felices como para adorar, en su plenitud trágica, la hermosura.

"Que tú no comprendieras entonces la casualidad profunda que une ciertos mitos con ciertas formas intemporales de la vida, poco importa: cualquier aspiración que haya en ti hacia la poesía, aquellos mitos helénicos fueron quienes la provocaron y orientaron."

(OC., "El poeta y los mitos", 31)

Por eso pensamos que Narciso y Venus son los dos personajes mitológicos más apropiados para explicar el amor de Cernuda por los adolescentes. La vinculación entre el amor de Cernuda y la fábula de Narciso se explicaría porque en ella tenemos la analogía entre el ser incompleto del ego y el hecho de que Narciso sea, en realidad, dos personas. Lo que ocurre es que Narciso, al igual que Cernuda, nunca podrá hacerse uno con su ser reflejado. De la misma manera, el amante nunca podrá verse completado con el ser amado, entre otras cosas porque el tiempo, que ya vimos, además de la sociedad, que estamos viendo ahora, lo impiden.

En el carácter antisocial del amor de Cernuda nos quedamos, precisamente, cuando dijimos, más arriba, que volveríamos a ello para analizarlo más profundamente. En un poema de *Ocnos*, "Aprendiendo Olvido", nos explica Cernuda, mejor que en ningún otro lugar, la condición marginada de su amor y la sociedad ante la que tiene que enfrentarse:

"(...) Subías a la casa, entrabas en el salón (...) deseando tanto la presencia como la ausencia de un ser, pretexto profundo de tu existencia entonces. Para tu obsesión amorosa era imposible la máscara; mas la trivialidad mundana, pues que debías acompasarte a ella, actuaba como una disciplina y por serlo aliviaba unos instantes el tormento de la pasión enconada, punzando hora tras hora, día tras día, allá en tu mente.

"Y sonreías, conversabas, ¿de qué?, ¿con quién?, como otro cualquiera, aunque dentro de poco tuvieras que encerrarte en una habitación, tendido contigo a solas en un lecho, revolviendo por la memoria los episodios de aquel amor sórdido y lamentable, sin calma para reposar la noche, sin fuerza para afrontar el día. Ello existía y te aguardaba, ni siquiera fuera sino dentro de ti, adonde tú no querías mirar como incurable mal físico que la tregua adormece sin que por eso salga de nosotros."

(OC., "Aprendiendo olvido", 65)

Octavio Paz, que tan lúcidamente ha penetrado en el aspecto amoroso de la poesía de Cernuda, piensa que se corre el peligro de no comprender el significado de ésta, si se omite o se acentúa la homosexualidad del poeta sevillano. De tal manera que, para Cernuda, el amor es ruptura, pero no por su condición de homosexual, o no sólo por eso —añadimos nosotros—, sino porque todo amor quebranta las leyes humanas. En este sentido, la homosexualidad no es una excepción, sino que lo excepcional es el amor. El amor nos abre las puertas de un estado, que escapa a las leyes de la razón común y de la moral corriente. Cernuda no defendió el derecho de los homosexuales a vivir su vida —problema de legislación social— sino que exaltó, como la experiencia suprema del hombre, la pasión de amor.

El poeta piensa que el amor es puro y que la única impureza proviene de fuera, de quienes no aceptan más que lo establecido. Es

decir que Cernuda no se enfrenta a los que critican el carácter diferente de su amor homosexual, sino de quienes, en un ambiente burgués, consideran el amor como un orden establecido, en donde el
sentimiento más puro del hombre ha quedado limitado a unas relaciones carnales y de meras conveniencias sociales. No nos resistimos
a traer, ahora, los versos de "La Gloria del poeta", que Cernuda
escribió para la serie *Innovaciones*:

> Los hombres tú los conoces, hermano mío;
> Mírales cómo enderezan su invisible corona
> Mientras se borran en la sobra con sus mujeres al brazo,
> Carga de suficiencia incosciente,
> Llevando a comedida distancia del pecho,
> como sacerdotes católicos la forma de su triste Dios,
> Los hijos conseguidos en unos minutos que se hurtaron al sueño
> Para dedicarlos a la cohabitación en la densa tiniebla conyugal
> De sus cubiles, escalonados los unos sobre los otros
>
> (PO. C., 184)

De igual manera podríamos citar poemas como "¿Son todos felices?", "El árbol" o "La familia". Todos ellos dentro de esta línea
inconformista y antiburguesa. Cernuda critica a una sociedad que no
comprende el sentido último y más trascendente del amor. Así pues,
el amor en la obra de Cernuda sobrepasa la consideración del carácter
homosexual del poeta que la escribió. Su naturaleza antisocial no se
debe a este último aspecto, sino al hecho de que Cernuda luchó, hasta
el final de su vida, contra un mundo que no ha comprendido todavía
el verdadero alcance del sentimiento más puro que hay en el hombre.

Por ello pensamos que no podía haber represiones de ningún tipo
en un hombre que aceptó, hasta las últimas consecuencias, la naturaleza de su amor. El mismo hecho de publicar *Los placeres prohibidos*
en la España de 1930 aleja cualquier consideración de carácter autore-
presivo por parte de Luis Cernuda. Ni muchos menos pensamos que
Cernuda hubiera superado esta supuesta crisis moral —si es que algún día la tuvo— al profesar un catolicismo practicante. En Cernuda
apenas si aparece la conciencia de la culpa, y a los valores del cristianismo opone otros, los suyos, que le parecen los únicos verdaderos.
Sería difícil encontrar, en lengua española, un escritor menos cristiano que él. Digamos, por último, y aunque sobrepase el cometido de

nuestro estudio, que Cernuda halló un cauce en el surrealismo para manifestar su disconformidad con el orden establecido de la sociedad, en lo que se refiere al sentimiento amoroso.

2.4. La trascendencia del amor

Entramos en este apartado a considerar algo que ya apuntamos cuando estudiábamos el tema del tiempo. Veíamos allí la idea del tiempo destructor. Frente al tiempo, el poeta se asía al amor buscando la permanencia, la eternidad. Pero el amor, vemos ahora, huye de nosotros como en la fábula de Apolo y Dafne:

"Mas apenas me acercaba a estrechar un cuerpo contra el mío (...) huía de mis brazos dejándolos vacíos.

"Después amé los animales, los árboles (...) la tierra. Todo desaparecía, poniendo en mi soledad el sentimiento amargo de lo efímero."

(OC., "Escrito en el agua", 107)

Por eso en *Ocnos*, como anteriormente en la serie *Invocaciones*, se canta a los cuerpos hermosos. La contemplación de la belleza, aunque no sea eterna, es lo único que puede arrancarnos de la idea destructora del tiempo. El amor, en sí mismo, sobrepasa la idea limitadora del tiempo. Es, como la idea platónica, un reflejo divino de la que los cuerpos juveniles son su proyección en la tierra. Ya hemos visto que Cernuda apreció en la mitología griega el único cauce para expresar, en el amor, la analogía con los dioses. Por eso, las formas en que este amor se aparece al poeta son figuras epifanales, extensiones o proyecciones tangibles, de una divinidad, que en el mundo cernudiano, es el amor. En *Ocnos* este momento de unión mística con la divinidad, a través del amor, ha sido posible únicamente para el espíritu. Es un presagio de lo que luego equivaldrá a la experiencia amorosa. Así lo vemos en "El acorde":

"El instante queda sustraído al tiempo, y en ese instante temporal se divisa la sombra de un gozo intemporal, cifra de todos los gozos terrestres que estuvieran al alcance (...)

"Plenitud que, repetida a lo largo de la vida, es siempre la misma (...) Lo más parecido a ella es ese adentrarse por otro cuerpo en el momento del éxtasis, de la unión con la vida a través del cuerpo deseado.

"(...) Por eso tu experiencia, tu acorde místico, comienza como una prefiguración sexual."

(OC., "El acorde", 103-105)

Gracias al amor, al acorde, se podrá borrar la soledad ontológica, la separación con la naturaleza:

"Borrando lo que llaman otredad, eres, gracias a él, uno con el mundo, eres el mundo. Palabra que pudiera designarse no la hay en nuestra lengua: *Gemüt:* unidad de sentimiento y consciencia; ser, existir, puramente y sin confusión. Como dijo alguien que acaso sintió algo equivalente a lo divino, como tú a lo humano, mucho va de estar a estar. Mucho también de existir a existir.

"Y lo que va del uno al otro caso es eso: el acorde."

(OC., "El acorde", 103-105)

En *Variaciones* logra completar la prefiguración mística de "El acorde" con la experiencia sexual. La posesión del cuerpo amado logra esa unión mística con la divinidad que antes ha sido posible para el espíritu.

Me pesaba la vida como un remordimiento; quise arrojarla de mí. Mas era imposible, porque estaba muerto y andaba entre los muertos.

(L. CERNUDA, PO. C., 121)

3. LA MUERTE

El amor, a pesar de todo, es también engañoso y sufre los ataques de la muerte. De nuevo nos es preciso partir de "Escrito en el agua" como poema en prosa que ilustra, mejor que ningún otro del libro, la "biografía espiritual" de Cernuda y, en este caso concreto, su posición ante la muerte. Para no repetir otra vez el poema entero citemos tan sólo la frase más significativa del mismo:

"(...) yo sólo parecía duradero entre la fuga de las cosas. Y entonces, fija y cruel, surgió en mí la idea de mi propia desaparición, de cómo también yo me partiría un día de mí."

(OC., "Escrito en el agua", 107)

El problema es esencial y afecta a la confiada visión del mundo como eternidad —presente eterno—, que ha tenido el niño Albanio, hasta la expulsión del paraíso de la infancia, "de donde tranquilo e inconsciente, entre nubes de limbo, le había tomado la mano de Dios, arrojándole al tiempo y a la vida" (OC., "La eternidad", 23).

Por otra parte, la realidad de la propia muerte del poeta afecta, como es lógico pensar, a la sed de eternidad que ha mantenido al adolescente feliz, mientras confiaba en el amor como poder salvador frente al tiempo:

"Si había descubierto el secreto de la ternidad, si yo poseía la eternidad en mi espíritu, que me importaba lo demás."

(Oc., "Escrito en el agua", 107)

Aunque sea adelantar acontecimientos, puesto que el tema de Dios lo estudiaremos más adelante, en "Escrito en el agua", de *Ocnos,* se nos pone de manifiesto, como consecuencia del descubrimiento de la propia mortalidad, la falta de resignación cristiana del poeta ante la muerte:

"Fue un sueño más, porque Dios no existe."

(OC., "Escrito en el agua", 107)

El tema es lo suficientemente importante como para dedicarle un estudio aparte. Anunciemos tan sólo que es como consecuencia de la muerte por lo que Cernuda descubre su soledad ontológica en el mundo, desasistido, incluso, del poder consolador que para un cristiano tiene la providencia divina. Este problema esencial se hace todavía más arduo si en el poeta late todavía, a pesar de saberse arrojado del paraíso, la sed de eternidad. Una vez introducido el tema, intentemos, como lo hemos hecho en aspectos anteriores, un recorrido por las distintas visiones de la muerte en *Ocnos* y reparemos en cómo lucha Cernuda —aunque de nuevo inútilmente— por lograr trascenderla.

3.1. El absurdo de la existencia

Cuando estudiábamos el tema del tiempo veíamos, en el poema en prosa "La eternidad", que el niño se enfrentaba a dos enemigos:

"Sentía su vida atacada por dos enemigos, uno frente a él y otro a sus espaldas, sin querer seguir adelante y sin poder volver atrás (...)"

(OC., "La eternidad", 23)

Este aspecto del tema es importante. El niño descubre la noción del tiempo junto con la de la muerte. Así, su visión de extrañado del paraíso aparece ligada a la idea de la muerte. El edén de la infancia era un lugar en donde el aguijón de la muerte no existía. Jenaro Talens, que ha profundizado en el tema, piensa que Cernuda entra en el juego de la vida como el *personaje* del *Acte sans paroles* de Samuel Beckett, "arrojado a la vida por la fuerza" (12). Pensamos que, en este sentido, son ilustrativos los versos de "La familia", de *Como quien espera el alba:*

> Te dieron vida, sí: vida que no pedías
> Y con ella *la muerte* de dura compañera

(PO. C., 296)

Este absurdo existencial —se nace para morir— se repite a lo largo de *Ocnos*, sobre todo en los poemas del libro, en los que el poeta contempla la hermosura de los cuerpos juveniles, que un día han de perecer con la llegada de la muerte. Pensamos, a este propósito, en poemas del libro como "El enamorado", "Sombras" o "Río".

3.2. El desterrado y la muerte

En los primeros poemas de *Ocnos*, que son los que recuerdan la infancia y adolescencia feliz de Sevilla, es muy difícil que encontremos alusiones a la muerte. Para ello tendremos que esperar a los que fueron escritos más directamente en relación con la guerra y el exilio. Esto es lo que ocurre con "Guerra y paz", en donde Cernuda cuenta su último y dramático contacto con la tierra abandonada, su patria, a la que ha dejado sumida en los horrores de la guerra. La última estación española que despide al poeta adquiere, con la metáfora "esqueleto de metal retorcido", un claro y profundo significado de la muerte:

---

(12) TALENS, Jenaro: *El espacio y las máscaras. Introducción a la lectura de Cernuda*, Barcelona, Anagrama, 1975, pág. 233.

"Atrás quedaba tu tierra sangrante y en ruinas la última estación, la estación al otro lado de la frontera, donde te separaste de ella, era sólo un *esqueleto de metal retorcido,* sin cristales, sin muros —un esqueleto desenterrado al que la luz postrera del día abandonaba."

(OC., "Guerra y Paz", 73)

En un principio la alegría de Cernuda parece obvia, al encontrarse a salvo de la guerra, una vez cruzada la frontera:

"Era la vida de nuevo; la vida, con la confianza en que ha de ser siempre así de pacífica y de profunda, con la posibilidad de su repetición cotidiana, ante cuya promesa el hombre ya no sabe sorprenderse."

(OC., "Guerra y Paz", 73)

Pero esta primera ilusión es pasajera porque precisamente, a partir del exilio, la vida del poeta se cubrirá de oscuridad y de muerte. *Destierro* va a ser ahora la palabra clave, lo que le convertirá realmente en un muerto que, a pesar de todo, tendrá que seguir viviendo. Como ya vimos en el capítulo dedicado al exilio, en Cernuda son visibles dos clases de destierro, uno vital, que puede situarse en relación a la pérdida del paraíso de la infancia, otro geográfico que lo aleja, con la guerra, de su patria nativa. Los dos son esenciales y se reflejan en su obra, en cuanto lo enfrentan con la muerte y con el tiempo, ambos temas, como ya hemos visto, presentes en *Ocnos.* El enfrentamiento con el exilio llevó a Cernuda a descubrir la verdadera patria del hombre: la muerte, el no ser. Quizá ello explique el que en "La casa", poema en prosa de *Ocnos* en donde la situación de desterrado se hace patente, la idea de la muerte se contemple desde el estoico y resignado sino del exiliado, no ajena a ciertos ecos de la poesía de Antonio Machado:

"(...) Tu existir es demasiado pobre y cambiante —te dices escribiendo estas líneas de pie, porque ni una mesa tienes; tus libros (los que has salvado) por cualquier rincón, igual que tus papeles. Despus de todo, el tiempo que te queda es poco, y quien sabe si no vale más vivir así, desnudo de toda posesión, dispuesto siempre para la partida."

(OC., "La casa", 99)

Pero lo importante es que el destierro trastorna por completo la visión sensual, colorista y gozosa de la naturaleza del sur andaluz, por otra gris, fría y estéril, propia de los paisajes del norte, que ahora son los cotidianos para Cernuda. A la luz mediterránea, a los olores de las plantas, a la intimidad de los colores, a los goces de las sensaciones provocadas por la naturaleza, a la expresión de la sensualidad y a la alegría los sustituyen unos grises sucios y unas evocaciones de esterilidad y de muerte. Los paisajes del norte le sugieren la idea de muerte, y nada mejor que el poema "La nieve" para ilustrar esta sensación. La nieve por haber paralizado al agua, que es símbolo de vida para Cernuda, se convierte así en símbolo de muerte:

"(...) Encanto le atribuye una ceremonia hogareña, cuando padre, madre, prole, como estampa iluminada, intercambian sonrisas y aguinaldos ante un pino muerto, lo mismo que ante un altar, mientras afuera al acecho les cerca la nieve; ahí tienes una, y no la menor, de las inconsecuencias habituales en la mente común: hallar como mito de la vida aquel donde la vida precisamente no existe, a menos que con él así se exprese un deseo inconsciente de aniquilamiento en la cima pascual de la trivialidad humana.

(OC., "La nieve", 87-88)

3.3. El olvido de la muerte

Es lógico pensar que Cernuda no se resigne a concebir la muerte como el fin de todo y que, por ello, intente trascender esta idea. En esta ocasión, al margen de un posterior acercamiento a Dios como salvación —que luego veremos cómo resulta también fallido—, el poeta cree ver en la poesía el elemento liberador que hará posible alcanzar la eternidad. A lo largo de la poesía de L. Cernuda el tema de la muerte corre paralelo, en cierta manera, al del tiempo. En el sentido temporal la muerte puede jugar un doble papel. Puede ser equivalente al olvido, o bien puede significar, aunque resulte paradójico, eternización artística. La muerte, en efecto, puede ser la única forma, que el poeta tiene de entrar en el dominio del arte y, por tanto, alcanzar el reconocimiento general. Así alcanzan sentido los versos de "A un poeta futuro", en *Como quien espera el Alba*:

Yo no podré decirte cuanto llevo luchando
Para que mi palabra no se muera

Silenciosa conmigo, y vaya como un eco
A ti, como tormenta que ha pasado
...
Si renuncio a la vida es para hallarla luego
Conforme a mi deseo, en tu memoria.
...
Cuando en días venideros...
...
Tu mano hacia el volumen donde yazcan
Olvidados mis versos, y lo abras,
Yo sé que sentirás mi voz llegarte,
...
...Escúchame y comprende.
En sus limbos mi alma quizá recuerde algo,
Y entonces en ti mismo mis sueños y deseos
Tendrán razón al fin, y habré vivido

                                        (PO. C., 302-304)

Es lógico pensar que a Cernuda, más que el propio envejecimiento
físico, le preocupaba, como escritor, el olvido de su poesía por parte
de las generaciones futuras. Pero el caso de Cernuda no es un caso
corriente. Para comprender mejor sus circunstancias pensemos que
es un poeta español exiliado. A pesar del aumento de interés por su
poesía en los últimos años de su vida, Cernuda seguía creyendo que
sus compatriotas le odiaban y que al morir iban a olvidar su obra.
Veamos, a este propósito, los duros versos que dirige a "A sus paisanos", en *Desolación de la Quimera*:

Contra vosotros y esa vuestra ignorancia voluntaria
Vivo aún, sé y puedo, si así quiero, defenderme.
Pero aguardáis al día cuando ya no me encuentre
Aquí. Y entonces la ignorancia,
La indiferencia y el olvido, vuestras armas
De siempre, sobre mí caerán, como la piedra,
Cubriéndome por fin, lo mismo que cubristeis
A otros que, superiores a mí, esa ignorancia vuestra
Precipitó en la nada, como al gran Aldana

                                        (PO. C., 526)

En *Ocnos* encontramos dos poemas en prosa de corte parecido, aun cuando sin la acritud de estos últimos versos que hemos transcrito. La actitud desdeñosa de sus paisanos a la poesía se refiere, en este caso, al desprecio que sufrieron dos escritores sevillanos: Bécquer y J. M.ª Izquierdo. En "El poeta" Cernuda recuerda con nostálgica admiración a G. A. Bécquer:

"Años más tarde, capaz ya claramente, para su desdicha, de admiración, de amor y de poesía, entró muchas veces Albanio en la capilla de la universidad, parándose en un rincón, donde bajo dosel de piedra un ángel sostiene en su mano un libro mientras lleva la otra a los labios, alzado un dedo, imponiendo silencio. Aunque sabía que Bécquer no estaba allí sino abajo en la cripta de la capilla, solo tal siempre se hallan los vivos y los muertos, durante largo rato contemplaba Albanio aquella imagen, como si no bastándole su elocuencia silenciosa necesitara escuchar, desvelado en sonido, el mensaje de aquellos labios de piedra. Y quienes respondían a su interrogación eran las voces jóvenes, las risas vivas de los estudiantes, que a través de los gruesos muros hasta él llegaban desde el patio soledado. *Allá dentro todo era ya indiferencia y olvido.*"

(OC., "El poeta", 41)

Esta es la actitud despreciativa de la sociedad con respecto a los poetas. Otro poema de *Ocnos*, "José María Izquierdo", así nos lo corrobora:

"Su amor por la poesía, por la música, ¿Cómo podría conllevar aquellas gentes que le rodeaban? Con menos talento y cultura, con inferiores cualidades espirituales, otros le han oscurecido ante el público español."

(OC., "José María Izquierdo", 53)

No obstante y, pese al tono general de estos fragmentos citados, cabe decir que Cernuda encontró, en su propia poesía, el consuelo para poder vivir frente a esta indiferencia de sus paisanos. Y, lo que es más importante, logró, en cierta manera, un muro de resistencia frente al poder destructor de la muerte. "Mañanas de verano" o las palabras de la *Poética*, que escribió para la Antología de G. Diego, como vimos en el tema del tiempo, así nos lo hacen pensar.

Oh Dios Tú que nos has hecho
Para morir, ¿por qué nos infundiste
La sed de eternidad, que hace al poeta?
¿Puedes dejar así, siglo tras siglo
Caer como vilanos que deshace un soplo
Los hijos de la luz en las tinieblas avara?
Mas tú no existes. Eres tan sólo el nombre
Que da el hombre a su miedo y su impotencia

(L. CERNUDA, PO. C., 283)

4. DIOS

Se trata del último tema importante que nos queda por tratar. Es necesario, como hemos hecho con los anteriores, partir del poema en prosa "Escrito en el agua", que hemos considerado básico para el análisis temático de *Ocnos*. Pero antes nos gustaría decir unas palabras que enmarquen el problema y que, al mismo tiempo, sirvan para comprobar la contradicción en que se movió Cernuda respecto a sus creencias religiosas. El problema religioso, junto a la temática de España, son los dos pilares en los que se sustenta la obra lírica de los emigrados españoles de la guerra civil. Si bien es cierto que casi todos ellos tienden a considerar que el catolicismo no es, como creyeron los políticos de la República, algo adjetivo, sino, por el contrario, una realidad sutancial al ser hispánico, su visión trágica de España, y del problema religioso, "les hace sentirse desterrados no solamente del *suelo* sino también del *cielo* español" (13).

Razones de índole sociológicas ayudan al distanciamiento de los escritores exiliados, respecto a la Iglesia Católica. Casi todos ellos vivieron en EE. UU., en donde el catolicismo no es el culto religioso más extendido. Además procedían de un país, en donde el ser católico llevaba consigo el estar adscrito a una posición política de "derecha". Por ello, el hacer más o menos profesión de fe católica significaba, en cierto sentido, renunciar a la situación beligerante del expatriado. Luis Cernuda perteneció a un grupo bastante numeroso de escritores que, con el exilio, sufrieron una crisis en su fe católica. Si bien es

---

(13) ARANGUREN, J. Luis: "La evolución espiritual de los intelectuales españoles en la emigración", en *Crítica y Meditación*, Madrid, Taurus, 2.ª edic., 1977, pág. 89.

cierto que él venía ya arrastrando, mucho antes del exilio, su falta de fe religiosa, también es verdad que el destierro acabó con la poca que aún le quedaba. No obstante, de los poemas en prosa de *Ocnos*, que citaremos como ejemplos de su crisis de fe, y de la misma obra poética de Cernuda, no se extrae la impresión de una total falta de fe o ateísmo por parte del autor, sino más bien el testimonio de una vaga tristeza, producida por una fe irrecobrable ya para el poeta.

Al decir esto pensamos en un poema de *Ocnos* ilustrativo respecto al anhelo de Dios, del Dios cristiano, por parte de Cernuda. Se trata del que lleva por título "La luz":

"(...) Si algo puede atestiguar en esta tierra la existencia de un poder divino, es la luz; y un instinto remoto lleva al hombre a reconocer por ella esa divinidad posible, aunque el fundamental sosiego que la luz difunda traiga consigo angustia fundamental equivalente, ya que en definitiva la muerte aparece entonces como la privación de la luz.

"Mas siendo Dios la luz, el conocimiento imperfecto de ella que a través del cuerpo obtiene el espíritu en esta vida, ¿no ha de perfeccionarse en Dios a través de la muerte? Como los objetos puestos al fuego se consumen, transformándose en llama ellos mismos, así el cuerpo en la muerte, para transformarse en luz e incorporarse a la luz que es Dios, donde no habrá ya alteración de luz y sombra, sino luz total e infalible."

(OC., "La luz", 89)

En algunos poemas en prosa de *Variaciones sobre tema mexicano* también observamos la presencia del Dios cristiano, y la voz del poeta dirigiéndose a El, dándole gracias por contemplar, al fin, un rayo de su bondad divina, reflejada en la tierra y los seres que ama.

Por lo tanto pensamos que, en un primer nivel de lectura, la obra de Cernuda trasciende, desde luego, el lado material de las cosas para ir en busca de la finalidad divina o religiosa del hombre. Claro es que Cernuda sería hombre religioso tal como lo entiende Mircea Eliade. Para el pensador francés hay una profunda diferencia entre el hombre religioso y el no religioso. El primero sería aquel que se niega a vivir en un presente histórico esforzándose, por el contrario, en integrarse en un tiempo sagrado que, en cierto aspecto, puede equivaler a la eternidad. Eternidad y paraíso de la infancia, como ya vimos, se identifican en Cernuda de modo perfecto. Dios, el Dios cristiano, hubiese podido ser para Cernuda la continuación de ese paraíso infantil, en donde el tiempo limitado —la muerte— no existía, pero de allí le había expulsado, precisamente, la mano de Dios, "arrojándole al tiempo y a la vida."

(OC., "La eternidad", 23)

Cernuda, en el tema religioso, se mueve, pues, en una contradicción. Por un lado, más que creer, quiere creer en Dios —la idea de un Dios creado por reclamo del hombre tiene claras resonancias unamunianas—, pero, por otro, Dios no nos consuela del absurdo del hombre creado para morir. El hombre, para Cernuda, es la única criatura que ha puesto Dios sobre la tierra con ansias de inmortalidad, pero también es el único capaz de observar su propia desaparición. En un segundo nivel de lectura, supuesto que el Dios cristiano no consuela del tremendo absurdo de la existencia del hombre, que nace para morir, la mirada religiosa de Cernuda se dirige, una vez más, a la mitología griega. Tratemos, pues, de ver brevemente estos aspectos de la religiosidad del poeta.

4.1. El Dios cristiano

Como decíamos más arriba, es necesario partir, una vez más, del poema en prosa "Escrito en el agua", para que comprendamos el desencanto de Cernuda cuando intenta, sin conseguirlo, aferrarse a la idea de Dios, como salvaguarda de la inmortalidad del hombre. El espejismo de la eternidad —como antes lo fue el amor— se presenta de nuevo. Es la última oportunidad para el poeta:

"¡Dios!, exclamé entonces: dame la eternidad. Dios era ya para mí el amor no conseguido en este mundo, el amor nunca roto, *triunfante sobre la astucia bicorne del tiempo y de la muerte*. Y amé a Dios como al amigo incomparable y perfecto."

(OC., "Escrito en el agua", 107)

Claro es que el intento fracasa de nuevo:

"Fue un sueño más, porque *Dios no existe*. Me lo dijo el pájaro muerto, inerte sobre la tierra el ala rota y podrida. Me lo dijo la conciencia, que un día ha de perderse en la vastedad del no ser."

(OC., 107-108)

De entre los poetas del 27 ninguno se ha expresado, a pesar de ser casi un tópico en la literatura moderna de habla no hispana, de forma tan crítica y explícita contra Dios. No obstante pensamos que la incredulidad de Cernuda, ya antes lo dijimos, no es la de un ateo. Incluso de este fragmento se extrae una cierta nostalgia de fe. "Dios no existe", dice Cernuda, pero antes ha dicho: "amé a Dios como al amigo incomparable y perfecto", y en el poema en prosa, también de *Ocnos*, "La eternidad" dice que "poseía cuando niño una ciega fe religiosa". Lo que ocurre es que Cernuda ha sido educado, desde pequeño, en la idea de un Dios cristiano que exige una resignada postura ante la muerte. Por ello ve el cristianismo como el culto de la muerte, antes que de la vida. Hay un poema de *Ocnos*, "Santa", que es significativo de lo que Cernuda llama "énfasis español" por la muerte, o sea, el lado supersticioso del catolicismo que el poeta ha vivido desde pequeño:

"Estaba en Alba, y no la recordaste (...)
"Súbito y convincente, con la imposibilidad fundamental de cosa mágica, todo era o podía ser. Hasta los fragmentos acecinados, remotamente afines de miembros y vísceras que fueron un día, engastados en plata bajo el viril correspondiente, parecían imponer su realidad, o al menos corroborarla, por la misma que provocaban. Pero el énfasis español desfiguraba así, en caricatura lúgubre, el milagro real."

(OC., "Santa", 70)

El culto católico es para Cernuda, según los recuerdos que guarda de su infancia en *Ocnos*, un ritual vacío, en los que se mezclan razones de índole social. En "Mañanas de Verano", el poeta recuerda las conmemoraciones religiosas, a las que se deja llevar más por costumbre que por una convinción verdaderamente espiritual:

"Algunos días de fiesta religiosa, cuya celebración tenía resonancia particularmente local o familiar, fiestas que siempre caían durante el verano, salía el niño por la mañana, camino de la iglesia. Unas veces *le llevaban* a la catedral, otras más lejos, a algún barrio popular (...) donde estaba la iglesia en cuestión (...)"

(OC., "Mañanas de verano", 33)

Por eso, la actitud de Cernuda, ante el culto católico de su pueblo, es de rebeldía por el triste espectáculo de fanatismo religioso. En

Variaciones encontramos un poema en prosa, "La gruta mágica", que es significativo respecto a la actitud crítica del poeta, frente a la superstición y el fetichismo de las creencias católicas tradicionales, que han llevado los españoles a América:

"Y esa imagen en el camarín central, elevándose por los aires ¿qué hace aquí? ¿Son aquí posibles el recogimiento y la devoción? ¿Son aquí posibles siquiera las creencias tradicionales de tu tierra y tu gente? ¿No ha usurpado el símbolo a la creencia, el culto a la religión?"

(V. T. M., 141)

Esta actitud crítica se manifiesta también en *Ocnos*, contra una religión, la católica, que, al lado de estas manifestaciones de religiosidad externa, cierra los ojos ante el vicio veladamente consentido por la ley:

"(...) Por la cancela abierta de la casa venía un relente de perfume rancio, de vicio que la ley pasa por alto y ante el cual la religión cierra los ojos."

(OC., "El vicio", 35)

Es la misma postura contra la moral burguesa que se puede ver en numerosos lugares de *La Realidad y el Deseo*. Recordemos a este propósito los poemas "La Gloria del poeta" y "Dans ma peniche", de 'Invocaciones', o "Noche del hombre y su demonio" y "La familia", de *Como quien espera el alba*. Precisamente de este último son los versos siguientes:

Ellos te dieron todo: cuando animal inerme
Te atendieron con leche y con abrigo;
Después, cuando creció tu cuerpo a par del alma,
Con Dios y con moral te proveyeron,
Recibiendo deleite tras de azuzarte a veces
Para tu fuerza tierna doblegar a sus leyes

(PO. C., 296)

En definitiva, en el aspecto religioso, Cernuda, aunque no crea en Dios, porque no puede comprender el absurdo de la muerte, sí que siente la nostalgia de su fe antigua. Y, en todo caso, de lo que está en contra es de la hipocresía de la moral burguesa, que manifiesta su falsa espiritualidad en cultos, más de carácter social y de fanatismos tribales que de verdadero sentido religioso. Situándonos, como decíamos más arriba, en un segundo nivel de lectura en la obra de Cernuda, nos damos cuenta enseguida que la preocupación religiosa del poeta se sitúa fuera del ámbito burgués practicante, en la que Albanio ha sido instruido desde niño. Más aún, como la sed de eternidad del protagonista-héroe no puede ser satisfecha, y sólo ve muerte a su alrededor, rechaza la idea del exangüe Dios cristiano, prefiriendo, como ya hemos dicho, un dios de la mitología griega, que no sea adorado en el sufrimiento ni en la resignación, sino en la plenitud de la hermosura. Bien lo vemos en "El poeta y los mitos", de *Ocnos:*

"Bien temprano en la vida, antes que leyeras versos algunos, cayó en tus manos un libro de mitología. Aquellas páginas te revelaron un mundo donde la poesía, vivificándolo como la llama al leño, transmutaba lo real. Que triste te apareció entonces tu propia religión, tú no discutías ésta, ni la ponías en duda, cosa difícil para un niño; mas en tus creencias hondas y arraigadas se insinuó, si no una objeción racional, el presentimiento de una alegría ausente. ¿Por qué se te enseñaba a doblegar la cabeza ante el sufrimiento divinizado cuando en otro tiempo los hombres fueron tan felices como para adorar, en su plenitud trágica la hermosura?"

(OC., "El poeta y los mitos", 31)

La concepción que tiene Cernuda de la divinidad resulta similar a la de los dioses olímpicos. Dioses ontológicos, que el poeta español, como el alemán Hölderlin, no duda en adoptar en sustitución de su antiguo Dios cristiano. En el poema "Helena", de *Ocnos*, vemos cómo para Cernuda no hay reconciliación posible entre los dos órdenes de creencias religiosas:

"(...) En esa faz [la de Helena] mágica cifraron algunos pocos toda su creencia y su amor en este mundo. Cierto que la hermosura humana, según el tópico platónico, no es sino el reflejo de la divina. Mas por mucho que ahí te esforzaras, no podrías reconciliar jamás la divinidad hebraico-cristiana con la hermosura greco-pagana. Y, de tener que elegir entre ambas, te quedarías, cierta y dichosamente, con ésta."

(OC., "Helena", 98)

Con el análisis de Dios y la religiosidad en *Ocnos* hemos conclui-
do el estudio temático del libro. El poema "Escrito en el agua", al
que tantas veces nos hemos referido, termina con la impresión desen-
gañada de la actitud indiferente del Dios cristiano ante la muerte.
Hacer alusión de nuevo a la misma sería repetir, otra vez, lo que en el
estudio de este tema dijimos, en páginas anteriores. No obstante, el
ciclo no se cierra. La dialéctica vida-muerte, esencial a la sed de eternidad del hombre, continuaría indefinidamente, hasta la propia desaparición del protagonista-héroe en el mito cernudiano. Pero la esperanza continúa también abierta, mientras el poeta, y los futuros lectores de Cernuda, crean en la propia inmortalidad de su obra. De
hecho, podemos, decir que el poeta ha vencido, como pensaba el propio Cernuda, a la muerte.

V. El Paisaje

Es la luz misma, la que abrió mis ojos
Toda ligera y tibia como un sueño.
Sosegado en colores delicados
Sobre las formas puras de las cosas
El encanto de aquella tierra llana,
Extendida como una mano abierta,
Adonde el limonero encima de la fuente
Suspendía su fruto entre el ramaje.
El muro viejo en cuya barda abría
A la tarde su flor azul la enredadera,
Y al cual la golondrina en el verano
Tornaba siempre hacia su antiguo nido
...
Todo vuelve otra vez vivo a la mente. Irreparable
                              [ya con el andar del tiempo,
y su recuerdo ahora me traspasa
El pecho tal puñal fino y seguro

(L. Cernuda, Po. C., 289)

Iniciamos en este capítulo el estudio de lo que hemos denominado el "Paisaje de *Ocnos*". Agrupamos aquí una serie de consideraciones sobre el paisaje naural y urbano. Son aspectos que si bien escapan
a la categoría temática que acabamos de estudiar, todavía son suscepti-
bles de ser analizados dentro del nivel significacional de la obra. Si

incluimos su estudio en esta parte de nuestro trabajo es porque tanto él, como luego las "Sensaciones", nos parecen trascendentales a la hora de analizar el libro de Cernuda, en tanto nos permiten profundizar más en la raíz conformadora del Universo poético del autor en general y de *Ocnos* en particular.

En el siguiente cuadro desarrollamos los aspectos del libro que vamos a tratar en este lugar de nuestro estudio:

1. EL PAISAJE NATURAL: LA FLORA

Ocnos, como ya hemos visto en el capítulo que estudiábamos el exilio del poeta, fue un libro escrito al paso de Cernuda por tres países distintos, correspondientes a otras tantas etapas de su exilio. Estos tres países son Inglaterra, EE. UU. de América y México. Naturalmente a estos tres países de su etapa de exiliado habría que añadir, en primer y privilegiado lugaro, su tierra nativa —España— y dentro de España Sevilla, que forman parte, como hemos señalado reiteradamente, del recuerdo nostálgico del primer *Ocnos.* Hemos creído ver en las descripciones de la naturaleza en *Ocnos* y concretamente de la flora del libro —flores, plantas y árboles— tantas etapas como países y lugares fueron visitados por el exiliado Cernuda. Así hemos dividido el Paisaje Natural —la flora— según éste se refiera al mundo del Sur Mediterráneo —Sevilla y Málaga principalmente—, o al mundo del Norte —Inglaterra y Norteamérica. En líneas generales y salvando las matizaciones que hemos hecho en el estudio temático de la obra, ambas etapas físicas —España y el exilio— corresponderían, en el plano espiritual, a la época de Cernuda como habitante del edén de la infancia y adolescencia y, en segundo lugar, a su etapa de exiliado espiritual de este edén mediterráneo. En el siguiente cuadro pretendemos sintetizar esto que acabamos de decir.

España (edén)	Mediterráneo	Sevilla Málaga	$Ocnos_1$
Exilio (Separación del edén)	Inglaterra	Glasgow Cambridge Londres	$Ocnos_2$
	Norteamérica (México)	Mount Holyoke y California	$Ocnos_2$ $Ocnos_3$

A la derecha del cuadro hemos colocado también las tres ediciones del libro que recogen los poemas escritos en las distintas localidades por las que pasó Cernuda. Nuestro análisis de la flora del libro tendrá naturalmente en cuenta este doble punto de vista: lugar en el que fue escrito el poema o al cual rememora —los poemas del primer *Ocnos* fueron escritos todos en Inglaterra, pero recuerdan la infancia y adolescencia en España— y la edición del libro a la que pertenecen. Otra aclaración que nos parece elemental, pero que no queremos pase desapercibida en estas primeras consideraciones generales es la siguiente: hemos dicho que *Ocnos* —hablamos ahora del tercer *Ocnos*— fue escrito también en México. Pero México, el paisaje mexicano, no forma parte del libro porque éste queda incorporado, como es lógico suponer, a *Variaciones sobre tema mexicano* que, como es sabido, se sitúa fuera del alcance de este estudio. Sin embargo, los poemas escritos en México e incorporados a $Ocnos_3$ reflejan, en su mayoría, un tono en acorde con la alegría que invade a Cernuda por haber vuelto a encontrar, de alguna forma, el clima y el paisaje de su tierra. Y esto a pesar de que se refieren al ambiente y los lugares que habitó Cernuda en su segunda etapa de profesor en las universidades americanas. En esta ocasión California, que en cierto aspecto guarda un parecido, en clima y ambiente, con su tierre del sur y con México.

Otra distinción importante dentro del análisis de la flora de *Ocnos,* y que ya muchos críticos han puesto de manifiesto al estudiar su poesía, es la diferencia que existe para Cernuda entre la flor y el árbol. Los árboles son fieles representantes de un mundo perfecto y eterno. En su verticalidad y robustez se puede ver tanto un símbolo de trascendencia como un afán de intemporalidad. Mientras que la flor es la personificación pura de la fugacidad de la vida. Hechas estas consideraciones de carácter general, hagamos un recorrido por el paisaje natural de *Ocnos*.

En el primer *Ocnos* —infancia y adolescencia del poeta— la naturaleza representa un papel muy importante en el libro. La casa habitada por el protagonista-héroe y los mismos personajes de la obra, incluido el propio Cernuda, aparecen relegados a un plano secundario o subordinado al mundo natural de *Ocnos*. En un poema del libro "la naturaleza", ya citado en alguna ocasión, observamos cómo el niño vive en íntima unión con el paisaje de flores y plantas que forma parte del entorno de este paraíso de su infancia. Entre la naturaleza y él no se interpone nadie. Es como un dios creando vida —vida vegetal— sin que ni siquiera el hombre haya todavía nacido. Se diría que estamos asistiendo al acto mismo de la creación:

"Le gustaba al niño ir siguiendo paciente, día tras día, el brotar oscuro de las plantas y de sus flores. La aparición de una hoja, plegada aún y apenas visible su verde traslúcido junto al tallo donde ayer no estaba, le llenaba de asombro, y con ojos atentos, durante largo rato, quería sorprender su movimiento, su crecimiento invisible (...) Tomar un renuevo tierno de la planta adulta y sembrarlo aparte, con mano que él deseaba de aire blando y suave (...)

"Qué alegría cuando veía las hojas romper al fin (...) sentía como si él mismo hubiese obrado el milagro de dar vida, de despertar sobre la tierra fundamental, tal un dios, la forma antes dormida en el sueño de lo inexistente."

(OC., "La naturaleza", 20)

En este sentido —importancia y convivencia de la naturaleza con el niño Albanio en *Ocnos*,— es significativo el hecho de que, en esta primera edición del libro, es donde aparecen más nombres de flores y árboles. Naturalmente la flora del primer *Ocnos* responde, en su variedad y origen, a los lugares mediterráneos, que son los habitados por Cernuda en su infancia y adolescencia. Dentro de este primer ciclo hemos considerado cuatro poemas escritos para la segunda edición del libro, pero que por la temática y las vivencias en ellos narradas pertenecen, sin duda, a esta primera etapa del poeta. Estos cuatro poemas son "Sortilegio Nocturno", "Aprendiendo Olvido", "El estío" y "Santa".

Es importante también destacar, en este primer *Ocnos*, que la flor o el árbol en ellos descritos no aparecen casi nunca aislados, sino que forman parte de una entidad mayor que unas veces es el huerto y otras el jardín. No cabe duda que, a un nivel simbólico de lectura, el jardín es el refugio, imagen que, en su poesía, equivale al ansia de recogimiento después de un fracaso. En este libro el jardín recogido y amurallado es sinónimo de protección. El poeta no quisiera haber perdido la perfecta e íntima comunicación con la naturaleza que el niño guardaba en su jardín sevillano. El le protegía no sólo del mundo sino también del tiempo destructor. En este sentido, como señala Maud Bodkin, el jardín ha sido en toda la literatura occidental el símbolo constante del paraíso terrenal. El simbolismo del jardín lo encontramos lo mismo en la Biblia que en autores como Milton, Coleridge y Morris (1).

Veamos a continuación las flores y plantas que aparecen en esta primera edición de *Ocnos*. Pertenecen sin duda a la que hemos denominado flora mediterránea del libro. En primer lugar la latania y el rosal que aparecen ligadas a los recuerdos de los huertos infantiles, adonde el niño iba a comprar para las necesidades domésticas:

"Alguna vez íbamos a comprar una latania o un rosal para el patio de casa."

("El huerto", 24)

Los huertos que pudo conocer Cernuda en su infancia fueron los que J. Romero Murube nos recuerda en su ya citada *Sevilla en los labios:* el huerto de los Perros, en la calle Teodosio, el de los Capuchinos, y algunos del barrio de San Julián (2). En otra ocasión vemos la latania en el patio familiar de la casa sevillana:

"Subían hasta los balcones abiertos, por el hueco del patio, las hojas anchas de las latanias."

("El tiempo", 28)

---

(1) DEBICK, Andrew: "Luis Cernuda: La naturaleza y la poesía en su obra lírica, en *Estudios sobre poesía española contemporánea*, Madrid, Gredos, 1968, págs. 301 y ss.

(2) ROMERO Y MURUBE, J.: *Sevilla en los labios*, ed. cit., págs. 96-97.

Los geranios aparecen también ligados al recuerdo de los huertos infantiles:

"Como el huerto estaba lejos había que ir en coche; y al llegar aparecían tras el portalón los senderos de la tierra oscura, los arriates bordeados de *geranios*."

("El huerto", 24)

En el huerto crecen también los helechos y las orquídeas:

"Allí crecían (...) los *helechos*, a cuyo pie aparecían las *orquídeas*, con sus pétalos como escamas irisadas."

("El huerto", 24)

Igual que el jazminero o la flor del jazmín, la más nombrada en el libro:

"(...) arriates bordeados de geranios, el gran *jazminero* cubriendo uno de los muros encalados."

("El huerto", 24)

El recuerdo de esta flor se asocia, en ocasiones, al vendedor que la llevaba. Su perfume envuelve la atmósfera de los patios recién regados, o refrescan, con su olor, el sueño del adolescente:

"En las largas tardes del verano, ya regadas las puertas, ya pasado el vendedor de jazmines (...)"

("El escándalo", 32)

"Unos *jazmines* o un nardos, colocados luego sobre la almohada para orear la media noche, te traían el recuerdo de aquellos golfillos que por la calle lo vendían."

("El estío", 67)

Aparece también ligado a los atardeceres, en la azotea de la casa paterna:

"En los largos atardeceres de verano subíamos a la azotea. Sobre los ladrillos cubiertos de verdín, entre las barandas y paredones encalados, allá en un rincón, estaba el *jazminero*, con sus ramas oscuras cubiertas de menudas corolas blancas (...)"

("Atardecer", 52)

La chumbera, planta típicamente mediterránea, bordea los caminos que el niño atraviesa, cuando sale a recorrer los alrededores de Sevilla:

"Por el camino solitario, sus orillas sembradas de *chumberas* (...)"

("El miedo", 25)

Las adelfas y azaleas aparecen en el patio familiar:

"(...) en torno de la fuente, estaban agrupadas las matas floridas de *adelfas* y *azaleas*."

("El tiempo", 28)

Adelfas, y también mirtos, encontramos en la descripción de los jardines del Alcázar sevillano:

"Siguiendo los senderos (...) se sucedían los patinillos solitarios con *mirtos* y *adelfas* en torno de una fuente musgosa (...)"

("Jardín antiguo", 39)

En fin, además de las citadas, otras flores y plantas que aparecen asociadas a los recuerdos infantiles y juveniles son el moral ("El maestro", 45), la dama de noche ("Atardecer", 52), los jaramagos ("Un compás", 55) y las violetas ("Santa", 70).

En cuanto a los árboles son menos frecuentes, pero, como hemos dicho antes, su presencia es significativa del deseo de trascendencia y eternidad por parte del poeta. Abundan sobre todo las acacias. Estas aparecen en el paisaje sevillano:

"En la alberca el agua verde reflejaba el cielo y las ramas frondosas de una *acacia*."

("Un compás", 55)

"(...) Por el camino de la venta, sobre el cual cruzaban sus ramas las *acacias* (...)"

("Sortilegio nocturno", 56)

Pero también en Madrid, con ocasión del poema "Aprendiendo olvido". Este es uno de los pocos poemas del libro en donde el recuerdo aparece contrastado con la presencia de un nombre, el *Retiro,* familiar al urbanismo madrileño:

"Noches de abril y mayo, a primera hora, costeando la verja del Retiro, subías aquella calle silenciosa, por donde espaciadas a lo largo de una y otra acera formaban avenida las acacias."

("Aprendiendo olvido", 65)

Le siguen, en frecuencia de aparición, el magnolio —"símbolo de la vida"—, la palma o palmera, y el ciprés. Los tres se encuentran a menudo en el recinto cerrado —jardín protector de la infancia— del Alcázar de Sevilla:

"Luego estaba la escalera, junto a cuyos peldaños había dos altos *magnolios* (...)

"(...) y junto a la fuente el tronco de un *ciprés* cuya copa se hundía en el aire luminoso.

"(...) Entre las copas de las *palmeras,* más allá de las azoteas y galerías blancas (...)"

("Jardín antiguo", 39)

Otros árboles son el eucalipto ("El miedo", 25), los bananeros ("El huerto", 24), los álamos, castaños, olivos y emparrados ("La ciudad a distancia", 44), los limoneros de la antigua Universidad ("El destino", 57) y los chopos ("El amor", 75).

En *Ocnos₂*, los poemas escritos a partir de la contemplación del paisaje inglés, la naturaleza, concretamente la flora del libro, disminuye en variedad y color. Entre las flores encontramos algunas novedades con respecto al paisaje mediterráneo: el asfodelo ("El mirlo", 78; "La primavera", 86); el jacinto ("El mirlo, 78; "La primavera", 86); el azafrán ("El mirlo" y "La primavera"); las violetas ("El mirlo") y los tulipanes ("La primavera"). Flores, como se ve, más exóticas pero también más extrañas al ambiente del sur nativo de Cernuda. Entre los árboles o arbustos destacan solamente el brezal y los olmos. Estos últimos son —como dice el mismo Cernuda en *Historial de un libro*— los mismos que Felipe II llevó a Aranjuez y el poeta los contempla con nostalgia y cariño especial por traerles, sus ramas, las brisas del aire marino.

En *Ocnos₃* —Mount Holyoke y California— la naturaleza, aunque está casi ausente, vuelve a traernos la flora del sur mediterráneo.

Olivos, adelfas y palmas están presentes en un poema, "Maneras de vivir", en donde curiosamente el poeta se ve trasladado con la imaginación a un lugar desconocido del sur:

"(...) Tus afortunados escapaban al invierno para ir a climas soleados; periplo marino por costas del sur, entre ruinas de un litoral fabuloso sembrado de olivos, adelfas y palmas, donde aún quedan huellas de dioses."

("Maneras de vivir", 84)

Los eucaliptos y las palmeras aparecen en un poema, "Pregón tácito", escrito en México pero con el recuerdo puesto en los días felices de su estancia en California, en el apartamento alquilado de la *Ocean Avenue*. Son, en cierta manera, días parecidos a los de la costa malagueña de su infancia:

"(...) con su ventanal soleado abierto sobre la avenida marina, que palmas y eucaliptos sombreaban frente al mar."

("Pregón tácito", 102)

A continuación damos unos cuadros estadísticos de la flora de *Ocnos,* que pensamos serán interesantes a la hora de establecer conclusiones.

Flora de *Ocnos₁*

Flores y plantas	*Número de veces que se emplean*
Latania	2
Rosal	1
Geranio	1
Jazmín/jazminero	4
Helechos	1
Orquídeas	1
Chumberas	2
Adelfas	3
Azaleas	1
Mirtos	1
Moral	1

Dama de noche.	1
Jaramagos	1
Nardos.	1
Violetas	1
TOTAL de flores y plantas	22

Arboles y arbustos

Magnolio	3
Bananeras.	1
Eucaliptos	1
Palmas/palmeras	3
Acacias.	6
Ciprés	1
Alamos.	2
Olivos	2
Emparrado.	1
Limonero.	1
Chopos	1
TOTAL de árboles y arbustos.	22

Flora de *Ocnos*$_2$

Flores y plantas

Asfodelos.	2
Jacintos	2
Azafrán	2
Violeta	1
Tulipanes	1
TOTAL.	8

*Número de veces
que se emplean*

Arboles y arbustos

Olmos   2
Brezal   1

    TOTAL   3

Flora de *Ocnos*$_3$

Flores y plantas

Adelfas   1

    TOTAL   1

Arboles y arbustos

Olivos   1
Palmas   2
Eucaliptos   1

    TOTAL   4

La lectura de estas cifras nos llevan a la conclusión, como ya ha quedado de manifiesto a través del itinerario por la naturaleza del libro, que la flora es mucho más variada y abundante en los poemas del libro referido a su tierra andaluza.

1.2. Paisaje natural: la fauna

En principio hay que decir que la fauna de *Ocnos* presenta menos variedad y riqueza que la flora del libro. Aquí no es posible, por no ser pertinente, establecer una división según las ediciones del libro. Se diría que a lo largo de los países visitados por Cernuda la fauna es la misma que la del sur. Pensamos, no obstante, que ésta no es una cuestión relevante. Más importante es quizá el hecho del predominio de las aves y pájaros sobre los demás animales. El interés reside, a nuestro parecer, en el símbolo de libertad que representa el ave, habitante del cielo, o entre cielo y tierra. Sin duda estamos ante el mismo símbolo de trascendencia que para Cernuda tenía el árbol. A continuación damos un cuadro general de los animales y número de frecuencia de aparición en el libro. Las palabras que han servido de introducción al mismo sirven también de comentario de las cifras que en él aparecen.

Fauna de *Ocnos*

	Número de veces que se emplean
Aves y pájaros	
Golondrinas	3
Pavo real	1
Vencejos	1
Cuco	1
Mirlo	3
Palomas	1
TOTAL	10
Peces	
(como voz genérica)	1
Pejerreyes	1
TOTAL	2
Mamíferos cuadrúpedos	
Perro	2
Borriquillo	1
Caballos	1
TOTAL	4

Número de veces
que se emplean

Batracios

Rana.   1

Insectos

Cigarra.   1

Félidos

Pantera.   1

TOTAL de animales   29

1.3. **El agua en** *Ocnos*

. Hemos dejado este aspecto de la naturaleza de *Ocnos* en tercer y último lugar porque, además que no es clasificable en ninguno de los dos anteriores apartados, es lo suficientemente importante como para dedicarle un estudio, aunque sea breve, aparte. Hemos considerado todas y cada una de las formas en que aparece el agua en *Ocnos*. Además de los accidentes geográficos —río, costa, playa, etc.— hemos tenido en cuenta todo lo que contiene agua —fuente, surtidor, estanque, etc.— y, como es lógico, las distintas variedades de agua —mar, lluvia, etc.

En el siguiente cuadro estadístico pueden verse las veces que aparece el agua en la obra y bajo qué forma se muestra representada:

Agua

Número de veces
que se emplea

(Como nombre genérico)   18
Río.   15
Agua de lluvia   14
Mar   9
Fuente   4
Playa   3
Agua de la fuente   2

Agua	*Número de veces que se emplea*
Agua del estanque	1
Laguna	1
Alberca	1
Surtidor	1
Nieve	1
Costa	1
TOTAL	71

Del siguiente cuadro podemos deducir que el agua está presente en el paisaje de *Ocnos* con un porcentaje bastante alto: 0,9% por poema. Aparte del agua como nombre genérico, la forma del agua que más veces aparece repetida es río (18 veces). Este río es, en la mayoría de las ocasiones, el río Guadalquivir, que desde el destierro de Cernuda adquiere el valor simbólico de la patria del poeta.

Hoy, a partir de los estudios de Vicente Llorens, podemos reconstruir toda una hidrografía literaria del destierro. Desde el Danubio, para Garcilaso, hasta el Hudson, en Juan Ramón Jiménez, la poesía española del destierro ofrece un variado panorama fluvial acorde con la abundancia y dispersión de las emigraciones humanas (3). Hay ríos, como el Garona francés, que pueden servir de marco geográfico a todo un grupo de emigrados españoles que se conocen como los afrancesados. Entre estos destacaron Meléndez Valdés y Moratín. Sin embargo, la emigración del presente siglo es mucho más pobre, en hidrografía literaria, que la de siglos pasados. Y en relación a nuestros ríos, exaltados por los españoles emigrados, el Guadalquivir apenas cuenta. Se diría que el paisaje fluvial del Guadalquivir no cuenta para el desterrado de hoy nacido en sus riberas, al expresar su nostalgia por la tierra nativa.

Naturalmente esto no ocurre con Cernuda que en *Ocnos* dejó bien patente, aun sin nombrarlo, el amor por el río de Sevilla. El río Guadalquivir está presente en cualquier acto cotidiano de la vida del niño:

---

(3) LLORENS, Vicente: *La imagen de la patria en el destierro*, art. cit., págs. 33.

"Algunos días de fiesta religiosa (...) salía el niño por la mañana camino de la iglesia (...) había que atravesar el río, cuya densa luminosidad verde parecía metal fundido entre las márgenes arcillosas."

("Mañanas de verano", 33)

En el siguiente poema, el río aparece —una de las pocas referencias monumentales del libro— al lado del *Hospital de la Caridad*. El poeta va siguiendo por una de las orillas el rumbo norte del río, en donde contempla unos adolescentes bañándose:

"Ir al atardecer junto al río de agua luminosa y tranquila, cuando el sol se iba poniendo entre leves cirros morados que orlaban la línea pura del horizonte siguiendo con rumbo contrario al agua, pasada ya la blanca fachada hermosamente clásica de la Caridad, unos murallones ocultaban la estación, el humo, el ruido (...) luego, en soledad de nuevo, el río, era tan verde y misterioso como un espejo, copiando el cielo vasto, las acacias en flor, el declive arcilloso de las márgenes:

"Unas risas juveniles turbaban el silencio y allá en la orilla opuesta rasgaba el aire un relámpago seguido de un chapoteo del agua. Desnudos entre los troncos de la orilla, los cuerpos ágiles con un reflejo de bronce verde apenas oscurecido por el vello suave de la juventud, unos muchachos estaban bañándose (...)"

(OC. "La Catedral y el río", 37-38)

En otra ocasión el protagonista se aleja río abajo, camino de San Juan de Aznalfarache. Desde la distancia la ciudad, la vega y el río aparecen como en una pintura impresionista:

"Más allá, de la otra margen, estaba la ciudad, la aérea silueta de sus edificios claros que la luz velándolos en la distancia, fundía en un tono gris de plata (...)

"(...) Todo aparecía allá abajo: vega, río, ciudad, agitándose dulcemente como un cuerpo dormido (...)"

("La ciudad a distancia", 44)

El río se convierte en protagonista de la ciudad cuando en invierno se desbordan sus aguas con la lluvia:

"Noviembre y febrero son allá meses de lluvias torrenciales. En las calles cercanas al río preparaban las casas contra la inundación, ajustando unos tablones al dintel de la puerta (...)

"El agua lo cubría todo, y al fondo surgían de la laguna, los edificios extraños y exactos tras una delgada fila de árboles. Ulgunas gentes cruzaban confusas e inhábiles sobre fuentes recién construidas con tablas (...)"

("La riada", 46)

El mar ocupa también un lugar preferente en las descripciones paisajísticas de *Ocnos*. Cernuda no vio el mar hasta su primera salida de Sevilla, a la muerte de su madre, y quizá por esta circunstancia se siente atraído por él, en mayor medida que si ya lo conociera.

Hay un poema de *Ocnos*, "El mar", que deja de manifiesto la impresión que supuso para el poeta lo que bien pudo ser su primer encuentro con el mar:

"(...) De pronto apareció el mar abajo, en la hondanada, y sobre el mar una estrecha faja de tierra en cuyo extremo se alzaba una ciudad (...). El mar estaba de un azul oscuro y profundo y todo aparecía quieto (...)"

(OC., "El mar", 64)

Bien es cierto que el mar no alcanza en Cernuda la importancia que tiene para otros poetas de su generación, como Alberti y Aleixandre. El mar no adquiere en su obra poética, incluido *Ocnos,* un valor simbólico por sí mismo, sino que es el agua en general quien simboliza la vida. Pero también la fuente y el río. En cambio la nieve, como hemos dicho en otro lugar, es la muerte, porque sus aguas, el agua que antes fue, aparece estancada y quieta para siempre.

2. PAISAJE URBANO

Si bien es cierto que, como hemos indicado, Sevilla no se nombra en el libro, la ciudad está presente detrás de cada una de las evocaciones infantiles y juveniles del primer *Ocnos*. En sucesivas ediciones aparecerán también distintos pueblos y ciudades de España e Inglaterra, aunque también sin nombrarlas excepto en el caso de Alba. En primer lugar, dentro de la ciudad, veremos la casa del poeta en Sevilla. Luego las calles y plazas, y, finalmente, los monumentos y edificios singulares. Se dedica también un pequeño espacio a otras ciudades y pueblos que aparecen en la geografía urbanística del libro (*).

2.1. La casa

Todas las descripciones domésticas que aparecen en los poemas del libro pertenecen a la casa familiar de la primera edición del libro. Se dirá que el poeta, al abandonar su casa natal, ha perdido toda noción, por poca que fuera, del ambiente familiar y de lo que era un verdadero hogar. Algo de esto apunta Cernuda en un poema de *Ocnos₃*, "La casa", único del libro en el que aparecen ciertas referencias al hogar del poeta en el exilio:

"Desde siempre tuviste el deseo de la casa, tu casa, envolviéndote para el ocio y la tarea en una atmósfera amiga (...)

"Un día, cuando ya habías comenzado a rodar por el mundo, soñando tu casa, pero sin ella, un acontecer inesperado te deparó al fin la ocasión de tenerla. Y la fuiste levantando en torno de ti, sencilla, clara, propicia: la mesa, el diván, los libros, la lámpara (...)

"Pero era demasiado ligera, y tu vida demasiado azarosa, para durar mucho. Un día, otro día, desapareció tan inesperada como vino (...)"

(OC., "La casa", 99)

La casa familiar del poeta, en el primer *Ocnos*, no es una sola, sino tres. Los domicilios que habitó Cernuda en su etapa sevillana fueron, por este orden, el de la calle Conde de Tójar —hoy Acetres— número 6, donde nació. El del cuartel de Ingenieros del Prado, adonde se trasladó siendo todavía un niño y cuyas circunstancias ha dejado reflejada en *Ocnos:*

"Pisaba Albanio ya el umbral de la adolescencia, e iba a dejar la casa donde había nacido, y hasta entonces vivido, por otra en las afueras de la ciudad. Era una tarde de marzo tibia y luminosa (...)

(*) Estando corrigiendo pruebas me llega el libro de Julio M. de la Rosa, *Cernuda y Sevilla (Albanio en el Edén)*, Edisur, Sevilla, 1981, en el cual el autor hace una bella evocación literaria de la Sevilla infantil de L. Cernuda, a propósito de los poemas en prosa de *Ocnos*.

"Estaban aquellas tiendecillas en la plaza del Pan, a espaldas de la iglesia del Salvador..."

"Estaba en la habitación aún vacía que había de ser la suya en la casa nueva (...) Apoyado sobre el quicio de la ventana, nostálgico sin saber de qué, miró el campo largo rato."

("Belleza Oculta", 36)

El tercer y último domicilio de Cernuda en Sevilla fue el de la calle del Aire, adonde su familia se trasladó otra vez a vivir hacia 1918, es decir cuando el poeta tendría unos 16 años e iba a empezar sus estudios universitarios. Las dos casas del centro de Sevilla —calle Conde de Tójar y Aire—, que habitó Cernuda en sus años de infancia y juventud, eran dos amplias mansiones de estilo sevillano, correspondiente a la burguesía alta de la ciudad. La carrera y destino del padre —comandante de Ingenieros— así se lo permitía. La casa de "estilo sevillano" fue llamada así a partir de la obra de algunos regionalistas andaluces como J. M.ª Izquierdo, Isidro de las Cajigas o Alejandro Guichot. Estos quisieron hacer en la arquitectura la misma labor que venían realizando, con cierto éxito, en el campo de la literatura y el arte en general. Precisamente Guichot fue el teorizador, dentro del grupo andalucista, del "estilo sevillano", aunque el artífice, en la mayoría de las ocasiones, fuese el arquitecto Aníbal González. La llamada casa de estilo sevillano surge "a partir de ciertos elementos históricos: mudejarismo —gótico e islámico— y renacimiento —grecorromano y plateresco—" (4), a los que se unen algunos elementos constructivos propiamente locales, que derivan de una necesidad de adaptación al medio: patios, pórticos, espacios libres, etc. Esta casa, de origen mediterráneo, nacida en la romanización y "madurada en la época musulmana, constituía un tipo funcional que había superado la historia al margen de los estilos" (5). A partir de los estudios de Hazaña de la Rúa, cinco notas importantes caracterizan a la casa del regionalismo sevillano: la sobriedad en la fachada, la altura de la edificación, la azotea, el jardín y los patios (6).

Hemos distinguido en nuestro recorrido por la casa de *Ocnos* entre el interior y exterior de la misma. Dentro del interior hemos visto también el patio, dada la costumbre del sevillano a hacer la vida en este lugar de la casa, por lo menos en la estación estival. Hemos comprobado, por curiosidad, que estadísticamente las citas y poemas en los que aparece la calle —como nombre genérico— supera a la de las casas. La calle aparece en catorce ocasiones, frente a siete de los ambientes domésticos. En principio, interpretamos este dato como un deseo por parte del poeta de huir del ambiente pequeño burgués de su ciudad y su casa, tal como Cernuda lo describió en el poema "La familia" de *Como quien espera el Alba*:

> Era a la cabecera el padre adusto,
> La madre caprichosa estaba en frente,
> Con la hermana mayor imposible y desdichada,
> Y la menor más dulce, quizá no más dichosa,
> El hogar contigo mismo componiendo,
> La casa familiar, el nido de los hombres,

(4) VILLAR MOVELLÁN, Alberto: *Arquitectura del modernismo en Sevilla*, Publicaciones de la Diputación, 1973, pág. 129.

(5) VILLAR MOVELLÁN, Alberto: *Arquitectura del regionalismo en Sevilla*, Sevilla, Publicaciones de la Diputación, 1979, pág. 218.

(6) HAZAÑA Y LA RÚA, Joaquín: *Algunas consideraciones sobre la casa sevillana*, Sevilla, 1928, s/p.

Inconsistente y rígido, tal vidrio
Que todos quiebran, pero nadie dobla.

(PO. C., 295)

En el poema "La casa", de *Ocnos*, ya citado, no tiene escrúpulos en llamar extraños a sus propios familiares que con él han compartido la vida en sus primeros años:

"(...) ligera, silenciosa, sola, sin la presencia y el ruido ofensivos de esos extraños con los que tantas veces ha sido tu castigo compartir la vivienda y la vida."

("La casa", 99)

En el interior de la casa familiar, los elementos espaciales se reducen, casi exclusivamente, a los recuerdos del patio infantil. El patio equivale simbólicamente al jardín cerrado que veíamos en el paisaje natural del libro. El patio es también el paraíso primero, de donde el poeta aún no ha sido arrojado y en donde el tiempo, la noción del tiempo, no ha entrado todavía en la conciencia del niño:

"Recuerdo aquel rincón del patio en la casa natal, yo a solas y sentado en el primer peldaño de la escalera de mármol (...) Sonaba el agua al caer con un ritmo igual, adormecedor, y allá en el fondo del agua unos peces escarlata nadaban con inquieto movimiento (...) Disuelta en el ambiente había una languidez que lentamente iba invadiendo mi cuerpo.

"Allí, en el absoluto silencio estival, subrayado por el rumor del agua, los ojos abiertos a una clara penumbra que realzaba la vida misteriosa de las casas, he visto cómo las horas quedaban inmóviles, suspensas en el aire, tal la nube que oculta un dios, puras y aéreas, sin pasar."

("El tiempo", 28)

La casa familiar tiene, pues, su centro físico y su centro espiritual, al menos para el niño, en el patio. Este patio tiene alrededor sus galerías: "mientras el resplandor vago de la luz que se deslizaba allá arriba en la galería" ("La poesía", 19). De él arranca la escalera de mármol: "(...) el sonido del piano llenaba la casa, acogiéndome cuando yo llegaba al pie de la escalera de mármol (...)" ("La poesía", 19). Que conduce al salón y las habitaciones interiores: "En ocasiones,

"*Eran tres pregones.*
Uno cuando llegaba la primavera, alta ya la tarde, abiertos los balcones, hacia los
cuales la brisa traía un aroma áspero, duro y agudo, que casi cosquilleaba la nariz".

raramente, solía encenderse el *salón* al atardecer (...)" ("La poesía"), "Por los corredores ibas hacia la habitación a través de cuya pared él estudiaba (...)" ("El piano", 22).

En el centro del patio está la fuente, que como hemos dicho en otro lugar, representa la detención de la vida y del tiempo. El patio, la fuente y las plantas que trepan hasta los balcones interiores de la casa. Sobre el patio, tamizando la luz solar del mediodía sevillano, el toldo o la vela que protege la casa del calor estival:

"La vela estaba echada, sumiendo el ambiente en una fresca penumbra, y sobre la lona, por donde se filtraba tamizada la luz del mediodía (...) Subían hasta los balcones abiertos, por el hueco del patio, las hojas anchas de las latanias, de un verde oscuro y brillante, y abajo, en torno de la fuente, estaban agrupadas las matas floridas de adelfas y azaleas."

("El tiempo", 28)

"El Portón. Los arcos (...). Los muros blancos del convento"

El ajuar o mobiliario de la casa apenas se nombra y cuando aparece son objetos impersonales, como una mecedora, las persianas, visillos, y la vela que cubre el patio. Esta pobreza o impersonalidad de
los objetos domésticos es comprensible para la mirada de un niño
que, aunque nostálgica, no ha permanecido entre algo que no le pertenece. La prueba es que cuando en *Ocnos₃* habla de su casa, de la que
habría podido ser su casa, nombra más objetos personales que en
todos los primeros poemas del libro que pertenecen a su período
sevillano:

"Y la fuisteis levantando (la casa) en torno de ti, sencilla, clara,
propicia: la mesa, el diván, los libros, la lámpara (...)
"Sólo cuatro paredes, espacio reducido (...) *pero tuyo* y con lo
tuyo, aun a sabiendas que su abrigo pudiera resultar transitorio."

("La casa", 99)

En el exterior de la casa, la parte más visitada por el niño es la
azotea; se diría que reúne los mismos encantos que el patio y el jardín. Ciertamente en ella encontramos casi los mismos elementos arquitectónicos y la naturaleza amada de cualquier jardín o huerto de
Ocnos:

"En los largos atardeceres del verano subíamos a la azotea. Sobre
los ladrillos cubiertos de verdín, entre las barandas y paredones encalados, allá en un rincón, estaba el jazminero, con sus ramas oscuras
cubiertas de menudas corolas blancas, junto a la enredadera, que a esa
hora abría sus campanillas azules."

("Atardecer", 52)

En la fachada exterior de la casa, los balcones son los huecos que
se abren a la vida de la ciudad. Por ellos llegan los pregones cotidianos de los claveles, pejerreyes, alhucema y los aromas familiares de la
calle sevillana:

"Eran tres pregones

Uno cuando llegaba la primera, alta ya la tarde, abiertos los balcones, hacia los cuales la brisa traía un aroma, duro y agudo, que casi
cosquilleaba la nariz."

("Pregones", 29)

En fin, la puerta de la casa que en las tardes calurosas del verano apenas se deja entreabierta para que no entre el sol en el zaguán:

"La puerta entornada de la calle apenas dejaba penetrar en el za-guán un eco de la luz."

("Pregones", 29)

2.2. Calles y plazas

Las calles de *Ocnos* aparecen descritas con más frecuencia que la casa en los poemas del libro. Son calles poco frecuentadas y casi siempre aparecen recordadas en el verano, época en las que se las recubre del toldo protector, como a las casas:

"Qué aire inusitado cobraba todo. Era primero lo de ir y volver en horas cuando ya comenzaba a apretar el calor (...) Luego lo de ir por las calles matinales, entoldadas unas, otras descubiertas (...)"

("Mañanas de verano", 33)

Calles de los mercados ambulantes:

"Cuanta gracia tenían formas y colores en aquella atmósfera, que los esfumaba y suavizaba (...) Ya era el puesto de frutas (brevas, da-mascos, ciruelas), sobre las que imperaba la rotundidad verde oscuro de la sandía (...) O el puesto de cacharros de barro (búcaros, tallas, botellas) (...) O el de los dulces (dátiles, alfajores, yemas, turrones)".

("Mañanas de verano", 33)

O de los mercadillos orientales de la Plaza del Pan —antigua Pla-za de Atafonas (Atahonas) (7)— a espaldas de la iglesia del Salvador, donde bautizaron al propio poeta:

"Estaban aquellas tiendecillas en la plaza del Pan, a espaldas de la iglesia del Salvador (...) Eran unas covachas abiertas en el muro de la iglesia (...) Dentro, tras del mostrador, silencioso y solitario, aparecía un viejo pulcro, vestido de negro (...) o una mujer de blancura lunar, el pelo levantado en alto rodete y sobre él una peina (...) ¿Qué ven-dían aquellos mercaderes? Apenas si sobre el fondo oscuro de la tien-da brillaba en alguna vitrina (...) unos largos zarcillos de corales."

("Las tiendas", 61)

---

(7) Cfr. MONTOTO, Santiago: *Las calles de Sevilla*, Sevilla, Nueva Librería, 1940.

"*Al fondo (...) aparecía la luz del jardín, una luz cuyo dorado resplandor teñían de verde las hojas y el agua de un estanque*".

Las calles estrechas y enjalbegadas del barrio de Santa Cruz —aunque no se nombre— donde crece el magnolio, "imagen de la vida" para el niño:

"Se entraba a la calle por un arco. Era estrecha, tanto que quien iba por en medio de ella, al extender a los lados sus brazos, podía tocar ambos muros. Luego, tras una cancela, iba sesgada a perderse en el dédalo de otras callejas y plazoletas que componían aquel barrio antiguo (...)

"En un recodo de la calle estaba el balcón (...) y al lado suyo, sobre las tapias del jardín, brotaba cubriéndolo todo con sus ramas el inmenso magnolio."

("El magnolio", 45)

Curiosamente el parque de Sevilla no aparece pero sí lo hace, en la tercera edición del libro, un parque americano concretamente el *Golden Gate* de San Francisco, así como el *Retiro* madrileño en un poema de *Ocnos*[2].

2.3. Monumentos y edificios singulares

El monumento más nombrado en el libro es la Catedral. Aparte de las vistas parciales y totales desde la lejanía, en el poema "La catedral y el río" se hace una minuciosa descripción del interior del templo sevillano que coincide con un día de festividad religiosa en que actúan los seises:

"Ir al atardecer a la catedral, cuando la gran nave armoniosa, honda y resonante, se adormecía tendidos sus brazos en cruz (...) Todo estaba sumido en penumbra, aunque la luz, penetrando aún por las vidrieras, dejara suspendida allá en la altura su cálida aureola. Cayenda de la bóveda como una catarata, el gran retablo era sólo una confusión de oros perdidos en la sombra (...)

"Comenzaba el órgano a preludiar vagamente, atravesando la nave hasta llegar a la escalinata del altar mayor los oficiantes (...) precedidos de los monaguillos, niños de faz murillesca (...) Y tras ellos caminaban los seises, con su traje azul y plata, destocado el sombrerillo de plumas, que al llegar al altar colocarían sobre sus cabezas, iniciando entonces unos pasos de baile, entre seguidilla y minué (...)"

("La Catedral y el río", 37)

El edificio de la vieja Universidad también aparece citado en tres poemas diferentes. Así, se asocia con la sepultura de Bécquer, con J. M.ª Izquierdo y con la terminación de los estudios del propio Cernuda. Otros monumentos son el *Hospital de la Caridad, La Iglesia del Salvador* y la *Giralda,* que no se nombra sino en dos acertadas metáforas: "torre gris y ocre (...) esbelta como el cáliz de una flor" ("Jardín antiguo", 39), y "sobre ella aún la torre esbelta como una palma morena" ("La ciudad a distancia", 44). Años antes, Juan Ramón Jiménez, en *Diario de poeta y mar,* la había llamado "palmera de luz" (8).

Otros edificios que aparecen en el libro son el Ateneo ("José María Izquierdo") y un convento o compás desconocido ("Un compás") que bien pudiera ser el de Santa Inés, Santa Paula, Santa Clara o San Clemente (9). Un edificio singular que aparece en el libro es La venta o ventorrillo de "Eritaña", durante muchos años, según Chaves Nogales, "residencia del sevillanismo" y "leyenda de nuestro panderetismo" (10). Al parecer, para Cernuda, o mejor para el niño que aún era, la citada venta tenía las mismas connotaciones de lugar de fiestas fáciles y no siempre vista con agrado por la sociedad "bien" de Sevilla. Aunque es cierto que en esto jugaría la exageración de la austera familia del poeta. Quizá por esto, en el siguiente poema del libro identifica "Eritaña" con sus primeros recuerdos del placer que a él le estaba vedado:

"En las noches de primavera, alta ya la madrugada, venía a través del campo, desde Eritaña, el son de un organillo. La tonada efímera, en el silencio y la calma de la noche, adquiría voz, y hablaba de quienes a esa hora, en vez de dormir, vivían, velando por el placer de un momento."

("El placer", 42)

2.4. Otras ciudades y pueblos

Al ser *Ocnos,* principalmente, un libro de recuerdos infantiles y juveniles es obvio que la ciudad que está presente con más asiduidad

---

(8) JIMÉNEZ, J. R.: "Giralda", en *Diario de poeta y mar,* Buenos Aires, Losada, 3.ª edición, 1972, pág. 23, v. 8.

(9) Véase ROMERO Y MURUBE, J.: *Sevilla en los labios,* ed. citada., págs. 97-98.

(10) CHAVES NOGALES, Manuel: *La Ciudad,* Sevilla, P.U.S., 1977, pág. 70.

"Ir al atardecer junto al río de agua luminosa y tranquila..."

sea Sevilla. En ediciones posteriores, a su paso por otras ciudades y países menos queridos que su ciudad natal, Cernuda ya no escribía poemas con ambientes propicios a su natural mediterráneo, sino que eran más bien estados de ánimo tristes y siempre nostálgicos por su ciudad y el país que había dejado atrás con el exilio. Por eso, en muy pocos poemas del libro hay referencia a lugares que no sean Sevilla o la costa malagueña. Un pueblo que aparece es el de San Juan de Aznalfarache. Con ocasión de un viajecillo en barco a este lugar, Cernuda tiene la oportunidad de extender su vista y contemplar entusiasmado la panorámica de su ciudad a lo largo de la margen opuesta del río Guadalquivir:

"Más allá, de la otra margen, estaba la ciudad, la aérea silueta de sus edificios claros (...) Sobre las casas todas se erguía la catedral, y sobre ella aún la torre (...) Al pie de la ciudad brotaban desde el río las jarcias, las velas de los barcos anclados."

("La ciudad a distancia", 44)

"Siguiendo con rumbo contrario al agua, pasada ya la blanca fachada hermosamente clásica de la Caridad..."

En *Sevilla en los labios* de Romero Murube, libro por tantas razones paralelo a *Ocnos,* encontramos una visión en altura de Sevilla también desde el Aljarafe. En esta ocasión desde el pueblecito de Castilleja:

"Desde allí, podemos decir con expresión desmesurada, que es un jardín organizado sobre el aire de Sevilla. Se ve la ciudad debajo, compacta y diversa (...) Esta valoración de perspectiva en altura es dificilísima en Sevilla, y por eso la acusamos con deleite (...)

"(...) desde el Aljarafe, desde estos jardines de Castilleja de Guzmán, (...) lógrase una visión panorámica y un margen de posibilidades evocadores (...) difícilmente superable por ciudad alguna" (11).

Madrid, como ya hemos señalado, aparece representado a través del parque del *Retiro* ("Aprendiendo olvido"). Alba de Tormes en el poema "Santa" —donde visita el sepulcro de Teresa de Jesús, en el convento de las carmelitas— y Segovia, en "Ciudad de la meseta", donde tiene ocasión de hacer algunas reflexiones sobre el arte románico de la población castellana:

"(...) las lonjas, las calles, las plazas se sucedieron, exaltadas por un resplandor autónomo, que iba sutilizándose en la crestería de algún muro o la espadaña de algún tejado (...)

"(...) Y pensaba: al gótico le va lo gris, al barroco lo rojo, pero al románico lo amarillo (...)"

("Ciudad de la meseta", 69)

El mar del sur aparece en tres poemas, dos de ellos —"El estío" y "El amante"— casi con toda seguridad, pertenecen a sus recuerdos de la ciudad malagueña. En el tercero, sin embargo, se descubre la llegada a una ciudad que tiene todos los visos, a nuestro parecer, de ser la entrada en Cádiz, cuando, una vez pasado los montes de Jerez y con el Puerto de Santa María a la derecha, se vislumbra, al fondo, una estrecha faja de tierra, en donde se levanta la capital gaditana. Hay además una referencia culturalista al mítico continente de la Atlántida, que, como es sabido, muchos historiadores han situado por esos lugares. A continuación citamos el fragmento del poema más ilustrativo de lo que venimos diciendo:

---

(11) ROMERO Y MURUBE, J.: *Sevilla en los labios,* ed. cit., págs. 104-106.

"Al atardecer, en verano, iba el tren hacia la costa atlántica del sur
(...)

"Subía el tren un repecho, torcía luego en pronunciada curva. De
pronto apareció el mar abajo, en la hondonada, y sobre el mar, una
estrecha faja de tierra en cuyo extremo se alzaba una ciudad: minuciosa profusión blanca de torrecillas, de terrazas, cercadas por el
agua. ¿Era la ciudad sumergida de la leyenda brotando a aquella hora
silenciosa del seno marino? (...)"

("El Mar", 64)

Como se sabe, Cernuda visitó Cádiz y su provincia con las Misiones Pedagógicas, en el año 1934, en un programa de exposiciones
de arte del Museo Circulante.

De los poemas del libro que recogen su época de exiliado en Inglaterra aparece una ciudad que bien pudiera ser Londres:

"Esta ciudad ha sido cárcel tuya varios años (...) como la ciudad
es, fachadas rojas manchadas de hollín, repitiéndose disminuidas en

*"Entre las copas de las palmeras, más allá de las azoteas y galerías blancas que
coronaban el jardín, una torre gris y ocre se erguía esbelta como el cáliz de una flor".*

las perspectiva, cofre chino que dentro encerrara otro (...) así los seres que en ella habitan: monotonía, vulgaridad repelente en todo."

("Ciudad Caledonia", 76)

De su vida norteamericana conservamos los poemas "Pregón tácito" y "El parque" que son descripciones de la Ocean Avenue, en Los Ángeles, y el parque Golden Gate, en San Francisco respectivamente.

VI. Las Sensaciones

Porque en la vida no hay más realidades que éstas: un destello de sol, un aroma de rosa, el son de una voz; y aun así de vanas y efímeras son lo mejor del mundo para mí.

(L. CERNUDA, PR. C., 225-226)

En el presente capítulo entramos a considerar las sensaciones de la obra. No hace falta que insistamos aquí, como ya hicimos en el del paisaje, sobre la importancia de éstas para el conocimiento completo del libro de L. Cernuda. Las percepciones sensibles son el modo como el autor puede llegar más cerca de la realidad externa. A través de los sentidos es como el niño Albanio, en Sevilla, y luego el hombre, en Inglaterra y Norteamérica, se comunican con el mundo que le rodea. Naturalmente este mundo es más amable en su infancia y adolescencia, y por tanto el autor ha guardado mayores y mejores experiencias sensoriales de su etapa sevillana. En cambio, la realidad hostil del exilio no es propicia para establecer la comunicación afectiva a través de los sentidos.

Cuando el poeta empieza a escribir su libro, la Sevilla infantil está lejos y la única forma de avivar los recuerdos es a través de las sensaciones que de su ciudad ha conservado. Además no se debe olvidar que, como ha quedado de manifiesto en el análisis temático, muchas de las reflexiones vitales del libro —el tiempo, la muerte, el amor, Dios— han sido proporcionadas por las percepciones sensoriales.

En el análisis de las Sensaciones de *Ocnos* hemos establecido cinco grandes grupos, cada uno de ellos perteneciente a un órgano sensorial diferente. Así, hablaremos de sensaciones visuales, auditivas, olfativas, táctiles y gustativas. Y en cada una de ellas haremos las matizaciones y apartados necesarios.

Finalmente, queremos advertir que hemos preferido estudiar la sinestesia en el capítulo correspondiente al lenguaje poético del libro. Nos ha parecido que con ello nuestro estudio ganaría en precisión metodología, ya que en estas páginas estamos todavía situados a un nivel de significado de la obra, mientras que la sinestesia es un recurso expresivo más apropiado para ser estudiado a nivel formal.

1.1. Las Sensaciones visuales: El color

Partiremos en nuestro análisis, como en otras ocasiones, del siguiente cuadro estadístico de los colores de *Ocnos* y su frecuencia de aparición en la obra.

Colores	N.º de veces que aparece
Verde	24
Blanco	19
Azul	13
Dorado	12
Rojo	10
Negro	10
Gris	10
Amarillo	7
Rosa	6
Celeste	3
Escarlata	2
Morado	2
Rubio	2
Naranja	1
Plata	1
Turquesa	1
Ocre	1
Púrpura	1
Ambar	1
Glauco	1
Miel	1
TOTAL	**128**

Como se desprende de una primera ojeada al cuadro, los colores más repetidos en *Ocnos* son el verde y el blanco. Esto es lógico si tenemos en cuenta que la mayoría de las descripciones de paisajes —natural y urbano— se refieren a la flora y a las blancas casas andaluzas. No necesitamos insistir con más ejemplos sobre flores y plantas que ya hemos visto con profusión en el apartado dedicado al paisaje natural. Sin embargo, veamos ahora algunos de las casas, en donde destaca el blanco, no sólo en las fachadas sino en las azoteas y otras dependencias y materiales propios de la arquitectura sevillana:

"(...) A través de cuyo zaguán se entreveía en el patio anchuroso, entre la *blancura* del *mármol* (...)"

("El vicio", 35)

"Entre las copas de las palmeras, más allá de las *azoteas y galerías blancas* (...)"

("Jardín antiguo", 39)

"(...) Las *casas blancas* (...) quedaban abajo (...)"
("La ciudad a distancia", 44)

"(...) Caprichoso, con formas irregulares, se perfilaba el panorama de arcos, galerías y terrazas: *blanco* laberinto manchado aquí o allá de colores puros (...)"

("Atardecer", 52)

"Los arcos (...) Los *muros blancos* del convento (...)"
("Un compás", 55)

"(...) y sobre el mar una estrecha faja de tierra en cuyo extremo se alzaba una ciudad minuciosa *profusión blanca de torrecillas, de terrazas*"

("El mar", 64)

El color verde, además de ser el propio de las plantas, se usa para describir sensorialmente el río de Sevilla, aunque también se utiliza para adjetivar el color del río que pasa por Mount Holyoke. La mayoría de las veces, el agua toma este color del reflejo de los árboles que se encuentran en las márgenes. Veamos algunos ejemplos:

"(...) el río, cuya densa luminosidad *verde* parecía metal fundido entre las márgenes arcillosas"

("Mañanas de verano", 33)

"Luego, en soledad de nuevo, el río era tan *verde* y misterioso como un espejo (...)"

("La catedral y el río", 38)

"(...) Pero el agua está aquí, al pie de los árboles, toda de *verde* apacible gemelo al de las hojas (...)"

("Río", 77)

Por contrapartida, el mar de *Ocnos* casi siempre es azul. Igual que el cielo de la propia Sevilla "cuyo igual no encontraría después en parte alguna" ("Mañanas de verano", 33). Por cierto que en las visiones del cielo que aparecen en la obra, éste cobra un especial encanto según los momentos del día en que aparezca descrito. Veamos aquí tres puestas de sol en que juega con tres colores diferentes: azul, celeste y morado:

"A través de la ventanilla del coche iba viendo cómo el cielo palidecía, desde el *azul* intenso de la tarde al *celeste* desvaído del crepúsculo"

("El miedo", 25)

"El cielo maravillosamente *azulado* y elíseo pasaba poco a poco por todos los matices del caleidoscopio que era allí la puesta del sol, tiñendo al aire en visos inapresables e inexpresables"

("Pregón tácito", 102)

"Ir al atardecer junto al río de agua luminosa y tranquila, cuando el sol se iba poniendo entre leves cirros *morados* que orlaban la línea pura del horizonte"

("La Catedral y el río", 37-38)

Otros colores, aunque usados con menos profusión, tienen la virtud de trasladarnos geográficamente a otros lugares menos luminosos que los del paisaje andaluz del primer *Ocnos*. Así el gris aparece, junto con el negro, con bastante más asiduidad en poemas de *Ocnos$_2$* y *Ocnos$_3$*. Son aquellos que tienen por escenario los climas y ambientes del Norte. Veamos ahora algunos ejemplos:

"Marzo anochece *gris* entre los olmos desnudos (...)"

("El mirlo", 78)

"Ya estaba allí: la línea de rascacielos sobre el mar (...) todos emergiendo de un *gris* básico graduado desde el plomo al perla"

("La llegada", 95)

1.2. Sensaciones auditivas

En el repertorio de sensaciones del libro, llegamos ahora a las sensaciones auditivas que hemos clasificado en cinco grupos principales: sonidos musicales; voces humanas; sonidos de animales; sonidos de la naturaleza y sonidos de objetos o máquinas. En total hemos contabilizado 33 sonidos distintos, de acuerdo a la distribución que expresamos en el cuadro siguiente:

Sonidos musicales	*N.º de veces que aparecen*
Piano	2
Campanas	2
Organo	1
Castañuelas	1
Organillo	1
Guitarra	1
Cascabel	1
TOTAL	9

Voces humanas	
Voces de pregones	4
Voces juveniles	3
Voces femeninas	1
Voces de amantes	1
TOTAL	9

Sonidos de animales	
Perro	1
Rana	1

*N.º de veces
que aparecen*

Golondrina   1
Cigarras   1
Vencejos.   1
Mirlo   1

   TOTAL   6

Sonidos de la naturaleza

Lluvia.   2
Fuente   2
Relámpago   1

   TOTAL   5

Sonidos de objetos/máquinas

Tren   2
Toldo   1
Buque   1

   TOTAL   4

   TOTAL DE SENSACIONES AUDITIVAS   33

Como se desprende del cuadro anterior, los sonidos que más veces aparecen son los de personas e instrumentos musicales. No obstante, el escaso número de voces que aparecen en el libro nos habla de un hecho incuestionable: el mundo de *Ocnos* está prácticamente despoblado de seres humanos, aunque, como ya vimos, está relativamente bien poblado de flores y plantas. Entre las voces humanas no nos llama la atención el hecho de que la mayoría sean de jóvenes, cosa perfectamente lógica si recordamos que ya en el tema del amor hablábamos de la predilección de Cernuda por los cuerpos juveniles. Veamos algunos ejemplos de las voces juveniles, la mayoría voces alegres, que aparecen en el libro.

"Unas risas juveniles turbaban el silencio (...)"

("La Catedral y el río", 88)

"...) y quienes respondían a su interrogación eran las voces jóvenes, las risas vivas de los estudiantes (...)"

("El poeta")

"(...) Recuerdos de juveniles idas llenan su ámbito, y resuenen sus muros en el silencio (...)"

("El destino", 57)

Entre los sonidos de la naturaleza destaca el del agua, con algún otro fenómeno atmosférico como la lluvia. Entre los más frecuentes aparece la fuente. Los poemas en que aparece el sonido del agua de la fuente alcanzan el mismo grado de intimidad con la naturaleza que tiene la poesía de Antonio Machado.

"(...) entre las adelfas y limoneros, susurraba una fuente"

("El destino", 57)

"(...) No había otro rumor sino el del agua en la fuente, leve y sostenido, al que se sobreponía a veces el trino fugitivo de un bando de golondrinas"

("El destino", 57)

Hemos prestado también atención a los sonidos de máquinas y objetos. Entre los de máquinas destacan los producidos por el barco y el tren. Hay aquí cierto contraste entre el fondo apacible y bucólico de muchas descripciones y el brusco pitido de la máquina de vapor de un tren o un barco. Interpretamos estos últimos como el deseo inconsciente del niño por emprender algún día el viaje que, en cierta manera, lo aleje del ambiente cerrado y provinciano de su tierra. Algo de esto quiso expresar en el poema en prosa "El viaje":

"Y poco a poco, exacerbado el mal con la crisis del crecimiento juvenil, *la sirena de un buque* en el puerto o el silbato de un tren en el campo le herían como una puñalada, al provocar a su imaginación siempre dispuesta al periplo"

("El viaje", 49)

Claro es que quien así piensa es el niño. El hombre se arrepentirá de haber perdido no sólo su infancia sino su tierra nativa. El resultado de este arrepentimiento, la añoranza que lo produce, le lleva a escribir, como hemos apuntado en otras ocasiones, los poemas de *Ocnos*.

Por último, añadamos que, a veces, tan importantes son en el libro las sensaciones sonoras como la ausencia de ellas. Queremos decir que en ocasiones los silencios que se desprenden de ciertos ambientes y lugares se escuchan con tanto o más recogimiento poético que los propios sonidos de *Ocnos*. Veamos dos ejemplos que sirven para ilustrar lo que estamos diciendo:

"En la vaga luz crepuscular, en el silencio de aquel recatado rincón (...)"

("Un compás", 55)

"(...) El loco bullicio del patio principal, sólo con subir unos escalones y atravesar una galería, se trocaba allá en silencio y quietud"

("El destino", 57)

1.3. Sensaciones olfativas

Los olores son para Cernuda otro modo de permanecer en el recuerdo amado de su tierra. La evocación surge de las fragancias de las flores, de los perfumes o de cualquier olor que el niño haya aspirado en su tierra. Por ello, casi todas estas sensaciones se encuentran en los poemas del primer *Ocnos* relacionados con el ambiente de Sevilla. En el siguiente cuadro expresamos la naturaleza de estos olores y su frecuencia de aparición en la obra.

Olores de la naturaleza	N.º de veces que aparecen
Flores (genérico)	2
Hojas mojadas	1
Tierra	1
Huerto	1
Claveles	1
Dama de noche	1
Acacias	1
Aire	1
Violeta	1
TOTAL	10

Perfumes

	N.º de veces que aparecen
Ambar	2
Polvos de amor.	1
Opoponax	1
Sándalo	1
TOTAL.	5

Otros

Piel de Rusia.	1
TOTAL DE SENSACIONES OLFATIVAS	16

Destaca, como es lógico, el número de sensaciones olfativas que provienen de la naturaleza. En algunos poemas, como "El otoño" o "El huerto", la atmósfera se hace casi irrespirable:

"De las hojas mojadas, de la tierra húmeda, brotaba entonces un aroma delicioso, y el agua de la lluvia recogida en el hueco de tu mano tenía el sabor de aquel aroma, siendo tal la sustancia de donde aquel emanaba, oscuro y penetrante, como el de un pétalo ajado de magnolia."

("El otoño", 21)

"Hoy creo comprender lo que entonces no comprendía: cómo aquel reducido espacio del invernadero (...) era para mi imagen perfecta de un edén, sugerido en aroma, en penumbra y en agua (...)"

("El huerto", 24)

Entre los perfumes hay algunos tan raros y exóticos como el opopánax-opoponax para Cernuda—, el ámbar y el sándalo. Estos últimos, como es natural, aparecen relacionados con ambientes femeninos o con los vendedores del mercadillo oriental de la plaza del Pan:

"Era aquella atmósfera del bazar una atmósfera femenina (...) Quedaba flotando, impersonal e indivisible, como el aroma mismo de las pieles, los polvos del amor y el opoponax, hecho época él mismo, leyenda e historia."

("El bazar", 27)

"(...) Su atmósfera soñolienta aún parecía iluminarse a veces con el fulgor puro de los metales, y un aroma de sándalo o de ámbar flotar en ellas vagamente como un dejo rezagado."

("Las tiendas", 62)

1.4. Sensaciones táctiles

Hay muy pocas sensaciones táctiles en el libro. Y, aun éstas, son siempre producto del contacto con la naturaleza. Se diría que Cernuda odia el acercamiento no sólo espiritual sino físico a los pocos personajes que aparecen en la obra. Tan sólo hemos registrado cuatro sensaciones de este tipo en el libro y todas ellas del contacto con el aire o con la frialdad de la noche. Veámosla:

"(...) La piel sentía el roce del aire, apoyándose insistentemente sobre ella, denso y húmedo."

("El huerto", 24)

"(...) De codos en la barandilla, era grato sentir la caricia de la brisa."

("Atardecer", 52)

"(...) ¿Cuál era el sueño? ¿El sufrimiento interior o el goce exterior de la piel (...) al sentir la caricia del aire limpio (...)"

("Aprendiendo olvido", 65-66)

"Como llega a los huesos la frialdad húmeda de la noche."

("El parque", 92)

1.5. Sensaciones gustativas

Son aún menos frecuentes —tan sólo hemos encontrado dos— que las anteriores. Una de ellas se refiere —¿cómo no?— al contacto con la naturaleza, concretamente al sabor del agua de lluvia que recoge el niño en la palma de su mano:

"(...) y el agua de la lluvia recogida en el hueco de tu mano tenía el sabor de aquel aroma, siendo tal la sustancia de donde aquel emanaba, oscuro y penetrante (...)"

("El otoño", 21)

La otra hace alusión al sabor de los dulces que preparaban las monjas del convento de clausura —costumbre tradicional en Andalucía— en donde el niño iba a recoger los apreciados pastelillos:

"Por la galería, tras de llamar discretamente al torno del convento, sonaba una voz femenina, cascada como una esquila vieja: "Deo gratias", decía. "A Dios sean dadas", respondíamos. Y las yemas de huevo hilado, los polvorones de sidra o de batata, obra de anónimas abejas de toca y monjil, aparecían en blanca cajilla desde la misteriosa penumbra conventual, para regalo del paladar profano.

"En la vaga luz crepuscular, en el silencio de aquel recatado rincón, el exquisito alimento nada tenía de terreno y al morderlo parecía como si mordiéramos los labios de un ángel."

("Un compás", 55)

SEGUNDA PARTE:
El lenguaje
poético
de "Ocnos"

I. El Componente Fónico

"La lengua económicamente ideal sería aquella en la que cada una de las palabras, cada uno de los fonemas pudieran entrar en combinación con todos los demás, produciéndose cada vez un mensaje. Nuestro modo de hablar cotidiano está lejos de esto. La lengua del poeta (...) tiende hacia este ideal"

(A. MARTINET. *Elementos de
lingüística general*)

Al estudiar la lengua poética de *Ocnos* nos vamos a situar metodológicamente en cada uno de los tres grandes niveles del signo lingüístico: Forma, función y significación, o, lo que es lo mismo, estudiaremos los componentes fónicos, morfosintácticos y semánticos de la obra de Luis Cernuda. En primer lugar, empezaremos por el estudio de los recursos fónicos de la obra y, fundamentalmente, a este nivel, consideraremos el ritmo de la prosa. Es lógico pensar que no podemos ocuparnos aquí, por extenso, de todas y cada una de las teorías sobre el ritmo de la prosa y los problemas que su aplicación plantean. No obstante, es necesario decir que, para nuestro estudio, nos hemos servido, principalmente, de las aportaciones de Senabre (1), C. Cuevas (2) e I. Paraíso de Leal (3).

---

(1) SENABRE, Ricardo: *Lengua y estilo de Ortega y Gasset*, Salamanca, Universidad, 1964.

(2) CUEVAS, Cristóbal: *La prosa métrica. Teoría. Fray Bernardino de Laredo*, Granada, Universidad, 1972.

(3) PARAÍSO DE LEAL, Isabel: *Teoría del ritmo de la prosa*, Barcelona, Planeta, 1976.

1. EL RITMO DE LA PROSA DE "OCNOS"

En principio creemos que la motivación del escritor en verso es la misma que la del que crea poemas en prosa. Los dos intentan comunicarse emocionalmente con el lector, "a través de un lenguaje sintético, sinestésico y expresivo" (4). En este sentido disentimos de la Retórica, la cual creía que el poema en prosa no exploraba más que el aspecto fónico. Bien claro lo expone Samuel R. Levin cuando dice que es casi imposible trazar una línea divisoria precisa entre poesía y prosa: "Es posible que todos estemos de acuerdo en lo que se refiere a los casos extremos, pero en aquellos en que los dos géneros se aproximan, el límite habría de ser forzosamente vago o arbitrario, o ambas cosas a la vez" (5).

Isabel Paraíso cree que hay tres tipos diferentes de ritmos poéticos (en verso y prosa): El ritmo lingüístico, el versal y el de pensamiento. Coincidimos con ella cuando afirma que en la prosa poética se encuentran todos los ritmos constitutivos del verso, lo único que ocurre es que la diferencia entre una y otra categoría literaria estriba en el predominio de uno o varios tipos de ritmo sobre los demás. Según esto, hemos creído ver en la prosa de *Ocnos* dos tipos de esquemas que llamaremos A y B, de los cuales exponemos a continuación sus características diferenciadoras.

Tipo A: Poemas que evocan la infancia y adolescencia sevillana. Poesía disfrazada de prosa. El ritmo versal predomina sobre los otros dos. A este grupo pertenecen los 31 poemas de *Ocnos₁* más 5 de *Ocnos₂* y otros 3 de *Ocnos₃*.

Tipo B: Poemas de experiencias posteriores —por lo común desagradables— a su época sevillana. El ritmo lingüístico y el de pensamiento predominan sobre el versal. Dentro de este grupo están el resto de poemas de la edición definitiva del libro, o sea 14 de *Ocnos₂* y 12 de *Ocnos₃*.

La prosa de *Ocnos* participa pues de los tres esquemas rítmicos de la prosa poética:

Ritmo lingüístico en los tipos A y B.
Ritmo versal en el tipo A.
Ritmo de pensamiento en A y B.

---

(4) *Ibídem*, pág. 87.

(5) LEVIN, Samuel R.: *Estructuras lingüísticas en la poesía*, Madrid, Cátedra 1977, pág. 49.

De este esquema propuesto resulta que el ritmo distintivo o diferenciador es el versal. Pasemos a ver el ritmo prosístico de *Ocnos* —lingüístico, versal, de pensamiento— y sus realizaciones concretas, según la matización que hemos hecho arriba sobre los dos tipos de poemas del libro.

1.1. El ritmo lingüístico

Distinguimos tres conceptos distintos dentro de esta clase de ritmo: la oración, el grupo fónico y el acentual, de acuerdo al esquema que proponemos según uno de los poemas analizados.

Grupos acentuales   **Grupos fónicos: 12**

	1	En ocasiones,
	1	raramente,
	4	Solía/ encenderse/ el salón/ al atardecer/
O	4	Y el sonido/ del piano/ llenaba/ la casa,
R	2	acogiéndose/ cuando yo llegaba
A	3	al pie/ de la escalera/ de mármol
C	2	hueca/ y resonante,
I	4	mientras/ el resplandor/ vago/ de la luz
O	4	que se deslizaba/ allá/ arriba/ en la galería
N	3	me aparecía/ como un cuerpo/ impalpable,
	2	cálido/ y dorado,
	3	cuya alma/ fuese/ la música.

("La poesía, 19")

Así como la oración —unidad fonética y semántica inferior al párrafo, que puede comprender una ovarias frases— no se nos revela significativa a la hora de analizar el ritmo lingüístico de los poemas de *Ocnos*, sin embargo, sí que lo es el grupo fónico —porción de discurso comprendida entre dos pausas sucesivas de la articulación— y, por supuesto, el grupo acentual— unidad fonético-rítmica menor comprendida dentro de cada grupo fónico.

Los poemas de *Ocnos* que hemos catalogado dentro del tipo A, se caracterizan rítmicamente por tener un número par de grupos fónicos. Así, en más de un 90% de ocasiones, estos grupos fónicos oscilan entre 2, 4, 6, 8, 10 y 12. Con lo cual se cumple uno de los requisitos que Isabel Paraíso asigna al ritmo lingüístico dentro de la prosa poética: predominio de la simetría sobre el contraste.

Igualmente el grupo acentual se nos revela fundamental a la hora de establecer conclusiones del ritmo prosístico de *Ocnos*. Hay mayoría absoluta del número 2 y sus múltiplos —más del 80% de los casos—, como en los ejemplos que a continuación damos se observa claramente. A la izquierda de cada grupo fónico se encuentra el número de grupos acentuales:

2 ¿Era/la música?
2 ¿Era/lo inusitado?
2 Ambas/sensaciones,
2 la de la música/ y la de lo inusitado
4 Se unían/dejando/en mí/una huella
3 que el tiempo/no ha podido/borrar

("La poesía", 19)

2 La aparición/de una hoja
4 plegada aún/y apenas visible/su verde/traslúcido
4 junto al tallo/donde/ayer/no estaba
2 le llenaba/de asombro

("La naturaleza", 20)

2 Sentía/Como si él mismo
4 hubiese obrado/el milagro/de dar/vida
3 de despertar/sobre la tierra fundamental
1 tal un dios
2 la forma/antes dormida
2 en el sueño/de lo inexistente

(*Ibídem*)

2 De las hojas/mojadas
2 de la tierra/humeda
4 brotaba/entonces/ un aroma/delicioso

("El otoño", 21)

Así vemos que también en los grupos acentuales la simetría predomina sobre el contraste.

Igualmente los grupos acentuales son breves —casi ninguno pasa de cuatro— que es otro de los requisitos que señala Isabel Paraíso para el ritmo de la prosa poética.

1.2. El ritmo versal

Ya hemos dicho que esta clase de ritmo es sólo perceptible dentro del grupo de poemas que hemos denominado del tipo A. No quiere esto decir que en el resto de los poemas del libro no se pueda también establecer este esquema rítmico, pero sí que es más difícil y, en cualquier caso, en este grupo A, los poemas presentan unas características rítmicas en las que el esquema lingüístico se subordina al versal. Vamos a considerar tres ritmos, dentro del esquema versal que ahora estamos analizando: acentual, cuantitativo y el ritmo de timbre.

El ritmo cuantitativo consiste en la reiteración periódica de un esquema silábico determinado. En el verso tradicional este ritmo (...) tiene una extraordinaria importancia. En el verso libre esta importancia disminuye. Y en la prosa tiene escasísimo valor rítmico, si es que alguno tiene. Lo cual nos hace pensar que al darse este esquema de una forma reiterada en los poemas de *Ocnos*, que hemos considerado dentro del tipo A, estamos ante poesía en verso disfrazada de prosa. Observemos ahora un ejemplo en el que se observa la distinción entre ritmo lingüístico y ritmo versal cuantitativo.

Ritmo lingüístico:

"Entreví entonces la existencia
de una realidad diferente de la percibida a diario
y ya oscuramente sentía
como no bastaba a esa otra realidad
el ser diferente
sino que algo alado y divino
debía acompañarla y aureolarla,
tal el nimbo trémulo
que rodea un punto luminoso"

("La naturaleza", 20)

Ritmo cuantitativo:

"Entreví entonces la existencia
de una realidad diferente
de la percibida a diario
y ya oscuramente sentía
como no bastaba

a esa otra realidad
el ser diferente
sino que algo alado y divino
debía acompañarla"

Los esquemas silábicos que en más ocasiones se repiten —un 35%— son los octosílabos. Dentro del octosílabo se dan las tres variaciones rítmicas. La trocaica:

"qué cónsuéla dé lá vidá"

(*"La poesía"*, 19

"cón manó que él déséába"

(*"La naturaleza"*, 20)

"á médiadós dé séptiémbré"

(*"El otoño"*, 21)

El octosílabo de ritmo dactílico:

"désdé lo éxtraño y distanté"

(*"El otoño"*, 21)

Y el octosílabo mixto:

"La átmósféra dél véráno"

(*"El otoño"*, 21)

"prófundaménte átraído"

(*"El piano"*, 22)

"évocándóle ún pasádo"

(*"El piano"*, 22)

Al octosílabo le sigue en orden de frecuencia —un 25%— el heptasílabo, también con sus variedades rítmicas.

Heptasílabo trocaico (una sílaba en anacrusis; acentos en tercera y sexta):

"dél tiémpo ilimitádo"

(*"La eternidad"*, 23)

"Fráncisco él jardinéro"

(*"El huerto"*, 24)

Heptasílabo dactílico (con dos sílabas en anacrasis; acentos en tercera y sexta).

"para el patio de casa"

("El huerto", 24)

Y el heptasílabo mixto (acentos en 1.ª, 4.ª y 6.ª sílabas).

"durante largo rato"

("La naturaleza", 20)

"a una dulce costumbre"

("El otoño", 21)

El restante 60% se lo reparten aproximadamente en número igual hexasílabos, eneasílabos, decasílabos y endecasílabos.

Finalmente, dentro del ritmo versal que estamos estudiando y que aparece con más claridad y frecuencia en el tipo A de los poemas de *Ocnos*, observamos también el ritmo de timbre, que sería la rima en el verso tradicional. Aquí hablamos de similicadencia y es el menos frecuente dentro de los poemas de *Ocnos*. Se da con débil periodicidad y escasa frecuencia, pero existen algunos casos:

"(...) mientras el resplandor vago de la luz que se deslizaba allá arriba en la *galería*, me aparecía como un cuerpo impalpable (...)"

("La poesía", 19)

"(...) tal aquel resplandor vago que yo *veía* dibujarse en la oscuridad sacudiendo con su ala palpitante las notas cristalinas y puras de la melo*día*"

("La poesía", 19)

"(...) y adquiría una acui*dad*, a través de la *cual* (...)"

("El otoño", 21)

Estas similicadencias no dejan de ser, en ocasiones, sonidos cacofónicos:

"que ale*gría* cuando *veía* (...)"

("La naturaleza", 20)

1.3. El ritmo de pensamiento

Esta clase de ritmo se basa en la repetición, más o menos periódica, de una o varias frases, palabras o esquemas sintácticos. Sabemos que, en principio, puede resultar hasta cierto punto raro o fuera de lugar el que estudiemos este ritmo dentro del nivel fónico de la lengua poética de *Ocnos*. No obstante, nos hemos decidido a hacerlo así por guardar una cierta coherencia interna dentro de nuestro trabajo. De esta forma nos parecía metodológicamente más idóneo estudiar el ritmo de la prosa de una manera completa y exhaustiva. Por otra parte el ritmo o los ritmos sintácticos que aquí se analizan se hacen precisamente en su aspecto de esquemas lingüísticos, que contribuyen a la dimensión rítmica de la prosa del libro, sin entrar en otras consideraciones significativas del nivel morfosintáctico que quedarán para más adelante.

En otro orden de cosas, es preciso decir que este ritmo de pensamiento que ahora estudiamos, tiene gran importancia por conexionarse con la estructura de una obra. En relación con esto, hemos observado en el ritmo bimembre de los poemas del libro, que a continuación analizaremos y que están en mayoría absoluta con respecto a los demás, un reflejo de la tensión temática que se establecía, como se recordará, entre el tiempo como presente eterno y el tiempo limitado.

Pasemos pues a ver los tres grupos principales del ritmo de pensamiento: Bimembraciones, trimembraciones y plurimembraciones. Como es lógico suponer, este esquema rítmico afecta a los dos tipos de poemas en que hemos dividido la prosa del libro.

1.3.1. *Bimembraciones*

Las más abundantes son las que se forman entre categorías sintácticas semejantes:

Adjetivo + Adjetivo

"(...) ni su cuerpo *escamoso* y *viscoso* como de reptil"
("La mar", 87)

"Tu existir es demasiado *pobre* y *cambiante*"
("La casa", 99)

"Atrás quedaba tu tierra *sangrante y en ruinas*"
("Guerra y paz", 73)

O bien, sustantivo + sustantivo:

"Desde siempre tuviste el deseo de la casa... envolviéndote para el *ocio* y la *tarea*"
("La casa", 99)

"Te parecía volver a una dulce costumbre desde lo *extraño* y *distante*"
("El otoño", 21)

(...) Y ya oscuramente sentía cómo no bastaba a esa otra realidad el ser diferente, sino que algo alado y divino debía *acompañarla* y *aureolarla* (...)"
("La poesía", 19)

Hay también algunos casos, aunque menos que los anteriores, de bimembraciones entre categorías sintácticas diferentes. Citamos a continuación varios ejemplos de bimembraciones de sustantivo + adjetivo, dos a dos, en forma de quiasmo:

"Pediste *leche fría* y *pan tostado*"
("Guerra y paz", 73)

"De las *hojas mojadas*, de la *tierra húmeda*"
("El otoño", 21)

O también se da el mismo caso pero al revés, es decir: Adjetivo + Sustantivo:

"Sentado en medio de *aquella paz* y *aquel silencio* recuperador"
("Guerra y paz", 73)

1.3.2. *Trimembraciones*

La más corriente es la asindética:

"(...) y la fuiste levantando en torno de ti, *sencilla clara, propicia*"
("La casa", 99)

En el ejemplo siguiente hay una correlación muy significativa entre el primer grupo trimembre de sustantivos y el segundo, más abajo, de adjetivos. Así, a la representación de la familia, con sus tres miembros, le corresponde la imagen estéril de la nieve con sus tres adjetivos, en correspondencia perfecta con los anteriores sustantivos:

"Encanto le atribuye una ceremonia hogareña, cuando *padre, madre, prole*, como estampa iluminada, intercambian sonrisas y aguinaldos ante un pino muerto (...) mientras afuera al acecho les cerca la nieve; esta misma nieve *cruel, estéril, inapelable*"

("La nieve", 87)

Hay también trimembraciones polisindéticas:

"la última estación (...) era sólo un esqueleto *retorcido, sin cristales, sin muros*"

("Guerra y Paz", 73)

Y trimembraciones en enumeración completa:

"(...) el resplandor vago de la luz (...) me aparecía como un cuerpo *impalpable, cálido y dorado*"

("La poesía", 19)

"Y por la noche, ya en la cama, encogías tu cuerpo, sintiéndolo *joven, ligero y puro* en torno de tu alma (...)"

("El otoño", 21)

1.3.3. *Plurimembraciones*

Las más usuales, como en el caso de las anteriores trimembraciones, son las asindéticas:

"La nieve fue el agua, la sustancia maravillosamente fluida que aparece bajo tantas formas amadas: la *fuente*, el *río*, el *mar*, las *nubes*, la *lluvia*; todas *ágiles, movedizas, inquietas* (...)"

("La nieve", 87)

En el siguiente ejemplo, como en el anterior de la familia, las cuatro paredes de la casa alcanzan una correspondencia casi gráfica con los cuatro adjetivos, en ritmo plurimembre, que le siguen:

"Sólo *cuatro paredes,* espacio reducido como la cabina de un barco, pero tuyo y con lo tuyo, aun a sabiendas de que su abrigo pudiera resultar transitorio; *ligera, silenciosa, sola* (...) *alta"*

("La casa", 99)

Así pues, después de ver las tres clases de ritmo en el libro objeto de nuestro estudio podemos hacer algunas observaciones generales, acerca de los dos grupos de poemas en que dividíamos la obra, según el ritmo de la misma.

En primer lugar, el grupo de poemas denominado por nosotros del tipo A. Aquí vemos poemas de estructura breve —entre 30 y 35 grupos fónicos— que los acerca, de alguna manera, al poema en verso. Esta impresión se confirma al observar cómo el ritmo versal predomina sobre el lingüístico. Como decíamos, parecen poemas en verso disfrazados de prosa. Así vemos cómo los versos de ocho y siete sílabas forman parte del esquema acentual común a esta clase de poemas. Esto, por otra parte, no es nada extraño si pensamos en la obra en verso de Cernuda. El poeta sevillano es autor de muy escasa variedad métrica. La explicación de esta monotonía rítmica se debe al deseo de Cernuda por la permanencia en el tiempo —otra vez palabra clave, como en el estudio temático veíamos— de su obra poética. Usualmente se suelen distinguir tres etapas en la evolución de la estructura métrica de la poesía cernudiana. La primera comprende las dos primeras series —*Primeras poesías* y *Egloga, Elegía, Oda*— en donde el poeta no entra en conflicto con el mundo y se expresa a través de unas formas dadas. La segunda etapa —el resto de las series incluidas en la primera publicación de *La Realidad y el Deseo*—, en donde aparecen las formas innovadoras de marcado carácter surrealista. Y por último, en la tercera etapa, que se inicia con *Las Nubes*, es en donde, como ya señalamos, el poeta anhela la fijación en el tiempo y esto le lleva, entre otras direcciones, a un tipo de clasicismo métrico, en el que el verso de arte menor —casi siempre heptasílabos y octosílabos— forma parte de sus mejores poemas. Importa notar esta coincidencia del ritmo cuantitativo de su prosa poética —*Ocnos* comienza a escribirse poco tiempo después de ser terminada *Las Nubes*— con su poesía en verso. Si *Ocnos* es, fundamentalmente, una vuelta al pasado y un anhelo por permanecer en el tiempo de la infancia, no es extraño que los poemas de este grupo —todos en conexión con su infancia y adolescencia sevillana— denoten también en el aspecto formal —rítmico en este caso— este deseo de fijación en el tiempo. Tampoco es ajeno del todo a esto último, el que los poemas en prosa de este grupo sean más líricos que narrativos, y que el grado de subjetividad sea también mayor.

Por el contrario, los poemas del grupo que hemos denominado del tipo B tienen una estructura rítmica más amplia —casi la mayoría sobrepasan los cincuenta grupos fónicos—; el esquema versal, si es que existe, se hace difícil de percibir. La frase, el ritmo lingüístico, se sobrepone al verso. Es curioso cómo coincide también este esquema de los poemas en prosa de este grupo con la obra en verso, que el autor comienza a escribir por esta época. El propio Cernuda, en *Historial de un libro,* explica sus nuevas inquietudes por el ritmo poético con palabras que creemos ilustran también la directriz dada a su prosa poética de estos años:

"A partir de la lectura de Hölderlin había comenzado a usar en mis composiciones, de manera cada vez más evidente, el *enjambement,* o sea el deslizarse la frase de unos versos a otros (...) Eso me condujo poco a poco a un ritmo doble, a manera de contrapunto: el del verso y el de la frase (...).

"Este último (...) se iba imponiendo en algunas composiciones, de manera que, para oídos inexpertos podía prestar a aquéllas aire anómalo. En ciertos poemas míos (...) el verso queda como ensordecido *bajo el dominio del ritmo de la frase."*

(H. L., 927)

Por último hemos notado, en relación con lo anteriormente expuesto, que los poemas de este grupo se acercan más a la narración, y el tono lírico de los primeros poemas casi desaparece.

2. OTROS RECURSOS FONICOS

Además del ritmo de la prosa, nos quedan algunos recursos fónicos por analizar dentro del nivel fonológico que ahora estamos viendo. Fundamentalmente estos recursos son tres: Aliteración, onomatopeya y paronomasia. La similicadencia, que sería otra de las figuras formadas sobre los "fonemas expresivos", ya la vimos cuando estudiábamos el ritmo versal de la prosa del libro. La aliteración está presente en *Ocnos* para expresar, en la mayoría de las ocasiones, una acción, que repetida a diario, causa un sentimiento de monotonía en el narrador-protagonista:

"Como la ciudad es, fachadas rojas manchadas de hollín, repitiéndose disminuidas en la perspectiva, cofre chino que dentro encerrara otro, y éste otro, y éste otro, así los seres que en ella habitan: monotonía, vulgaridad repelente en todo."

("Ciudad caledonia", 76)

"Cuantos libros. Hileras de libros, galerías de libros, perspectivas de libros en este vasto cementerio del pensamiento."

("Biblioteca", 81)

Este tono de monotonía llega a convertirse en grito de desesperanza cuando toca a un tema tan vital como es el de Dios, de cuya importancia ya dimos cuenta en el apartado correspondiente de nuestro estudio:

"Fue un sueño más, porque Dios no existe. Me lo dijo la hoja seca caída, que un pie deshace al pasar. Me lo dijo el pájaro muerto, inerte sobre la tierra el ala rota y podrida. Me lo dijo la conciencia, que un día ha de perderse en la vastedad del no ser."

("Escrito en el agua", 107)

A veces, la contemplación de la naturaleza está realizada, a nivel expresivo, con una serie de fonemas reiterativos que ponen más en relieve la variedad multicolor de la misma:

"La línea de rascacielos sobre el mar, esbozo en matices de sutileza extraordinaria, un rosa, un lila, un violeta...

("La llegada", 95)

De la onomatopeya hay también algunos ejemplos en *Ocnos,* como el siguiente texto, en donde el fonema linguovelar, oclusivo, sordo [k] produce el efecto del repiqueteo del agua de lluvia sobre el suelo:

"Caían las primeras lluvias a mediados de septiembre, anunciándolas el trueno y el súbito nublarse del cielo, con un chocar acerado de aguas libres contra prisiones de cristal."

("El otoño", 21)

Igual sucede con el fonema linguoalveolar, vibrante, sonoro [r] en el siguiente ejemplo:

"La piel sentía el *r*oce del aire."

("El huerto", 24)

Finalmente, otro ejemplo con el sonido linguodental, oclusivo, sordo [t]:

"Por el camino de la venta (...) un *tintineo* de cascabel delataba el coche que venía."

("Sortilegio nocturno", 56)

Quisiéramos dar también dos ejemplos de lo que hemos llamado "onomatopeya metapoética", ya que en ella el autor no se limita a producir un sonido que sugiere acústicamente el objeto o la acción que significa, sino que además lo explica. Vamos a ver dos casos entresacados del texto de Cernuda:

"Surgía la voz del vendedor viejo, llenando el anochecer con su pregón ronco de *"¡Alhucemas fresca!", en el cual las vocales se cerraban, como el grito ululante de un búho.*"

("Pregones", 30)

Por último, también hay algún ejemplo de paronomasia en el texto de Cernuda:

"El cielo maravillosamente azulado y elíseo pasaba poco a poco por todos los matices del caleidoscopio que era allí la puesta de sol, tiñendo el aire en visos *inapresables* e *inexpresables*."

("Pregón tácito", 102)

II. Semántica y Morfosintaxis

"... No existe poesía sino en cuanto existe meditación del lenguaje y continua reinvención de dicho lenguaje, lo cual supone la ruptura de los cuadros fijos del lenguaje, de las reglas de la gramática y de las leyes del discurso."

(LOUIS ARAGON, *Los ojos de Elsa*)

1. EL COMPONENTE SEMANTICO Y LEXICOLOGICO

Una vez visto los componentes fónicos de la obra, entramos ahora en el análisis semántico de la misma. Previamente es obligado aclarar que a la voz "semántico" le damos, con Jean Cohen (1) un sentido más amplio que el meramente lexical y designamos también el significado gramatical del texto poético de Cernuda. En este sentido, nos ha parecido oportuno establecer dos niveles de análisis en el estudio del componente semántico de *Ocnos*. Así, en primer lugar, veremos el nivel funcional o propiamente semántico de la obra, en el que no solamente analizamos los significados, sino también estos significados en función del lugar que ocupan en la oración. En segundo lugar, y más brevemente, dedicaremos un apartado de nuestro estudio a ver solamente el aspecto formal o lexicológico del libro.

---

(1) COHEN, J.: *Estructura del lenguaje poético*, Madrid, Gredos, 1970, pág. 11.

En el nivel de estudio del lenguaje poético de *Ocnos,* en el que ahora entramos, hemos optado por un doble enfoque metodológico, en el cual tenemos en cuenta tanto las relaciones sintagmáticas como las paradigmáticas del texto literario. Como se sabe, según Jakobson, hay dos modos fundamentales de ordenar el comportamiento verbal: selección y combinación. Y, concretamente, la función poética es aquella que "proyecta el principio de equivalencia del eje de la selección sobre el eje de la combinación" (2).

Por otra parte, nos parece conveniente señalar aquí, aunque sólo sea brevemente, la idea, o conjunto de ideas básicas, en que nos hemos apoyado para el desarrollo de nuestro análisis. Desde que Roman Jakobson planteó el problema de la literariedad (3) y se sentaron las bases de una moderna e incipiente ciencia de la literatura, que se conocería, a partir de dicho momento, con el remozado nombre de Poética, muchas han sido las formas de abordar el hecho literario. Una de ellas, defendidas, entre otros, por Genette, Giraud, Spitzer, Bally y el mismo Cohen (4), ha sido la de considerar el lenguaje poético —y en ello residiría la literariedad— como una desviación de la norma gramatical, "siendo la desviación (...) la marca misma del hecho del estilo" (5). Actualmente —y por ello optamos— la crítica literaria, sin perder de vista este último punto, aborda el estudio del lenguaje poético no solamente como un hecho de desvío o de "extrañamiento" (6), que se produce con respecto a la lengua común, sino que considera a este lenguaje poético como un lenguaje distinto o especial, entre otras cosas por el hecho decisivo de su perdurabilidad. La poesía posee una propiedad que la caracteriza: la tendencia a reproducirse en su forma original, "la poesía nos estimula a recons-

---

(2) JAKOBSON, R.: "La lingüística y la poética", en T. A. Sebeok, editor, *Estilo del lenguaje,* Madrid, Cátedra, pág. 138.

(3) En la primavera de 1958, y ante el Congreso para tratar sobre el concepto de estilo en distintas materias, convocado por la Universidad de Indiana (EE. UU.), expone Ramón Jakobson su famosa comunicación "Lingüística y Poética".

(4) Cfr. MARGHESCON, Mircea: *El concepto de literariedad,* Madrid, Taurus, 1979, págs. 21 y sig.

(5) GENETTE, Gerard: *Figures II,* París, Seuil, 1970, pág. 13.

(6) Esta noción fue establecida por los fromalistas rusos y aceptada por los filósofos checos, como B. Havránek y J. Mukarovsky. Véase, *A Prague School Reader on Esthetics Literary Structure and Style,* Seleccionado y traducido por P. L. Garvin, Georgetown University Press, 1964.

truirla tal como fue creada" (7). En este sentido, F. Lázaro Carreter habla del lenguaje poético como del "mensaje literal" (8), o S. Levin se refiere a la inalterabilidad o perdurabilidad del lenguaje literario (9):

1.1. El nivel funcional: la semántica

Estudiaremos aquí las tres grandes funciones de las relaciones sintagmáticas, según las define J. Cohen, sin perder de vista, como hemos dicho arriba, el eje paradigmático de la función poética del texto. Estas tres funciones son:

— La predicación.
— La determinación.
— La coordinación.

1.1.1. *La predicación*

La primera función que consideramos es la predicación "por la cual un carácter, en sentido amplio, es atribuido a un sujeto a título de propiedad" (10). Situaremos nuestro análisis a nivel de epíteto y más concretamente del epíteto impertinente. Según Cohen, existe una ley general relativa a la combinación de las palabras en la frase. Esta ley exige que en toda frase predicativa el predicado sea pertinente en relación con el sujeto. A nivel predicativo, el texto poético de Cernuda infringe esta regla. El resultado de esta infracción es una serie de epítetos impertinentes que son los que veremos ahora.

1.1.1.1. *El epíteto impertinente*

Antes aclaremos que respecto a este punto existe una clasificación que divide a estos epítetos impertinentes en dos grupos, según el

---

(7) VALERY, Paul: *The art of poetry*, Traducción inglesa de Denise Folliot, New York, 1958, citado por S. Levin.

(8) LÁZARO CARRETER, Fernando: "El mensaje literal", en *Estudios de Lingüística*, Madrid, Crítica, 1980, págs. 148-171.

(9) LEVIN, S.: *Op. cit.*, pág. 89.

(10) COHEN, J.: *Op. cit.*, pág. 117.

grado de desviación semántica respecto a la norma gramatical. Así
podemos formar el siguiente esquema del epíteto impertinente:

Epítetos | Desviación de primer grado
impertinentes | Desviación de segundo grado

De la impertinencia de primer grado, la que recae solamente sobre una de las dos unidades de significación, podemos citar los siguientes ejemplos en *Ocnos:*

"(...) Entre el altar mayor y el coro, una alfombra de terciopelo
rojo y *sordo*"

("La Catedral y el río", 37)

La adjetivación que se le da a la alfombra, o mejor dicho al terciopelo de la misma, sería inexplicable si no fuera porque un poco más
arriba el poeta ha calificado a la nave de la catedral también con el
epíteto "resonante", por el eco que se produce en todos los grandes
templos cuando caminamos entre sus paredes. Por lo tanto, en este
caso, la desviación quedaría explicada por el contexto. Igual que en el
ejemplo siguiente, en donde la oscuridad de la luz, al entrar por alguna de las claraboyas que existen encima de las capillas:

"Y tras de las rejas, desde un lienzo oscuro como un sueño, emer-
gían en alguna capilla blanca formas enérgicas y estáticas."

("La Catedral y el río", 37)

En el siguiente ejemplo vemos también un caso de epíteto impertinente, cuando el poeta establece la relación semántica entre bronce
y el color verde. La explicación sin duda es que los cuerpos morenos
de los muchachos, a los que primero se les ha comparado con el
bronce, se les ve verde por el reflejo de los árboles y del ramaje de la
orilla del río:

"Desnudos entre los troncos de la orilla, los cuerpos ágiles con un
reflejo de *bronce verde* (...) unos muchachos estaban bañándose."

("La Catedral y el río", 38)

Otros ejemplos de epítetos impertinentes son:

"Una mañana de Otoño áureo y hondo."

("El maestro", 45)

En donde, sin duda, Otoño se relaciona semánticamente con el adjetivo áureo por el color dorado que adquiere el paisaje en esta estación del año.

"Y como nadie aparecía por el campo, me acercaba confiado a su tronco y los abrazaba para estrechar contra mi pecho un poco de su fresca y *verde juventud.*"

("El amor", 75)

La juventud no suele tener entre sus cualidades el ser verde, pero el epíteto queda aclarado si observamos que esa juventud es la de un árbol.

En el ejemplo que sigue hay un curioso cruce semántico de la flor —"mojada de rocío"— con el mirlo. Así se comprende mejor el epíteto "líquidas" que se predica del sustantivo "notas", que son las que emite el referido pájaro:

"Desde el aire trae a la tierra alguna semilla divina, un poco de luz mojada de rocío, con las cuales parece nutrir su existencia, no de pájaro, sino de flor, y a las cuales debe esas notas claras, líquidas, traspasando su garganta."

("El mirlo", 78)

1.1.1.2. *La metáfora*

Como se ve, hasta ahora, con la desviación de primer grado o epíteto impertinente, nos hemos movido en un plano sintagmático pero ya hemos dicho que, según Jakobson, "La función poética proyecta el principio de equivalencia del eje de la selección sobre el eje de la combinación" y, hasta ahora, sólo hemos visto el plano de la selección o sintagmático, nos falta, por tanto, completar este nivel de nuestro estudio con el plano de la combinación o paradigmático. Justamente a este nivel es donde podemos situar la metáfora.

A la metáfora, tradicionalmente considerada como una figura o "tropo" —cambio de sentido—, podemos representarla gráficamente con este esquema:

$$\text{Se} \longrightarrow \text{So}_1 \longrightarrow \text{So}_2$$

En donde el significante es Se, y el significado So.

Aunque la metonimia y la sinécdoque son también cambios de sentido, se ha extendido hoy el uso de conferir a la metáfora "el sentido genérico de cambio de sentido" (11). Quede claro que la *impertinencia,* anteriormente vista, y la metáfora, que estamos viendo ahora, son un proceso de violación gramatical que al mismo tiempo es inverso y complementario, de tal manera que la metáfora interviene para reducir la desviación creada por la impertinencia, de acuerdo con este esquema:

1. Planteamiento de la *desviación:* impertinencia.
   (Epíteto impertinente)
2. Reducción de la *desviación:* metáfora.

Ahora bien, ambas desviaciones son complementarias porque precisamente no se encuentran al mismo nivel lingüístico. Según aclara Cohen, siguiendo a Jakobson, "La impertinencia es una violación del código de la palabra y se sitúa en el plano sintagmático; la metáfora es una violación del código de la lengua y se sitúa en el plano paradigmático" (12).

El lenguaje poético del primer *Ocnos* es más rico en metáforas que los dos siguientes. La razón, a nuestro modo de ver, es sencilla. Como hemos repetido numerosas veces, la primera edición del libro recoge los poemas en los que el niño recupera su infancia sevillana. Se diría que a esta fase cronológica de la infancia del poeta, a esta infancia recuperada, corresponde un lenguaje también "infantil", a pesar de que la contemplación de la infancia se haga desde la madurez. Según creemos, el lenguaje infantil es rico en procesos metafóricos, ya que el niño por no saber expresarse de forma directa, recurre, sin saberlo, a cambios de sentidos, ejemplos descriptivos y distintas comparaciones que él cree expresan mejor su estado de ánimo o su contemplación primitiva y diferenciadora de la realidad. A este respecto son muy significativos los pasajes de *Ocnos* en los que el niño matiza y define la contemplación de una realidad que no es la cotidiana ni la usual para otras personas. Naturalmente que a esto se añade su temprana conciencia del instinto poético:

"Entreví entonces la existencia de una realidad diferente de la percibida a diario, y ya oscuramente sentía como no bastaba a esa otra realidad el ser diferente, sino que algo alado y divino debía

---

(11) *Ibídem,* pág. 113.
(12) *Ibídem.*

acompañarla y aureolarla, tal el nimbo trémulo que rodea un punto luminoso."

("La poesía", 19)

En este sentido, es curioso como el niño, con mentalidad primitiva, define este instinto poético, que en él está brotando, con cualidades mágicas; casi propias de un estado de conciencia golpeado por el resplandor de un momento místico:

"Así, en el sueño inconsciente del alma infantil, apareció ya el poder mágico que consuela de la vida, y desde entonces así lo veo flotar ante mis ojos tal aquel resplandor vago que yo veía dibujarse en la oscuridad, sacudiendo con su ala palpitante las notas cristalinas y puras de la melodía."

("La poesía", 19)

Y en otra ocasión, dice:

"El niño no atiende a los nombres sino a los actos, y en éstos al poder que los determina."

("El piano", 22)

Y todavía, en otro poema del libro, añade unas líneas muy significativas con respecto a este estado de gracia que hemos llamado *momento místico*, propio de la contemplación de la realidad del niño de *Ocnos*, que al mismo tiempo es poeta:

"Parecía como si sus sentidos y a través de ellos su cuerpo, fueran instrumento tenso y propicio para que el mundo pulsara su melodía rara vez percibida. Pero al *niño* no se le antojaba extraño, aunque sí desusado, aquel don precioso de sentirse en acorde con la vida y que por eso mismo ésta le desbordara, transportándole y transmutándole. Estaba boracho de vida, y no lo sabía; estaba vivo como pocos, como sólo el poeta puede y sabe estarlo."

("Mañanas de verano", 34)

Este sentimiento o experiencia mística, que ya el poeta presiente en su infancia, nos recuerda el conflicto de inefabilidad poética de Bécquer. A este respecto citamos un fragmento del poeta, tan significativamente titulado "Belleza oculta":

"El peso del tesoro que la naturaleza le confiaba era demasiado para su solo espíritu aún infantil, porque aquella riqueza parecía infundir en él una responsabilidad y un deber, y le asaltó el deseo de aliviarla con la comunicación de los otros. Mas luego un pudor extraño le retuvo, sellando sus labios, como si el precio de aquel don fuera la melancolía y aislamiento que lo acompañaba, condenándole a gozar y a sufrir en silencio la amarga y divina embriaguez incomunicable e inefable, que ahogaba su pecho y nublaba sus ojos de lágrimas."

("Belleza Oculta", 36)

Pero en ningún pasaje de *Ocnos* está mejor explicada esta experiencia mística, sentimiento pre-poético o metapoético, que empieza con la infancia, que en un poema titulado "El acorde", en donde el poeta da cuenta de este momento místico que da paso a la *otra realidad* y que a la larga, en la madurez, será el elemento que haga posible desplegar toda su capacidad de creación poética:

"Comenzó con la dolescencia, y nunca se produjo ni se produce de por sí, sino que necesitaba y necesita de un estímulo (...)

"mírale: de niño, sentado a solas y quieto, escuchando absorto; de grande, sentado a solas y quieto (..) Es que vive una experiencia, ¿cómo dirías?, de orden "místico". Ya sabemos, ya sabemos: la palabra es equívoca; pero ahí queda lanzada, por lo que valga, con su más y su menos.

"Es primero ¿un cambio de velocidad? No; no es eso. El curso normal en la conciencia del existir parece enfebrecerse, hasta vislumbrar, como presentimiento, no lo que ha de ocurrir, sino lo que debiera ocurrir. La vida se intensifica y, llena de sí misma, un punto más del cual no llegaría sin romperse.

"¿Como si se abriese una puerta? No, porque todo está abierto: un arco al espacio ilimitado, donde tiende sus alas la leyenda real. Por ahí se va, del mundo diario, al otro extraño y desusado. La circunstancia personal se une así al fenómeno cósmico, y la emoción al transporte de los elementos."

("El acorde", 103)

Toda esta introducción parece que no ha sido ociosa, porque nos revela el trasfondo poético que late detrás del lenguaje metafórico de *Ocnos*. Queremos decir que las metáforas del libro serán resultado práctico de toda una teoría de la creación poética, más o menos esbozada por Cernuda en los poemas del libro en que habla de su propia obra, y que hemos comentado más arriba.

Hecho este primer acercamiento al estudio de la metáfora del *Ocnos* de Cernuda, nos parece interesante, por los motivos que enseguida diremos, intentar una clasificación temática de la metáfora del libro que estamos estudiando. Como aclara Michel le Guern es útil una clasificación temática de las metáforas sobre todo en autores "cuya obra es un intento de aclarar ciertas nociones, o de cercar ciertas realidades" (13).

"Sonaba el agua de la fuente adormecida bajo su corona de hojas verdes."

("Pregones", 29)

"Entre las hojas brillantes y agudas del magnolio se posaban en primavera, con ese sutil misterio de lo virgen, los copos nevados de sus flores."

("El magnolio", 43)

"¿Era la ciudad sumergida de la leyenda brotando a aquella hora silenciosa del seno marino? ¿Era un copo de ninfea abierto al beso del aire crepuscular?"

("El mar", 64)

Naturalmente, la metáfora más propiamente sensorial está también presente —aparte de los casos de sinestesia que ahora veremos— en *Ocnos*. En dos ocasiones haciendo referencia a la música, metáfora ésta que cobra especial sentido si tenemos en cuenta todo lo que hemos dicho sobre la experiencia mística de la segunda realidad o realidad poética. Recordemos que a este momento místico Cernuda lo comparaba con "el acorde":

"Por los comedores ibas hacia la habitación a través de cuya pared él estudiaba, y allí solo y a oscuras (...) escuchabas aquellas frases lánguidas, de tan penetrante melancolía, que llamaban y hablaban a tu alma infantil (...)"

("El piano", 22)

---

(13) LE GUERN, Michel: *La metáfora y la metonimia*, Madrid, Cátedra, 1973, pág. 108.

"Parecía como si sus sentidos, y a través de ellos su cuerpo, fueran instrumento tenso y propicio para que el mundo pulsara su melodía rara vez percibida."

                              ("Mañanas de verano", 34)

En otro orden de cosas, aunque siguiendo con la metáfora, no es extraño que otro tema metafórico preferido por Cernuda sea el de la muerte. Ya hemos visto la importancia de este tema en el plano del contenido, veamos ahora de qué manera puede influir en el plano de la expresión. Para ello damos a continuación tres ejemplos característicos:

"La última estación, la estación al otro lado de la frontera, donde te separaste de ella era sólo un *esqueleto de metal* retorcido, sin cristales, sin muros, un esqueleto desenterrado al que la luz postrera del día abandonaba."

                              ("Guerra y paz", 73)

"Y allá en el fondo de tu ser, donde yacen instintos crueles, hallas que no sabrías condenar un sueño: la destrucción de este *amontonamiento de nichos administrativos.*"

                              ("Ciudad Caledonia", 76)

"Hileras de libros, galerías de libros, perspectivas de libros en este vasto *cementerio del pensamiento* (...) Porque también mueren los libros aunque nadie parezca apercibirse del olor (...) exhalado por tantos volúmenes corrompiéndose lentamente en sus nichos."

                              ("Biblioteca", 81)

1.1.1.3. *La sinestesia*

Entre la metáfora o lenguaje metafórico de *Ocnos* estudiamos ahora la sinestesia. Según la clasificación que hacíamos al principio del nivel predicativo, distinguíamos dos grados de desviación. Precisamente la sinestesia, con la metáfora, pertenece a la desviación de segundo grado.

Michel Le Guern también ve el problema de la sinestesia y la metáfora de forma similar al anterior, cuando dice que "a las categorías de la metáfora y del símbolo conviene (...) añadir la de la sinestesia, que se puede definir como la correspondencia apreciada entre las percepciones de los diferentes sentidos, con independencia del empleo de las facultades lingüísticas y lógicas" (14). Las sinestesias de *Ocnos* encajan perfectamente dentro del marco general en que hemos colocado al lenguaje metafórico del libro. El mundo natural de la infancia sevillana es recuperado a través de tres sensaciones preferentes: el olor, el sonido y el color. Veamos algunos ejemplos, los más característicos, en este orden que acabamos de señalar y que corresponde al mayor índice de frecuencia de aparición en la obra de Cernuda:

"El mar guardaba aún en su seno el calor del día, exhalándolo en un aliento, *cálido* y *amargo*."

("El amante", 68)

"(...) callejas en pendiente llevaban a plazuelas silenciosas, y tras ellas, al fin cercano en olor *denso* y *amargo* (...)"

("El mar", 64)

"Estaba en la habitación aún vacía que había de ser la suya en la casa nueva, y a través de la ventana abierta las ráfagas de la brisa le traían el *olor juvenil* y puro de la naturaleza."

("Belleza Oculta", 36)

Veamos ahora dos ejemplos de sinestesias acústicas:

"(...) Callejas en pendiente llevaban a plazuelas silenciosas, y tras ellas (...) brotó su *rumor hondo, largo, extraño*, como el de unas alas inmensas que chocaban en vuelo impotente."

("El mar", 64)

"La atmósfera del verano, densa hasta entonces, se aligeraba y adquiría una acuidad a través de la cual los *sonidos* eran casi *dolorosos*, punzando la carne como la espina de una flor."

("El otoño", 21)

Finalmente, algunos ejemplos de sinestesias del color:

"Qué alegría cuando veía las hojas romper al fin, y su *color tierno* (...)"

("La naturaleza", 20)

---

(14) *Ibídem*, pág. 55.

"Al salir afuera, sobre el repecho del terrado, surgía la vega dilatada, la tierra de *cálidos tonos* que oscurecían los sembrados (...)"

                                                  ("La ciudad a distancia", 44)

1.1.1.4. *El símil*

La razón de incluir el símil o comparación en este lugar de nuestro estudio es que pensamos que es un caso más de lenguaje metafórico ya que una vez más, como en los casos anteriores de la metáfora y sinestesia, se trata de una sustitución o transferencia de un plano real a un plano figurado. También para Michel Le Guern, al que más de una vez estamos trayendo a estas páginas como apoyo de nuestras afirmaciones, la similitud o símil "tiene de común con la metáfora el hacer intervenir una representación mental ajena al objeto de la información que motiva el enunciado" (15). Naturalmente, cuando Le Guern habla de representación mental se está refiriendo a la tradicional imagen. Justo a este nivel es donde se pueden situar, y de hecho se sitúan, la metáfora y el símil. Le Guern define la imagen —y con ello define también el símil—, desde un punto de vista estrictamente lingüístico, por el uso "de un lexema extraño a la isotopía del contexto inmediato" (16). Teniendo en cuenta este criterio y siguiendo, como en el caso de la metáfora, un sistema temático de clasificación de los símiles que aparecen en el libro destacamos las siguientes conclusiones.

En primer lugar, observamos una gran correspondiencia, como en el caso de la metáfora, entre el plano del significado de la obra con el de la expresión. O si se prefiere, entre la estructura profunda y la de superficie. A este respecto recuérdese que cuando tratábamos del entorno paisajístico que envuelve como un halo los poemas del libro y que, en ocasiones —"El huerto", "Pregones", "Mañanas de verano", "La Catedral y el río", "Jardín antiguo", etc.—, son suficiente motivo para inspirar algunos de los mismos, hablábamos del paisaje natural de la obra y dentro de él descubríamos tres niveles de realidad: la flora, la fauna y el agua. Pues bien, a estos tres niveles de realidad interna de la obra, corresponden, en la expresión, otros tantos niveles o grupos de símiles en los que, con lenguaje figurado, se juega con esas mismas realidades de la naturaleza sevillana.

---

(15) LE GUERN, M.: *Op. cit.*, págs. 61-62.
(16) *Ibídem*, pág. 62.

Quisiéramos también señalar un aspecto lingüístico de la comparación cernudiana, si bien no demasiado trascendente sí pertinente en este lugar de nuestro estudio, que nos parece reiterativo en su obra y particularmente en *Ocnos*. Nos referimos al uso del nexo "tal" que une los dos términos de la comparación. José Luis Cano, que ya advirtió hace tiempo esta peculiaridad del lenguaje poético de Cernuda, cree que el motivo que lleva al poeta sevillano a rechazar comparativos más usuales del tipo de *como* o *cual* es el "de conseguir un vocabulario poético personal" (17). Es curioso cómo Bécquer, uno de los poetas más queridos por Cernuda, es uno de los pocos poetas, anteriores al autor de *Ocnos*, en los que se puede documentar el empleo de "tal". Sin embargo, es más frecuente este uso en la poesía y en la prosa francesa y, a juicio de J. L. Cano, ha sido esta literatura y en especial la poesía simbolista quien ha podido influir más decisivamente en Cernuda en este aspecto externo de su obra.

Veamos ahora un primer grupo de símiles sobre la flora. Es de observar que al poeta le es particularmente predilecto comparar el cuerpo juvenil amado, así como los monumentos sevillanos más recordados de su infancia —en particular la Giralda—, con la flor o el árbol más característico del paisaje mediterráneo:

"Entre las copas de las palmeras, más allá de las azoteas y galerías blancas que coronaban el jardín, una torre gris y ocre se erguía esbelta *como el cáliz de una flor*."

("Jardín antiguo", 39)

"Sobre las cosas todas se erguía la catedral, y sobre ella aún la torre, esbelta *como una palma morena*."

("La ciudad a distancia", 44)

"Animada por los ojos oscuros, coronada por una lisa cabellera, qué encanto hallabas en aquella paz, irguiéndose sobre el cuello *tal sobre un tallo*, con presunción graciosa e inconsciente."

("El enamorado", 50)

A un segundo nivel se sitúan los símiles que tienen como segundo término de la comparación la fauna característica del libro, y que ya veíamos aparecer en otro lugar de nuestro estudio:

(17) CANO, J. L.: "Sobre el lenguaje poético de Cernuda", en *La poesía de la Generación del 27*, Madrid, Guadarrama, 2.ª edic., 1973, pág. 250.

"La aparición de una hoja (...) le llenaba de asombro, y con ojos atentos (...) quería sorprender su movimiento (...) *tal otros quieren sorprender en el vuelo como mueve las alas el pájaro.*"

("La naturaleza", 20)

"La voz de la madre decía: "Que descorran la vela", y tras aquel quejido agudo *(semejante al de las golondrinas cuando revolaban por el cielo azul sobre el patio) (...)*"

("El otoño", 21)

"Entonces surgía la voz del vendedor viejo, llenando el anochecer con su pregón ronco de "¡Alhucema fresca!", en el cual las vocales se cerraban, como el grito ululante de un búho."

("Pregones", 30)

Finalmente, otro grupo importante, dentro del ámbito de los símiles que tienen por objetivo la comparación con la naturaleza, es el agua. El agua, decíamos en otro lugar, tiene el valor simbólico para Cernuda de representar la vida. No sólo el mar como en otros poetas de la generación del 27, sino también la fuente y el río. Y al lado del agua, como otra forma intemporal de existencia, la nieve, que representa la muerte. Veamos algunos ejemplos característicos:

"(...) era la música fundamental, anterior y superior a quienes la descubren e interpretan, *como la fuente de quien el río y aun el mar sólo son formas tangibles y limitadas.*"

("El piano", 22)

"Algunos creyeron que la hermosura, por serlo, es eterna, y aun cuando no lo sea, *tal en una corriente el remanso nutrido por idéntica agua fugitiva,* ella y su contemplación son lo único que parece arrancarnos al tiempo durante un instante desmesurado."

("El enamorado", 51)

"Poco a poco la copa del cielo se iba llenando de un azul oscuro, por el que nadaban, *tal copos de nieve,* las estrellas."

("Atardecer", 52)

En la estructura de superficie del símil en *Ocnos,* también se reflejan otros núcleos temáticos de la estructura profunda de la obra. Así ocurre con el tema del amor y/o el deseo, que tiene su correspondencia en las comparaciones de este aspecto temático, ya visto en el lugar correspondiente de nuestro estudio. Observemos ahora algunos de los casos más sobresalientes de esta clase de símiles:

"Y de pronto tras de las puertas, desde la calle llena de sol, venía dejoso, *tal la queja que arranca el goce,* el grito de "¡los pejerreyes!"
("Pregones", 29)

"Y el perfume de la dama de noche, que comenzaba a despertar su denso aroma nocturno, llegaba turbador, *como el deseo que emana de un cuerpo joven,* próximo en la tiniebla estival."
("Atardecer", 52)

"Entrelazados, no en amor, qué importa, subterfugio desmesurado e inútil del deseo, sino *en el goce puro del animal,* cumplían el rito que les ordenaba la especie."
("Sortilegio nocturno", 56)

Igualmente, hay símiles en los que se refleja la presencia del aspecto religioso, casi siempre, como ya veíamos, desde un lado negativo y patológicamente justiciero de la divinidad cristiana:

"Quiero decir que a partir de tal edad nos vemos sujetos al tiempo y obligados a contar con él, *como si alguna colérica visión con espada centelleante nos arrojara del paraíso primero* (...)"
("El tiempo", 28)

No faltan algunos símiles en los que el objeto de la comparación se cifra en alusiones mitológicas tan queridas al aspecto pagano de la religiosidad de Cernuda:

"Aquella noche prendió en ti solo una chispa del fuego en el cual más tarde debías consumirte *para renacer igual que el fenix.*"
("El enamorado", 50)

"Estaba encima de un carro, descargando las doradas pacas de paja para los caballos, que impacientes allá dentro, albergados *como monstruos plutónicos* (...) herían con sus cascos las piedras y agitaban las cadenas que los ataban al pesebre."
("Sombras", 59)

"Su cuerpo agil y fuerte, de porte cadencioso, traía *a la memoria el Hermes de Praxíteles:* Un Hermes que sostuviera en su brazo cur-

vado contra la cintura, en vez del infante Dionisos, una enorme sandía, toda veteada de blanco la verde piel oscura."

("Sombras", 59)

También existe algún símil alusivo a las bellas artes, concretamente a la pintura. Esta comparación parece, ella misma, un lienzo de la
pintura barroca sevillana:

"Por el coro se adelantaban silenciosamente, atravesando la nave
hasta llegar a la escalinata del altar mayor, los oficiantes cubiertos de
pesadas dalmáticas, precedidos de los monaguillos, niños de faz murillesca, vestidos de rojo y blanco, que conducían ciriales encendidos."

("La Catedral y el río", 37)

Finalmente, nos gustaría fijarnos en un aspecto, sobre el cual llamamos ya la atención cuando hablábamos del entorno paisajístico de
la obra. Nos referimos a la ausencia del ser humano en el mundo
externo de *Ocnos*, que tiene su reflejo también en este nivel expresivo
del libro. Las comparaciones que tienen por objeto al ser humano
son vagas e impersonales como las siguientes:

"No tenían hijos, y cuidaban de su huerto y hablaban de él *tal si
fuera una criatura.*"

("El huerto", 24)

"(...) Y las cuales se destacan sobre el cartón de las cajas que por
mi santo o en día de reyes traían a casa los juguetes maravillosos
envueltos en papel de seda y finas virutas ensortijadas, *tal un bucle de
pelo rubio.*"

("El bazar", 27)

"El rumor inquieto del agua fingía *como unos pasos que se alejaran.*"

("Jardín antiguo", 39)

Otras veces, cuando el objeto de la comparación es el ser humano, éste se presenta muerto, aspecto que es muy significativo como
reflejo también de la estructura temática correspondiente:

"(...) *Igual que un ser en el instante que la muerte le llega,* susti-
tuyéndole dentro de aquel bulto ya extraño, adonde entonces no re-

conocemos al amigo hasta apartarnos de él con una desconfianza repentina que sucede al efecto antiguo, así con el agua cuando muere en nieve."

("La nieve", 87)

1.1.2. *La determinación*

Entramos ahora en el segundo gran nivel de las relaciones sintagmáticas que hemos distinguido en nuestro estudio del lenguaje poético de *Ocnos:* la función determinativa. Según Cohen, determinar es "precisar los términos o límites (...) distinguir un objeto en un conjunto, separarlo de los demás" (18). Se diferencia de la anterior función predicativa en que si el término predicativo aumentaba la comprensión del sujeto, el término determinativo sólo limita su extensión. Aunque la función determinativa se efectúa por medio de numerosos términos especialmente encargados de ello —indefinidos, demostrativos, posesivos, etc.—, nos ocuparemos en primer lugar, y como ya hicimos a nivel predicativo, del adjetivo epíteto.

1.1.2.1. *El epíteto redundante*

Si en el caso de la función predicativa hablábamos del epíteto impertinente como aquel que era incapaz de llenar su función predicativa y, por lo tanto, se desviaba así de la norma gramatical, en el caso que ahora nos ocupa hablaremos del epíteto *redundante* como aquel que también es incapaz de llenar su función determinativa. A continuación damos una serie de ejemplos en los que se dan varios casos de epítetos redundantes. Nos interesa hacer notar que aunque la determinación, como en el caso de la predicación, sea una relación que funciona en el sintagma no perdemos de vista la coordenada paradigmática. Veamos ya estos ejemplos de epítetos determinativos redundantes en los que sólo intervendremos cuando sea necesario aclarar o matizar algún aspecto:

"Así en el sueño *inconsciente* del alma infantil, apareció ya el poder mágico que consuela de la vida."

("La poesía", 19)

---

(18) COHEN, J.: *Op. cit.*, pág. 134.

"Caían las primeras lluvias a mediados de septiembre, anunciándolas el trueno y el súbito nublarse del cielo, con un chocar *acerado* de aguas libres contra prisiones de cristal."

("El otoño", 21)

Este ejemplo anterior, aunque sea dudosa su clasificación como epíteto determinativo redundante, lo hemos incluido, porque nos parece un singular ejemplo de la relación paradigmática, de lenguaje sustitutivo —o sea metafórico— del texto poético de Cernuda. En principio podría dudarse de si *acerado* es determinativo o predicativo. Nos inclinamos a verlo como determinativo ya que existe una analogía entre el color de acero del cielo con tormenta y el acero de las prisiones. La prisión en este caso es la casa del niño que se ve forzado a permanecer en su casa mientras llueve. El adjetivo epíteto diríamos que cumple aquí su función de determinar o precisar los límites del sustantivo. Pero es redundante —y por lo tanto no llena su normal función determinativa— porque es ocioso decir que el agua "de acero" —en función de la metáfora— choca, con un ruido acerado, en prisiones que, aunque desde el punto de vista onomasiológico sean de cristal, desde nuestra experiencia semasiológica son de acero, o por lo menos de color del acero.

El siguiente ejemplo se refiere también a la lluvia:

"(...) la lluvia entraba dentro de la casa, moviendo ligera sus pies de plata con rumor *rítmico* sobre las losas de mármol."

("El Otoño", 21)

No es extraño que la lluvia al caer, sobre todo en una suelo tan sonoro como el mármol, llegue a coger una especie de ritmo. Por lo tanto el ruido o rumor tiene que ser rítmico.

"Poseía cuando niño una *ciega* fe religiosa."

("La eternidad", 23)

La fe por ser fe, sobre todo con las connotaciones que este asunto religioso tiene para Cernuda, según hemos ya visto, ha de ser ciega. Aquí, el uso poético del adjetivo epíteto está, desde luego, casi ausente por el hecho de formar con el sustantivo una frase estereotipada, una frase hecha o modismo. Parecido sentido tiene el siguiente ejemplo, aunque aquí el epíteto redundante está lleno, todavía más que en el caso anterior, de connotaciones negativas en relación con el aspecto doloroso que la religión católica tiene para Cernuda:

"Aquellas páginas te revelaron un mundo donde la poesía, vivificándolo como la llama al leño, transmutaba lo real. Qué triste te apareció entonces tu propia religión."

("El poeta y los mitos", 31)

A continuación damos dos ejemplos de epítetos redundantes muy claros y, temáticamente, semejantes:

"Porque en aquella casa había de morir, tras unos días de no vérsele en parte alguna, con muerte definitiva; él, que como en una vida provisional, estaba acaso aguardando mejores tiempos."

("J. María Izquierdo", 53)

"(...) comprendes que estas viejas espectrales bien pudieran resultar seres de quienes la muerte se olvidó. Si no es que la sociedad tradicionalista y empírita, a la cual pertenecen, ha encontrado para ellas remedio definitivo contra la muerte *irremediable*."

("Las viejas", 83)

Existen, también, otra clase de epítetos redundantes que están en estrecha relación con las distintas plurimembraciones que veíamos en el ritmo prosístico de *Ocnos*. En aquel lugar de nuestro estudio observábamos cómo existe una estructura sintáctica, común en casi todos los poemas del libro, que responde a un ritmo característico. En la mayoría de las ocasiones este ritmo es binario pero también puede ser ternario o cuaternario. Nos atreveríamos a pensar que estamos ante lo que Samuel R. Levin ha denominado "apareamientos" o "couplings" (19), dentro de la estructura sintáctica del lenguaje poético. En este sentido el adjetivo epíteto redundante es justamente tal porque acompaña a uno o a dos adjetivos más para reincidir en una idea que ha expresado ya en el primero. Al igual que observamos en el ritmo del libro, existen apareamientos bimembres, trimembres y plurimembres —nunca más de cuatro adjetivos juntos. Veamos algu-

---

(19) LEVIN, S.: *Op. cit.*

nos ejemplos de epítetos redundantes que responden a este esquema que hemos explicado. Primero, apareamientos bimembres:

"(...) cuando yo llegaba al pie de la escalera *hueca y resonante*."
("La poesía", 19)

"Tú no discutías ésta [la religión católica] ni la ponías en duda, cosa difícil para un niño; mas en tus creencias *hondas y arraigadas* se insinuó, si no una objeción racional, el pensamiento de una alegría ausente."
("El poeta y los mitos", 31)

El uso de estos dos epítetos redundantes es significativo, ya que Cernuda quiere reforzar en la forma lo que es irreforzable en el fondo: su objeción racional ante el catolicismo.

Al poeta le asalta un presentimiento de desconfianza ante su propia fe, que se ve confirmado poco después en el mismo poema por otros dos epítetos redundantes:

"(...) Y a la nostalgia de una armonía espiritual y corpórea *rota y desterrada* siglos atrás de entre las gentes."
("El poeta y los mitos", 31)

Por lo que se refiere a los apareamientos trimembres de epítetos redundantes, se puede observar algún caso asindético:

"Aquellos seres cuya hermosura admiramos un día, ¿dónde están? *Caídos, manchados, vencidos* (...)"
("Sombras", 59)

O, también, en enumeración completa:

"(...) Camino del caserón de otros, bajo cuyo techo albergaba su sueño, iba *vencido, triste y oscuro* como nunca."
("J. M. Izquierdo", 53)

Finalmente, citaremos un caso de plurimembración —cuatro adjetivos seguidos— de epítetos redundantes:

"(...) y pensaba: al gótico le va lo gris, al barroco lo rojo, pero al románico lo amarillo; la piedra *rubia, melada, ambarina, áurea*."
("Ciudad de la meseta", 69)

1.1.2.2. *La determinación elíptica*

Quisiéramos hablar, finalmente, todavía a nivel de función determinativa, de un tipo de figura a la que hemos denominado "determinación elíptica", justamente porque pensamos que está directamente relacionada ·con la tradicional elipsis. Es una clase de figura, que Cohen hace derivar directamente de esa clase de unidades gramaticales —especialmente el pronombre personal, pero que nosotros extenderemos a demostrativos, posesivos, adverbios, verbos y nombres— a las que Jespersen llama *shifters* y que define así: "una clase de palabras cuyo sentido varía según la situación" (20).

A partir de los estudios de Jakobson sabemos que la comunicación supone la existencia de un mensaje y de un código que funcionan por separado. Pero dentro del propio mensaje pueden establecerse dos tipos principales de relaciones entre mensaje y código que resumimos así:

$$C / M \qquad y \qquad C / C$$

Siendo C el código y M el mensaje. Ambas relaciones emanan del código, yendo la primera en dirección del mensaje y la segunda del propio código. Así, por ejemplo, en el caso del pronombre personal, en el lenguaje hablado, no hay problema porque es la situación la que nos da la información del comunicante o el emisor que es quien profiere los sonidos. Pero la particularidad del lenguaje poético es que se halla fuera de situación y por ello es el propio mensaje quien debe dar la información referida.

Lo que ocurre es que el discurso poético infringe una ley de la estretagia del discurso normal hablado, que obliga a dar al oyente la totalidad de las informaciones referidas. Algunas veces el discurso hablado infringe también esta norma por economía, ya que el interlocutor puede suponer algunos datos de la situación. Lo mismo hace el lenguaje poético, aunque, como bien dice Cohen, "la situación se halla ausente" (21). Venimos con ello a otra clase de figura parecida a los anteriores epítetos impertinentes y redundantes. El desvío de la norma gramatical, y por lo tanto su inclusión en la esfera del lenguaje

---

(20) JESPERSEN, K.: *Language*, London, 1922, citado por Cohen, *op. cit.*, pág. 153.

(21) COHEN, J.: *Op. cit.*, pág. 155.

poético, consistía en que ninguno de los dos eran capaces de llenar su función predicativa y determinativa respectivamente. Lo mismo ocurre con esta clase de unidades gramaticales —*shifters* según Jespersen— que son incapaces de llenar su función determinativas.

Según esto y teniendo en cuenta la teoría de Jakobson, ya conocida, que establece un tipo fundamental de relación en el acto de la comunicación que va del código al mensaje (C/M), ordenaremos la determinación elíptica de *Ocnos* de acuerdo al siguiente esquema.

$$\text{Relación C / M} \begin{cases} \text{Sustantivos} \\ \text{Demostrativos} \\ \text{Posesivos} \end{cases}$$

En realidad, la figura que tradicionalmente se viene denominando elipsis es muy importante en *Ocnos*. Diríamos que todo el libro es una gran elipsis ya que, como en otras ocasiones hemos señalado, *Ocnos* —sobre todo la primera edición— es el gran libro de Sevilla a la que Cernuda describe amorosamente sin nombrarla. Baste recordar, a título general, el poema "La ciudad a distancia" en el que se ve una perspectiva de la ciudad hispalenses desde S. Juan de Aznalfarache. Recordemos sólo un fragmento en el que la ciudad, va pasando ante nuestros ojos, con sus conocidos monumentos, río e, incluso, luz y color de manera inequívoca:

"Más allá, de la otra margen, estaba la *ciudad,* la aérea silueta de sus edificios claros, que la luz, velándolos en la distancia, fundía en un tono gris de plata. Sobre las casas todas se erguía la *catedral,* y sobre ella aún *la torre,* esbelta como una palma morena. Al pie de la ciudad brotaban desde *el río* las jarcias, las velas de los barcos anclados."

("La ciudad a distancia", 44)

Por supuesto, no nos cabe ninguna duda de cuál es la ciudad y de dónde son esa catedral, la torre y el río. Pero Cernuda lo dejó así escrito y la característica poética del lenguaje de *Ocnos* radica, precisamente, en esta ambigüedad localizadora que presenta el texto a nivel determinativo, que es en el que ahora estamos situados. A partir de aquí caben un gran número de ejemplos en los que nos encontramos con parecidas situaciones del poema anterior. Empecemos con los sustantivos. Estos son, casi siempre, nombres de personas, monumentos, calles y lugares característicos de Sevilla, naturalmente elididos.

Veamos los nombres de personajes de la obra. Y en primer lugar el protagonista, al que generalmente se le determina, elípticamente, con el sustantivo *niño*:

"Le gustaba *al niño* ir siguiendo paciente (...)"

("La naturaleza", 19)

"*El niño* no atiende a los nombres sino a los actos (...)"

("El piano", 22)

"(...) al trote de las mulas del cohe, volvía *el niño* a la ciudad desde aquel pueblecillo."

("El miedo", 25)

O, también, con el de Albanio:

"Pisaba Albanio ya el umbral de la adolescencia (...)"

("Belleza oculta", 36)

"Aún sería Albanio muy niño cuando leyó a Bécquer por vez primera (...)"

("El poeta", 41)

La madre, Amparo Bidón, es otro de los nombres de personajes elididos que aparecen en la obra:

"La voz de *la madre* decía: "Que descorran la vela""

("El otoño", 21)

Y otros personajes entrañables en la infancia del niño, pero siempre sin nombrarlos:

"Pared frontera de tu casa vivía aquel *pianista*."

("El piano", 22)

Un lugar destacado ocupan los ejemplos de lugares, monumentos y rincones típicos de su Sevilla natal. El río Guadalquivir, al que no nombra, tiene una clara preferencia en este sentido:

"(...) Y en ocasiones hasta había que atravesar *el río,* cuya densa luminosidad verde parecía metal fundido entre las márgenes arcillosas."

("Mañanas de verano", 33)

"Ir al atardecer junto *al río* de agua luminosa y tranquila."

("La catedral y el río", 37)

Entre los monumentos destacan, como hemos visto anteriormente, la Catedral y la Giralda:

"Ir al atardecer a la *catedral* (...)"

("La catedral y el río", 37)

Repárese en que la catedral es un genérico, por eso la llama por su nombre.

"(...) Entre las copas de las palmeras, más allá de las azoteas y galerías blancas que coronaban el jardín, *una torre* gris y ocre se erguía esbelta (...)"

("Jardín antiguo", 39)

Y también las calles y barrios sevillanos. Como ejemplo citamos un fragmento en el que se habla, sin nombrarla, de una calle que muy posiblemente es, como cree J. M.ª Capote, la calle Monsalves (22), famosa entonces por sus casas de prostitución.

"Camino del colegio, por aquella calle de casas señoriales (...)"

("El vicio", 35)

Igual ocurre con los adjetivos demostrativos que designan sin designar. Los demostrativos, según Pierce, dentro de la situación, funcionan como "index". En el discurso escrito remiten a algo ya mencionado por el propio mensaje. En el poema faltan ambas referencias. Veamos algunos ejemplos de estas deícticos:

"Hay destinos humanos ligados con un lugar o con un paisaje. Allí en *aquel* jardín, sentado al borde de una fuente, soñaste un día la vida como embeleso inagotable."

("Jardín antiguo", 39)

---

(22) CAPOTE, J.M.ª: *Op. cit.,* pág. 18.

"(...) Luego, tras una cancela, iba sesgada a perderse en el dédalo de otras callejas y plazoletas que componían *aquel* barrio antiguo."

("El magnolio", 43)

"Noviembre y febrero son *allá* meses de lluvias torrenciales."

("La riada", 46)

Veamos ahora el mismo efecto poético de ambigüedad que consigue Cernuda con los adjetivos posesivos:

"Encanto de *tus* otoños infantiles, seducción de una época del año que es la *tuya* (...)"

("El otoño", 20)

"Pared frontera de tu casa vivía la familia de aquel pianista, quien (...) alguna vez regresaba por unas semanas a *su* país y a los *suyos*."

("El piano", 22)

Finalmente, con el uso de los tiempos verbales de *Ocnos* ocurre algo parecido a los casos anteriores. El tiempo pasado, que es el que usa Cernuda casi con exclusividad —todo *Ocnos₁* y los poemas de *Ocnos₂* y *Ocnos₃* que son recuperación de su infancia— en su obra, se refiere a un pasado que podría decirse, aunque suene paradójico, intemporal porque parece que dura desde siempre y durará eternamente, lo cual encaja perfectamente con el sentido de tiempo eterno que la existencia tiene para el niño Albanio. De esta forma, el pasado pierde la relatividad que le caracteriza. Damos a continuación sólo un caso de lo que venimos diciendo, aunque los ejemplos podrían ser numerosos:

"Le *gustaba* al niño ir siguiendo paciente, día tras día, el brotar oscuro de las plantas y de sus flores. La aparición de una hoja, plegada aún y apenas visible su verde traslúcido junto al tallo donde ayer no *estaba*, le *llenaba* de asombro, y con ojos atentos, durante largo rato, *quería* sorprender, en el vuelo, cómo mueve las alas el pájaro."

("La naturaleza", 20)

1.1.3. *La coordinación*

En realidad, la coordinación —que la gramática considera como aquella relación que une términos sintácticamente equivalentes— no es sino un aspecto de la predicación y las reglas válidas para la una lo son también para la otra. Ocurre que según Cohen, la coordinación no se realiza entre un término y otro sino entre dos términos y un sujeto implícito y pone el ejemplo de "el cielo está azul y el sol brilla" (23), frase que es el predicado de un sujeto implícito: el tiempo que hace. En este sentido, pensamos nosotros, no sólo serán coordinados dos miembros sintácticamente equivalentes, sino también aquellos que son semánticamente iguales o que deberían ser iguales hasta que surge la desviación.

De aquí se derivará una clase de figura que llamaremos coordinación inconsecuente, la cual es un tipo de desviación lingüística —como las anteriores— consistente en coordinar dos miembros sintácticos, equivalentes o no, e intentar guardar una relación de identidad semántica entre sí pero que por el hecho mismo de la desviación no logran mantenerlo. Veamos, en primer lugar, la inconsecuencia a nivel de miembros sintácticamente equivalentes, ya sea de verbos, sustantivos o adjetivos:

"(...) como si el precio de aquel don fuera la melancolía y aislamiento (...) condenándole a *gozar* y a *sufrir* en silencio la *amarga* y *divina* embriaguez (...)"

("Belleza oculta", 36)

"Entrelazados, no en amor, qué importa el amor, subterfugio desmesurado e inútil del deseo, sino en el goce puro del animal, cumplían el rito que les ordenaba la especie, de la cual eran los dos juguete *emancipado* y *sometido* a un tiempo."

("Sortilegio nocturno", 56)

"Así viste la ciudad y así la amaste, Sede *militante y ociosa*"
("Ciudad de la meseta", 69)

Si, como dice Cohen, la coordinación no es sino un aspecto de la predicación, pensamos que dentro de ella cabe considerar todavía la inconsecuencia que tiene lugar entre términos que no son sintácticamente equivalentes, por ejemplo entre un sustantivo y su adjetivo. Es obvio que aquí no puede existir la conjunción correspondiente, pues, en todo caso, se trata de lo que podríamos llamar coordinación in-

---

(23) Citado por Cohen, *op. cit.*, pág. 163.

consecuente "semantizada". Sería lago parecido a lo que J. González Muela denomina "adjetivos metonímicos" (24). Se parecería también al epíteto impertinente, pero en éste vemos que la impertinencia no recae más que sobre una de las dos unidades de significación, mientras que en el caso que ahora estamos analizando recae sobre los dos.

Veamos algunos casos del texto poético de Cernuda. Hemos considerado dos grupos, en el primero colocamos todos aquellos ejemplos de la inconsecuencia semantizada —entre sustantivo y adjetivo— que llamaríamos normal y, en el segundo, aquellos casos que la retórica tradicional denomina como *personificatio*. Entre los primeros destacan los siguientes:

> "(...) quería sorprender su movimiento, su *crecimiento invisible*"
> ("La naturaleza", 20)

> "Al fondo del huerto estaba el invernadero, túnel de *cristales ciegos*"
> ("El huerto", 24)

> "Mas la *eterna* maravilla de la juventud sigue en pie"
> ("Sombras", 59)

Veamos ahora los casos que la retórica tradicional llamaría "personificaciones" o "antropomorfismos":

> "Tomar un renuevo tierno de la *planta adulta*"
> ("La naturaleza", 20)

> "A veces hasta bajaban la voz al señalar una *planta enfermiza*"
> ("El huerto", 24)

> "Disuelto en el aire había flotado el *aroma* del clavel *anónimo*"
> ("Pregones", 29)

1.2. El nivel formal: la lexicología

Nos ha parecido adecuado dedicar un lugar propio, situados aún dentro del componente semántico-lexicológico, a estudiar lo que llamamos el nivel lexicológico de *Ocnos*, o sea, si en el apartado ante-

---

(24) GONZÁLEZ MUELA, J.: *Gramática de la poesía*, Barcelona, Planeta, 1976, pág. 56.

rior, en el estudio semántico, veíamos lo que sería la *función,* ahora
vemos la *forma,* lo que podríamos llamar, con palabras de la gramática tradicional, el vocabulario de la obra. Pensamos que el vocabulario
de Cernuda en *Ocnos* es clásico, entendiendo por clásico el que es
poco innovador. Apenas hemos contabilizado ningún neologismo.
Más bien tiende, como enseguida demostraremos, a ser un léxico de
tipo tradicional y culto.

Es bien cierto que el lenguaje de Cernuda debe tanto a la origina-
lidad como a la tradición. Si desde *Un río, un amor,* hasta *Donde
habite el olvido* nos encontramos con el Cernuda innovador y surrealista, ésta última obra y, sobre todo, *Las nubes* van a marcar la
frontera, a partir de la cual va a empezar a fecundar, en el poeta
sevillano, la semilla de la literatura clásica española e inminentemente
anterior al modernismo —Bécquer sobre todo. Por lo tanto, *Ocnos,*
cuya primera edición aparece en 1942, es un libro que pertenece, en el
aspecto lingüístico, a esta segunda etapa poco innovadora en lo formal, como ya vimos en el esquema versal del ritmo de la obra.

1.2.1. *El lenguaje culto*

En esta dirección de lenguaje culto, que al principio hemos señalado, apunta el léxico de la obra. Veamos una serie de ejemplos con
los sustantivos, adjetivos y verbos del libro. Primero los sustantivos:

nimbo ("La poesía", 19).
cortejo ("El escándalo", 32).
séquito ("El escándalo", 32).
pulla ("El escándalo", 32).
márgenes (del río) ("Mañanas de verano", 33).
cirros ("La Catedral y el río", 37).
embeleso ("Jardín antiguo", 39; "La música, 63). A juicio de J. L.
Cano, éste es uno de los sustantivos predilectos de Cernuda, Cano
cree que el poeta lo prefiere por "una tendencia a reivindicar ciertas
voces románticas, adaptándolas a la expresión de una sensibilidad ya
enteramente moderna" (25).

estela (de agua) ("La ciudad a distancia", 41).
viso (de oro) ("La ciudad a distancia", 41).

---

(25) CANO, J. L.: "Sobre el lenguaje poético de Cernuda", *Art. cit.,* pág. 247.

goznes ("Un compás", 55).
bullicio ("Las tiendas", 62).
lúnula ("El mar", 64).
liznagas ("El estío", 67).
vísceras ("Santa", 70).
esquifes ("Río", 77).
arquero (en lugar de remero) ("Río", 77).
glóbulos ("el verano florecía de glóbulos morados") ("El brezal", 79).

En ocasiones, estos sustantivos de tipo culto se convierten en verdaderos tecnicismos. Por ejemplo, en el poema "Ciudad de la meseta", el autor nos inunda materialmente de términos arquitectónicos:

"(...) en la *crestería* de algún muro o la *espadaña* de algún tejado (...)

"(...) a solas con la historia, encastillada en su *espolón*, por cuyos *aleros* volados (...)"

("Ciudad de la meseta", 69)

Veamos ahora los adjetivos que usa Cernuda, también dentro de esta consideración de lenguaje culto:
traslúcido ("La naturaleza", 20; "La ciudad a distancia", 44).
biseladas ("El bazar", 27).
irisados ("El bazar", 27; "Pregones", 29; "La ciudad a distancia", 44).
tamizada ("El tiempo", 28).
lívida ("Pregones", 30).
nebulosa ("Pregones", 30).
cimbreante ("El escándalo", 32).
aúrea ("Belleza oculta", 36; "El maestro", 45).
inefable ("Belleza oculta", 36).
lóbrego ("El maestro", 45).
hojosa ("Sortilegio nocturno", 56).
límpidas ("Sortilegio nocturno", 56).
holladas ("Aprendiendo olvido", 65).
prístina ("Ciudad de la meseta", 69).
acecinados ("Santa", 70).
lúgubre ("Santa", 70).

ahíta ("La tormenta", 71).
glauca ("Pantera", 74).
(perro) valetudinario ("El parque", 91).
eliseo ("Pregón tácito", 102).

Finalmente, algunos verbos de los que damos la forma de infinitivo:

transportar ("Mañanas de verano", 34).
transmutar ("Mañanas de verano", 34).
orlar ("La Catedral y el río", 38).
traslucir ("El maestro", 45).
inquirir ("Ciudad de la meseta", 69).
adumbrar ("Las campanas", 93).

1.2.2. *El lenguaje popular*

Apenas existe. Se diría que únicamente cuando la lengua del libro se acerca más a un léxico que, con todas las matizaciones precisas, pudiéramos llamar andaluz, es cuando ésta se nos parece más a lo popular. De este tipo son algunos sustantivos como: "postigos", "persianas", "alhucemas" ("Pregones", 29).

1.2.3. *Formación de palabras: los diminutivos*

Muy pocos también y sin apenas relieve. Veamos algunos ejemplos:

llamilla ("Pregones", 30).
gorrilla ("El escándalo", 32).
borriquillo ("El vicio", 35).
pañolillo ("El vicio", 35).
musiquilla ("El placer", 42).
puertecilla ("El magnolio", 43).
cajilla ("Un compás", 55).
cafetín ("El estío", 67).
golfillos ("El estío", 67).
carritos ("Pregón tácito", 102).

1.2.4. *Préstamos de otras lenguas*

Destacan aquí algunas frases hechas, expresiones usuales o citas en los idiomas que el mismo Cernuda aprendió y se vio obligado a usar en su largo exilio por cuatro países. En algunos casos, como se verá, se trata de auténticas literalizaciones.

Del inglés encontramos las siguientes expresiones:

"apenas si quedaba espacio para los mueblecillos *modern style*"
("El bazar", 27)

"Nadie entre nosotros hubiera sido capaz de aquel deseo de conocimiento hermoso que, en Fausto, al contemplar la faz de Helena, símbolo admirable de Grecia, su patria, se preguntaba: *Was this the face that launched a thousand ships / And burnt the topless towers of Ilium?*"
("Helena", 98)

También del italiano:

"Algunos creyeron que la hermosura, por serlo, es eterna *(Como dal fuoco il caldo, esser diviso - Non puo'l bel dall'eterno)*"
("El enamorado", 51)

Y, finalmente, del francés:

"(...) allí reveló la música a mi sentido su *pure delice sans chemin* (Como dice el verso de Mallarmé, a quien yo leía por entonces)"
("La música", 63)

2. LA MORFOSINTAXIS

Aunque a lo largo de los niveles anteriores no hemos dejado de hablar de la gramática, los recursos del lenguaje poético de *Ocnos*, que ahora estudiamos, no utilizarán ya los elementos fónicos o semánticos de la lengua, sino únicamente sus elementos propiamente morfosintácticos.

2.1. La yuxtaposición

Ya cuando analizábamos los componentes fónicos de la lengua de Cernuda veíamos en el ritmo del pensamiento las plurimembraciones

—bimembraciones, trimembraciones, etc. Esta estructura plurimémbrica que podríamos denominar, con S. L. Levin, "coupling" o apareamiento, veíamos que se repetía, a nivel semántico, cuando el poeta usaba adjetivos o sustantivos de igual categoría significacional. Pues bien, a nivel morfosintáctico, esta estructura sigue repitiéndose. Fruto de la cual es la ordenación del período en oraciones yuxtapuestas, de las cuales hay numerosos ejemplos a lo largo del libro:

"Como el huerto estaba lejos había que ir en cohe: y al llegar aparecían tras el portalón los senderos de tierra oscura, los arriates bordeados de geranios, el gran jazminero cubriendo uno de los muros encalados."

("El huerto", 24)

"Iban vestidos con blanca chaqueta almidonada, ceñido pantalón negro de alpaca, zapatos rechinantes como el cantar de un grillo (...)"

("El escándalo", 32)

"Era una tarde de marzo tibia y luminosa, visible ya la primavera en aroma, en halo, en inspiración (...)"

("Belleza oculta", 36)

2.2. La aposición

En íntima unión con la yuxtaposición, hay otra estructura morfosintáctica constantemente repetida por Cernuda a lo largo de su libro: la aposición. Como en los casos anteriores, no es sino una yuxtaposición, solamente que el segundo miembro ejerce con relación al primero una función explicativa, y de tono descendente, como explica J. González Muela (26). También, como en el caso anterior, son numerosos los ejemplos:

"Hoy creo comprender lo que entonces no comprendía: cómo aquel reducido espacio del invernadero, atmósfera lacustre y dudosa donde acaso habitaban criaturas invisibles, era para mí imagen perfecta de un edén."

("El huerto", 24)

"Tú, que le conociste bien, puedes relacionar (con el margen inevitable de error que hay entre el centro hondo e insobornable de un

---

(26) GONZÁLEZ MUELA, J.: *Op. cit.*, pág. 92.

ser humano y la percepción externa de otro, por amistosa que sea) aquel despertar del terror primario."

("El miedo", 25)

"Subían hasta los balcones, por el hueco del patio, las hojas anchas de las latanias, de un verde oscuro y brillante, y abajo, en torno de la fuente, estaban agrupadas las matas floridas de adelfas y azaleas."

("El tiempo", 28

2.3. El orden de las palabras

Los recursos lingüísticos del nivel morfosintáctico —yuxtaposición, aposición— que hemos visto hasta ahora se basan en normas generales que no se apartan de la norma gramatical. Si nos hemos visto obligados a ponerlos aquí se debe sin duda al uso extremadamente amplio que hace el poeta de ellas, lo cual constituye de por sí una diferenciación del lenguaje no literal y que, sin duda, convierten a estos esquemas sintácticos en un rasgo de estilo del libro que estamos estudiando. Sin embargo, ahora vamos a considerar dos aspectos de desvío del lenguaje estandar que constituyen, a este nivel morfosintáctico, una característica de lo que, a lo largo de todo este amplio capítulo, venimos considerando el lenguaje poético o literal de *Ocnos*.

2.3.1. *La inversión*

Refiriéndose a la lengua francesa, dice Cohen que el orden de las palabras obedece a una regla "que coloca a la determinada antes que a la determinante, al sujeto antes del verbo, al verbo antes de su complemento" (27). Creemos que esta regla se puede aplicar, sin ningún género de dudas, también al español. En este caso cualquier desviación de esta regla será, usando el mismo término de Cohen, "inversión". Creemos que hay inversión en *Ocnos* en el reiterativo uso del infinitivo sustantivado:

"(...) Y ya oscuramente sentía cómo no bastaba a esa otra realidad *el ser diferente*."

("La poesía", 19)

_____

(27) COHEN, J.: *Op. cit.*, pág. 185.

"(...) *el brotar* oscuro de las plantas."

("La Naturaleza", 20)

"*El ladrar* de algún perro."

("El escándalo", 82)

Será también inversión el hipérbaton que vemos a menudo en el libro, en donde el predicado verbal aparece comenzando oración:

"*Le gustaba* al niño ir siguiendo paciente (...)"

("La naturaleza", 20)

"*Tomar* un renuevo tierno de planta adulta (...) *mantenerlo* a la sombra los primeros días, *regar* su sed inexperta a la mañana (..)"

("La naturaleza", 20)

"*Poseía* cuando niño una ciega fe religiosa (..)"

("La eternidad", 23)

Y, además, será inversión la colocación antepuesta del adjetivo —siendo lo normal la posposición— que Cohen denomina "no eva-luativa", es decir carente de sentido cualitativo o cuantitativo, y del cual hay bastantes ejemplos en el libro. De ellos damos sólo algunas muestras:

"(...) con su aire *vagamente* extranjero y *demasiado* artista."

("El piano", 22)

"(...) se perdía en *vago* desvanecimiento."

("La eternidad", 23)

"(...) envueltos en papel de seda y *finas* virutas."

("El bazar", 27)

III. La estructura narrativa de *Ocnos*

> "Je suis dévoré maintenant par un besoin de métamorphoses. Je voudrais écrire tout ce que je vois, non tel qu'il est, mais transfiguré. La narration exacte du fait réel le plus magnifique me serait impossible. Il me foudrait le broder encore"
>
> (G. FLAUBERT, Lettre à Luise Colet.
> Le 26 aoút 1853)

En este capítulo vamos a detenernos en aquellos elementos estructurales que hacen de *Ocnos* una narración.

En efecto, *Ocnos* no es sólo una sucesión desordenada de poemas en prosa, sino que desarrolla una *historia* al parecer autobiográfica (1) de un personaje-héroe desde su infancia hasta la madurez. En este sentido, llamamos aquí *narración* (2) al libro de poemas en prosa *Ocnos*.

---

(1) Decimos "al parecer" porque considerada desde dentro, como ahora estamos haciendo, el autor/narrador no nos da ningún indicio de que es autobiográfica, si no es porque la historia está contada, en algunos poemas, desde la primera persona. Recuérdese que precisamente uno de los rasgos configuradores del lenguaje poético de *Ocnos* era su ambigüedad espacial. Creemos que precisamente esta ambigüedad autobiográfica pueda ser otro de los recursos estilísticos —dentro ahora del nivel narrativo— de la obra.

(2) La narración adquiere también aquí un sentido especial si la empleamos de la manera que lo hace W. Benjamín para oponerla a la novela. La narración utiliza normalmente la memoria, frente a la novela que es, a grandes rasgos, invención, aunque existan novelas que sean memorias, pero normalmente se las llaman así y no novelas. Cfr. SAVATER, F.: *La infancia recuperada*, pág. 23.

1. ESTRUCTURA Y COMPOSICION DE LA OBRA

Precisamente, este personaje principal, del que luego hablaremos más extensamente, es el elemento básico de la estructura de la obra. El es quien confiere unidad a la historia, y a su alrededor, como eje fundamental, se vertebra la acción principal de la misma. Por otra parte, el libro tiene una doble estructura: la de la obra y la del poema. Veamos ambas.

La estructura de la obra es abierta. Según la voluntad de Cernuda, el libro, sin el poema "Escrito en el agua", quedaba siempre abierto a nuevas posibilidades de ampliación, y, en efecto, las sucesivas ediciones —*Ocnos₁* (1942), *Ocnos₂* (1949), *Ocnos₃* (1963)— así nos lo confirman. Pensamos que, incluso a pesar de "Escrito en el agua", el libro posee una estructura abierta, puesto que la dialéctica tiempo-no tiempo (eternidad), en la que está sumido el protagonista de la historia, parece que no encuentra solución, por lo que el proceso está siempre abierto a nuevas posibilidades de cambio.

Respecto a la estructura del poema, hay que hablar de un "poema-capítulo", al estilo de la narración en sarta de la literatura medieval, en donde el "tratado" gozaba de unidad independiente. En este sentido la historia tiene algunas lagunas o espacios en blanco que, si en la narración novelesca serían difícil de interpretar, en una lectura generosamente interpretativa del hecho literario, se ve enriquecida por una mayor tensión lírica, a la que contribuyen, precisamente, esos espacios, voluntariamente vacíos de la narración. No obstante, y a pesar de que cada poema tenga una unidad independiente, es obvio que al hablar de "historia" damos por supuesto que existe una acción, en el sentido de que pasan cosas. Esta acción es lineal, la historia va progresando a medida que se van añadiendo poemas, y a pesar de algunas vueltas atrás en la narración —*flash-backs*— el personaje-héroe recorre tres etapas fundamentales de su vida: la infancia-adolescencia, la juventud y la madurez. En este sentido podemos hablar, dentro de lo que Gerad Genette llama "relaciones latentes" (3), además de un personaje principal, de un antagonista simbólico: el tiempo.

---

(3) GENETTE; Gerard: *Estructuralismo y crítica literaria*, Argentina, Editorial Universitaria de Córdoba, 1967, pág. 37.

De estas tres etapas de la historia, que abarcan los tres períodos principales de la vida del protagonista, justamente la primera —infancia y adolescencia— es la más importante y a la que el autor dedica un mayor número de poemas del libro. La razón es sencilla y se deduce, una vez más, del significado último de la obra: según el concepto que el protagonista tiene de la existencia como presente eterno, éste sólo puede ser vivido durante la infancia. Es esta etapa donde el personaje central adquiere mayores dimensiones de perdurabilidad y su existencia es más honda y favorablemente recordable por el narrador-protagonista, el cual ha quedado marcado por la existencia paradisíaca de su infancia.

Además del "poema-capítulo" y en relación con las etapas cronológicas en que se divide la narración, existen dos poemas tipos que, en el estudio del ritmo de la prosa de la obra, denominábamos respectivamente A y B. El tipo A, como se recordará, se refería a aquellos poemas que evocan la infancia y adolescencia. Son poemas de extensión corta —entre 30/35 grupos fónicos. El tipo B abarcaba aquellos otros poemas que narraban experiencias posteriores al exilio del autor. Estos otros son de mayor extensión —50 o más grupos fónicos— que los anteriores y sus características literarias son más narrativas que líricas. La estructura de estos dos grupos de poemas, aunque distinta, tiene un detalle compositivo común: utilizan la técnica conocida por el nombre de "in media res". Es decir, la narración parece comenzar a la mitad de los acontecimientos históricos vividos por el protagonista. Naturalmente esto contribuye a dar mayor profundidad narrativa y un tono poéticamente misterioso a la historia. Para ilustrar este aspecto vamos a dar solamente un ejemplo:

"En ocasiones, raramente, solía encenderse el salón al atardecer, y el sonido del piano llenaba la casa..."

("La poesía", 19)

Además de este rasgo estructural, común a la composición narrativa de los poemas del libro, existen otros que, en alguna medida, se diferencian según pertenezcan al grupo A o B. Así los poemas del tipo A tienen una composición similar:

— **Introducción:** en donde comienza el acontecimiento —pequeño o grande— vivido por el protagonista.

— **Climax:** la experiencia intelectual, en relación a los aspectos materiales o espirituales con que se relaciona el protagonista, llega a su punto más alto.

— **Momento de relajación emocional:** el poema termina con un período de menos intensidad lírica, en el cual la experiencia que ha dado lugar al poema origina un comentario de tipo generalizador del que el protagonista extrae consecuencias personales.

Veamos, como ejemplo, el mismo poema que hemos citado antes. Aunque no siempre, en este caso las tres partes en que proponemos se divida el poema de *Ocnos* puede coincidir con cada uno de los tres párrafos del mismo:

"En ocasiones, raramente, solía encenderse el salón al atardecer, y el sonido del piano llenaba la casa, acogiéndome cuando yo llegaba al pie de la escalera de mármol hueca y resonante, mientras el resplandor vago de la luz que se deslizaba allá arriba en la galería, me aparecía como un cuerpo impalpable, cálido y dorado, cuya alma fuese la música.

"¿Era la música? ¿Era lo inusitado? Ambas sensaciones, la de la música y la de lo inusitado, se unían dejando en mí una huella que el tiempo no ha podido borrar. Entreví entonces la existencia de una realidad diferente de la percibida a diario, y ya oscuramente sentía cómo no bastaba a esa otra realidad el ser diferente, sino que algo alado y divno debía acompañarla y aureolarla, tal el nimbo trémulo que rodea un punto luminoso.

"Así, en el sueño inconsciente del alma infantil, apareció ya el poder mágico que consuela de la vida, y desde entonces así lo veo flotar ante mis ojos: tal aquel resplandor que yo veía dibujarse en la oscuridad, sacudiendo con su ala palpitante las notas cristalinas y puras de la melodía."

(**"La poesía"**, 19)

Sin embargo, en los poemas que hemos denominado del tipo B pierde eficacia este esquema. El poema adquiere mayor densidad narrativa y si gana linealidad y objetividad, en cambio pierde los perfiles líricos que delimitaban mejor la aventura poética, que casi se perdía —en los poemas del tipo A— en profundos mundos oníricos.

2. ELEMENTOS NARRATIVOS

Como "relato", *Ocnos* es susceptible de ser analizado a partir de los elementos técnicos-narrativos que utiliza. Fundamentalmente estos procedimientos narrativos son tres: el espacio, el tiempo y el punto de vista. El elemento espacial ya lo vimos cuando estudiábamos "el paisaje" de la obra (4). Vamos a ver, pues, los dos restantes: el tiempo y el punto de vista.

2.1. El tiempo

Para empezar digamos que *Ocnos* presenta, en su configuración temporal, una línea cronológica homogénea. Es decir, los hechos o vivencias de la vida del protagonista se suceden desde un pasado lejano hasta un presente que es contemporáneo a la vida del narrador, que, como veremos luego, es el mismo sujeto de la narración. Como consecuencia de esto, el narrador-protagonista se erigirá como punto central que divide en dos cuerpos narrativos la secuencia temporal de la obra. De tal manera que todo lo que cuenta, anterior al tiempo en el cual él se instala, será pasado y todo lo que se sitúa a partir del tiempo en que está viviendo será presente. Naturalmente, al ser un libro fundamentalmente de recuerdos, la balanza se inclina a favor de la unidad temporal del pasado.

Interesa también hacer constar que el tiempo de *Ocnos,* como en toda narración, no es real. Es decir, los sucesos que cuenta el narrador-protagonista no son absolutamente verdaderos, a pesar de ser autobiográficos, sino que éste, al proyectar lo sucedido sobre un plano imaginario, se transfiere a sí mismo y a su marco espacio-temporal al mundo de la ficción. En este sentido, escribe Francisco Ayala "que la configuración del lenguaje en que la obra está realizada lo absorbe [al autor], integrándolo a él también, en cuanto a autor, en el mundo imaginario donde funcionará como elemento capital de su estructura" (5). Dicho esto, y entrando ya directamente en el nivel temporal

---

(4) Cfr. Parte Segunda, capítulo V. Somos conscientes de que la crítica literaria tiende a considerar hoy el concepto espacial como el espacio textual de la obra misma, en cualquier caso dejamos claro que nuestra intención ha sido la de dominar *espacio* al lugar físico donde se desarrollan los acontecimientos del libro.

(5) AYALA, F.: *Reflexiones sobre la estructura narrativa*, Madrid, Taurus, pág. 22.

de la obra, nos parece que ésta no se desarrolla en un sólo plano, sino en cuatro distintos aunque coexistentes (6).

2.1.1. *Tiempo singular o específico*

Es el plano de los poemas que hacen progresar la historia. "Lo forman primordialmente quehaceres humanos y también percepciones y sensaciones que el narrador quiere destacar por su excepcionalidad y su carácter instantáneo" (7). En este plano, es normal el uso del pretérito indefinido, que expresa mejor la acción acabada, aunque no se descarten otras formas perifrásticas equivalentes. Veamos algunos ejemplos:

"Bien temprano en la vida, antes que leyeras versos algunos, cayó en tus manos un libro de mitología. Aquellas páginas te revelaron un mundo donce la poesía vivificándola como la llama al leño, transmutaba lo real."

("El poeta y los mitos", 31)

"Una mañana de invierno, camino yo del colegio más temprano, roja aún la luz eléctrica (...) al cruzar aquella calle vi parado un coche ante la casa."

("El vicio", 35)

"Aún sería Albanio muy niño cuando leyó a Bécquer por vez primera."

("El poeta", 41)

2.1.2. *El tiempo circular o la repetición*

Se diferencia esencialmente del anterior porque expresan un aspecto repetitivo. Si, al hablar de los pregones, dice el narrador-protagonista:

"Eran tres pregones
Uno cuando llegaba la primavera, alta ya la tarde, abiertos los balcones, hacia los cuales la brisa traía un aroma áspero, duro y agudo, que casi cosquilleaba la naríz (...)"

("Pregones", 29)

---

(6) En este punto nos ha sido de gran ayuda la clasificación del tiempo en la obra de Gustavo Flaubert que hace M. Vargas Llosa en *La orgía perpetua (Flaubert y Madame Bovary)*, Taurus, Madrid, 1975, págs. 198-207.

(7) VARGAS LLOSA, M.: *Op. cit.*, págs. 197-198.

Lo normal es que esta escena se ha tenido que repetir en la vida del niño un buen número de veces a lo largo de primavera, verano y otoño, e igualmente ha tenido esa sensación de cosquilleo en su nariz cuando el olor de los claveles ha penetrado por los balcones de su casa. Lo que ocurre es que en su mente ha quedado como una escena arquetípica de su infancia sevillana. Es incluso capaz de borrar en su inconsciente voluntario las mil incidencias y particularidades distintas que han tenido que ocurrir en cada uno de los pregones de su vida y sólo se queda con uno que es capaz de representar a todos los demás.

El tiempo utilizado por el narrador para este plano es el imperfecto de indicativo. Ni que decir tiene que es el plano preferido del relato. La explicación es bien sencilla, y una vez más la estructura profunda explica a la de superficie, o, lo que es lo mismo, el contenido de comunicación se expresa a través de las formas literarias de una obra poética. Nos referimos a que el tiempo repetido es el que sirve mejor para desarrollar el anhelo de Cernuda de un presente eterno, en donde lugares, personas y acciones se repitan indefinidamente. Es pues este nivel temporal el más usual en los poemas del libro. Como los ejemplos completos serían innumerables, damos a continuación una relación de los poemas en que aparece esta estructura temporal, aunque, en alguno de ellos, se intercale con otros que hayamos visto o vayamos a ver, pues ya dijimos que los cuatro planos temporales podían coexistir y de hecho coexisten.

"La poesía", 19
"La naturaleza", 20
"El otoño", 21
"El piano", 22
"La eternidad", 23
"El huerto", 24
"Pregones", 29
"El escándalo", 32
"Mañanas de verano", 33
"El vicio", 35
"La catedral y el río", 37
"El placer", 42
"El magnolio", 43
"La vida", 46
"Atardecer", 52

"La música y la noche", 54
"Las tiendas", 61
"La música", 63
"El estío", 67

2.1.3. *El tiempo inmóvil o la eternidad plástica*

Hay momentos en el libro en que el tiempo parece detenerse. La acción desaparece y hombres y cosas quedan un momento en suspenso. Es el plano ideal para la forma del presente de indicativo. Hay un poema —"Las viejas"—, aparte de otros que luego citaré, que es muy significativo de este plano temporal, tanto por el contenido —las viejas inglesas que parecen haber escapado al paso normal del tiempo— como por la forma —presente de indicativo:

"Míralas. No por mucho que las mires llegarás a convencerte que no son apariencias fantasmales.

"Flota en torno de ellas un aura de fétidos perfumes como aquel que de un cajón, en mueble cerrado largos años se exhala ya descompuesto, evocando el tiempo ido, que vuelve, no en recuerdo, sino presencia, irrevocable e inútil. Nadie las conoce, las habla o las acompaña, y vistas así, en la mañana, al atardecer, porque parecen rehuir la luz del pleno día, son imagen del destierro más completo, aquel que no aleja en el espacio sino en el tiempo."

("Las viejas", 82)

Otros dos poemas, dentro de estas coordenadas temporales, son "El tiempo", y "Jardín antiguo".

2.1.4. *El tiempo imaginario*

Al correr la narración a través de los anteriores planos temporales, veíamos cómo ésta iba desde la acción rápida —"tiempo singular"— hasta la inmovilidad aparente —"eternidad plástica"— pasando por una secuencia temporal relativamente calmada y lenta —"el tiempo circular". Ahora, en este plano temporal, vemos cómo la acción prácticamente no existe, porque se hace imaginaria. Es el tiempo de los pensamientos, sueños o fantasías del narrador. Si los otros tres planos narrativos tenían en común el que los hechos, objetos y lugares descritos eran poseedores de una existencia objetiva, éste que vemos ahora está compuesto de personas, cosas y sitios cuya existencia es únicamente subjetiva. Este es el tiempo preferido por el personaje central de *Ocnos* para meditar o pensar acerca de lo que está viendo y ocurriendo a su alrededor. Finalmente, si los otros tres planos temporales ya vistos, se expresaban formalmente con un tiempo verbal más o menos único, éste, en cambio, se ve supeditado a aquel en que el personaje, que produce el pensamiento, se ve situado por el narrador.

Al advertir esta categoría temporal en *Ocnos*, estamos pensando fundamentalmente en aquellos poemas en los que el niño, después adolescente, advierte y contempla durante su vida una segunda realidad o mundo poético, al que ya hemos hecho referencia en nuestro estudio del lenguaje metafórico de la obra. Nos parece que estos momentos, precisamente por salirse del plano temporal, o pertenecen a una temporalidad imaginaria, o son aquellos en donde la tensión poética de la obra alcanza mayores logros formales y de contenido. Pensamos en poemas como "La poesía", "El tiempo", "El poeta y los mitos", "Belleza oculta", "El poeta", "El magnolio", "El viaje". Como muestra damos a continuación un fragmento del poema "Mañanas de verano":

"Pero siempre sobre todo aquello, color, movimiento, calor, luminosidad, flotaba un aire limpio y como no respirado por otros todavía, trayendo consigo también algo de aquella misma sensación de lo inusitado, de la sorpresa que embargaba el alma del niño y despertaba en él un gozo callado, desinteresado y hondo."

('Mañanas de verano'', 33)

2.2. Los puntos de vista

En toda narración existe un autor y un narrador. En la estructura narrativa de *Ocnos* existe el autor, evidentemente es el hombre Cernuda con una biografía tras él llena de acontecimientos personas y lugares de los cuales dimos noticia, al menos en lo que interesa al estudio de *Ocnos*, en el capítulo dedicado al exilio. Pero como ya hemos dicho en el nivel temporal, el autor por mucho que refleje su vida en la obra —y efectivamente ha quedado claro que *Ocnos* es un libro autobiográfico— ésta nunca será su vida tal como ocurrió en la realidad. Sino tal como Cernuda creyó o *imaginó* que había sido. Por otra parte, es obvio que aunque en gran parte autobiográfica, Cernuda nunca pensó en *Ocnos* como una autobiografía o unas memorias porque entonces así hubiera subtitulado el libro.

Además existe el narrador, que es, empleando palabras de Francisco Ayala, el autor "ficcionalizado" (8) es decir, el autor transferido al plano imaginario de su narración. Pensamos que uno de los logros más importantes en el uso de los materiales poéticos de la obra es precisamente esta distinción voluntaria entre autor y narrador o autor ficticio.

Es la misma ambigüedad o imprecisión que veíamos en la localización espacio-temporal del libro y que el autor era capaz de llevar a categoría poética. Nos situamos naturalmente ahora a nivel narrador, de quien depende fundamentalmente en *Ocnos* el punto de vista o foco desde donde se observa la narración. A este respecto, hemos visto en la estructura narrativa de *Ocnos* tres distintos puntos de vista o focalizaciones que nos advierten de otros tantos niveles ópticos situacionales en los que se colocan el narrador, y en cada uno de los cuales emplea una persona gramatical también diferente, de acuerdo al siguiente esquema:

Narrador (autor ficticio)
{
Narrador-protagonista
1.ª persona gramatical:
"yo"/"nosotros"

Narrador-testigo
2.ª persona gramatical:
"tu"

Narrador-omnisciente
3.ª persona gramatical:
"el"/"el niño"
}

Es obvio que los tres planos del narrador son omniscientes porque éste conoce al dedillo todos los detalles de la vida del protagonista, incluso sus más íntimos pensamientos por muy ocultos que se hallen. Pero hemos querido distinguir, con un nivel propio, la omnisciencia del narrador que emplea la forma gramatical de 3.ª persona del singular que le es propia y usual. Naturalmente hay que aclarar que el

---

(8) AYALA, F.: *Op. cit.*, pág. 22.

narrador, al elegir estos tres puntos de vista, los combina de forma indistinta. En este sentido, y desde esta perspectiva narrativa, el poema de *Ocnos*, no es un bloque monolítico sino que puede alternar en su interior distintos niveles de focalización. Pensamos al respecto en poemas como "El otoño", o "El miedo", en donde existen dos puntos de vista: "tu" y "él"/"el niño":

"Por el camino solitario, sus orillas sembradas de chumberas y algún que otro eucalipto, al trote de las mulas del coche, volvía el niño a la ciudad desde aquel pueblecillo con nombre árabe (...)

"Tú, que le conociste bien, puedes relacionar (...) aquel despertar del terror primario y ancestral en un alma predestinada a sentirlo siempre (...)"

("El miedo", 25)

No obstante, se puede sistematizar de algún modo la focalización narrativa del libro diciendo que hay una estructura bastante clara, por la cual, en la primera edición —los poemas más directamente relacionados con el recuerdo de la infancia—, hay un uso mayoritario del pronombre de primera persona, mientras que en las otras dos ediciones siguientes —es decir los poemas añadidos a *Ocnos$_1$*— hay un absoluto predominio del pronombre de segunda persona y un abandono total del de primera. Bueno será expresar esto en unas tablas que representen gráficamente el uso del punto de vista.

Ocnos$_1$

Pronombres personales	*N.º de poemas*
1.ª persona	15
2.ª persona	4
3.ª persona	12

Ocnos$_2$

1.ª persona	—
2.ª persona	15
3.ª persona	3

Ocnos₃

De esta tabla estadística lo que nos parece más significativo es el abandono progresivo del pronombre personal de primera persona y, consiguientemente, el abandono también del punto de vista más íntimo y autobiográfico. La explicación es que, según creemos, a medida que el narrador-protagonista va perdiendo memoria, por su alejamiento, de los acontecimientos de su infancia, el recuerdo se objetiviza más. Veamos ahora los tres planos o niveles narrativos desde las otras tantas perspectivas o puntos de vista desde la que es escrita la narración, con algunos ejemplos más característicos de los poemas del libro.

2.2.1. *El narrador-protagonista*

El narrador, con sus propias palabras, nos cuenta sus aventuras y pensamientos. Es el nivel narrativo que emplea la forma gramatical del pronombre de primera persona. Ya hemos dicho que este punto de vista se encuentra única y exclusivamente en los poemas que pertenecen a la primera edición del libro. Veamos algún ejemplo:

"En ocasiones, raramente, solía encenderse el salón al atardecer, y el sonido del piano llenaba la casa, acogiéndome cuando yo llegaba al pie de la escalera de mármol (...)"

("La poesía", 19)

Este punto de vista también puede estar expresado en la primera persona del plural, incluyendo de esta manera el narrador a un personaje secundario:

"Alguna vez íbamos a comprar una latania o un rosal para el patio de casa (...)"

("El huerto", 24)

2.2.2. *El narrador-testigo*

El narrador participa en la acción, aunque no como protagonista. Se mezcla con los acontecimientos; pero lo que nos cuenta son los acontecimientos del personaje principal. Decíamos que este punto de vista se asemeja, de alguna manera, a la "visión desde dentro" de la clasificación de Pouillon (9) ya que no está exento, a pesar de ser el punto de vista de un testigo, del aspecto psíquico con que contempla la realidad el personaje principal. A este nivel el relato se hace, como ya sabemos, desde la segunda persona. Es importante decir que en el uso de esta perspectiva o punto de vista desde donde se contempla la historia, Cernuda se muestra con una precocidad técnica extraordinaria. Se adelanta aquí —recuérdese que la primera edición del libro es de 1942— al francés M. Butor —cuya obra *La modificación* es de 1957— y a todos los autores del *nouveau roman,* que fueron los primeros que jugaron con estos focos de perspectivas narrativas, desde una conciencia plenamente artística (10).

No nos parece descabellado pensar que estamos aquí frente a un fenómeno de desdoblamiento de personalidad, de alguna manera semejante al de su poesía de exiliado, lo cual no es extraño dado que *Ocnos,* como ya ha quedado definido por nosotros, es un libro de exilio. En este sentido, la segunda persona se usará aquí como un fenómeno típico de distanciamiento objetivo de los hechos. A medida que el personaje principal se va alejando más de los acontecimientos necesita reafirmar más su personalidad como producto de un ambiente y un tiempo irrecobrables. Fruto de esta reafirmación de conciencia y personalidad es la objetivación del personaje-protagonista como una criatura totalmente al margen del narrador, por ello el uso de la segunda persona. Veamos ahora algunos poemas representativos, de los muchos que hay en el libro, de este nivel o punto de mira narrativo:

"Encanto de tus otoños infantiles, seducción de una época del año que es la tuya, porque en ella has nacido."

("El otoño", 21)

---

(9) POUILLON: *Temps et roman,* París, 1946, pág. 85.

(10) Así lo ha visto también F. Ynduráin. Cfr. F. Ynduráin, "La novela desde la segunda persona", en G. Gullón y A. Gullón editores, *Teoría de la novela,* Madrid, Taurus, 1974, pág. 223.

"Pared frontera de tu casa vivía la familia de aquel pianista, quien siempre ausente por tierras lejanas, en ciudades a cuyos nombres tu imaginación ponía un halo mágico."

("El piano", 22)

"Pero era demasiado ligera, y tu vida demasiado azarosa, para durar mucho. Un día, otro día, desapareció tan inesperada como vino. Y seguiste rodando por tantas tierras, algunas que ni hubieras querido conocer. Cuántos proyectos de casa has tenido después, casi realizados en otra ocasión para de nuevo perderlos más tarde."

("La casa", 99)

2.2.3. *El narrador-omnisciente*

Aunque ya hemos dicho que el narrador de *Ocnos* es siempre omnisciente, desde un punto de vista formal el uso de la tercera persona gramatical es característico de este nivel narrativo. Por otra parte, existe una diferencia sustancial con los dos anteriores ya que si el narrador-protagonista y el narrador-testigo eran, por definición, personajes de la historia, este último narrador está fuera del marco argumental de la misma. En este nivel, el narrador asume el papel de un dios que todo lo sabe, capaz de analizar, por fuera y por dentro, las acciones y los pensamientos del protagonista o cualquier otro personaje. El sujeto propio de las acciones que se contemplan desde este nivel narrativo es, como ya queda dicho, la tercera persona gramatical, que en ocasiones se convierte en "el niño" y, otras, en Albanio. Serían válidas aquí también, sobre todo para estos dos últimos personajes, las matizaciones de desdoblamiento de personalidad y distanciamiento objetivo que hicimos en el anterior nivel narrativo. Veamos finalmente algunos poemas del libro en los que se repite esta estructura narrativa:

"Le gustaba al niño ir siguiendo paciente, día tras día, el brotar oscuro de las plantas y de sus flores (...)"

("La naturaleza", 20)

"Estaba en la habitación aún vacía que había de ser la suya en la casa nueva, y a través de la ventana abierta las ráfagas de la brisa le traían el olor juvenil y puro de la naturaleza (...) Apoyado sobre el quicio de la ventana, nostálgico sin saber de qué, miró al campo largo rato."

("Belleza oculta", 36)

"Aún sería Albanio muy niño cuando leyó a Bécquer por vez primera."

("El poeta", 41)

3. PERSONAJES DE LA NARRACION

Sostenemos en este apartado de la estructura narrativa de *Ocnos* similar teoría, con respecto a la relación que existe entre la realidad y la ficción de los personajes, que sostuvimos a nivel temporal y del punto de vista desde el que se hacía la narración. Nos referimos una vez más, a que todo relato, por muy verista que trate de ser, nunca reflejará la realidad tal como sucedió en la vida de los protagonistas que conforman la historia. Robert Liddlell ha escrito precisamente unas significativas líneas con respecto a la relación entre seres vivientes y seres de ficción en la novela:

"Con todo su parecido con los seres reales, los caracteres de ficción no son seres reales: no tienen función en la vida sino en la novela..." (11)

Aunque Liddlell aplique estas palabras a la novela, creemos que pueden hacerse válidas también para el relato de ficción en general y ya hemos dicho en qué medida *Ocnos* es un relato y que, como tal, se ajusta a la estructura narrativa de todo relato. Efectivamente sabemos que el personaje principal de *Ocnos* es autobiográfico, pero el autor o, mejor dicho, el narrador no lo aclara y ésta es otra de las ambigüedades con que cuenta el relato, que lo hacen acercarse más a la proximidad de historia ficticia. El mismo nombre con que aparece algunas veces el el protagonista —Albanio— es fiel reflejo de lo que estamos diciendo.

Este razonamiento que estamos aplicando al protagonista es válido también para los personajes del círculo familiar del niño que aparecen en la obra y para la masa de personajes anónimos que se desenvuelven por sus páginas. Solamente existe un grupo muy escaso, apenas tres, de personajes literarios, que estos sí que son verdaderos y que están reflejados en la obra con sus nombres, señas físicas e inclu-

---

(11) LIDDLELL, Robert: *A teatrise on the novel*, London, Cape, 1953.

so espirituales. Según esto, podemos clasificar los personajes de *Ocnos* de acuerdo al siguiente esquema:

Personajes $\begin{cases} \text{de ficción} \begin{cases} \text{principales} \\ \text{secundarios} \end{cases} \\ \text{reales} \end{cases}$

Antes de entrar en la descripción de los personajes, es necesario apuntar que el mundo de Ocnos, como ya hemos dicho en otro momento, está muy poco poblado de seres humanos. Relacionamos este aspecto con el carácter indudablemente introvertido y retraído del niño Cernuda al que le es difícil comunicarse con la gente y que, en todo caso cuando lo consigue, ésta, hasta cierto punto, le es hostil y se aparta de él, como él mismo dice en "Escrito en el agua". No olvidemos que en su poesía uno de los temas más queridos es el de la soledad y el símbolo de este tema, como bien ha visto Robert K. Newman, es el muro (12). A este respecto es de destacar la importancia que tienen para el niño los espacios íntimos y cerrados del patio de su casa, del jardín o del invernadero.

Pero es que además, esto, que sería sólo aplicable a la primera edición del libro y a los poemas más directamente relacionados con su infancia, guarda también una lógica en relación a los poemas que reflejan ya más directamente su situación de exiliado en Inglaterra y América. En este sentido, no hay que olvidar que el destierro llevó a Cernuda lejos de su patria haciéndole vivir muchos años en países donde la lengua, la gente y hasta el entorno geográfico le eran ajenos. De esta manera, el sentimiento de soledad se iba hipersensibilizando y la actitud de posible comunicación con sus semejantes degradándose. Dicho esto pasamos a ver brevemente alguna de las características más importantes de los personajes del libro.

3.1. Personajes de ficción principales

Ya sabemos que hablamos de personajes de ficción en el sentido que lo hemos hecho un poco más arriba, en el de que todo personaje, por muy real que sea en la vida diaria, queda integrado, de alguna

---

(12) K. NEWMAN, Robert: "Luis Cernuda. El hombre visto a través de su poesía", en *Insula*, núm. 207, Madrid, 1964, pág. 6.

manera, en el mundo imaginario que el narrador ha creado, y en
donde funcionará como elemento principal de la estructura narrativa.
El personaje principal del relato es naturalmente "el niño" o también, en otras ocasiones, Albanio. Como es lógico suponer, son una
misma persona, desdoblamiento, a su vez, o *alter ego* del autor Cernuda.

Como sabemos, Albanio es uno de los héroes literarios preferidos
por el autor, ya que se trata de uno de los pastores de la *Egloga II* de
Garcilaso. Este personaje no es la única vez que aparece en la obra de
Cernuda. Antes, en 1937, el poeta sevillano ha escrito un relato, también de prosa poética, titulado *En la costa de Santiniebla*, cuyo protagonista se llama con alguna variación fonética, Albano y en 1938, en
el relato *El viento en la Colina*, también aparece otro Albanio. Finalmente, en *Variaciones sobre tema mexicano* (1952), hay un poema,
"Propiedades", cuyo protagonista es un muchacho también llamado
Albanio.

Desempeña, pues, este personaje una función estructural en toda
la obra de juventud del poeta. Como ha visto muy bien Philip Silver,
Albanio es un símbolo, a semejanza del niño Wrdsworthiano, de la
"primal sympathy" —"afinidad originaria"— con la naturaleza (13).
Es como un Adán solitario cuyo Edén preferido es el apartado mundo vegetal de un invernadero o un patio andaluz. Es también un
personaje-símbolo que representa muy bien ese mundo cerrado en
que el tiempo no existe y que ya tratamos en el estudio temático de la
obra. Albanio es el niño por antonomasia, es la simbolización, como
ya dijimos, de la infancia en su estado puro. En este sentido, la palabra "albus" latina está, sin duda, en la raíz de la significación del
nombre Albanio. Por eso, cuando este niño-protagonista deja de ser
niño y cae en el mundo, el personaje Albanio deja de tener sentido y
el autor, Cernuda, se crea otra identidad psicológica desdoblada que
ahora se va a llamar, y así aparece en toda su obra poética posterior a
la primera edición de *Ocnos*, el *Poeta,* que en adelante le sustituirá
como protagonista de sus poemas. Este *Poeta* es claramente el suce-
sor no del hombre Cernuda sino precisamente de este personaje ficticio, Albanio, que el propio Cernuda se creó para objetivar su propia
personalidad escindida por el final de la infancia. El personaje principal, Albanio, tiene una personalidad concreta, que se manifiesta en

---

(13) SILVER, Philip: *Op. cit.,* pág. 179.

determinadas opiniones reflejadas en el libro y que ya hemos analizado exhaustivamente en lo que hemos denominado los núcleos temáticos fundamentales. Naturalmente, el protagonista evoluciona también a medida que la narración va creciendo en las sucesivas ediciones
de la obra. Lo característico de esta evolución es que el personaje
principal pasa de niño a hombre sin apenas graduación cronológica.
Es decir que prácticamente el niño se convierte en hombre de un
poema a otro. Por otra parte, hay algunos pasos atrás en el tiempo en
donde el narrador, que ya ha introducido la figura del protagonista-
hombre, vuelve atrás para contarnos, en algunos poemas, nuevos episodios y acontecimientos de la vida del niño. Esto, por otra parte,
nos parece normal al tratarse *Ocnos* de un libro fundamentalmente de
recuerdos, como ya lo hemos definido otras veces, y al tratarse también, no lo olvidemos, de un libro de poemas en prosa, en donde lo
que en definitiva interesa al autor no es la narración sino el tono lírico
de la obra.

Lo que sí es interesante, a este nivel de nuestro estudio, ya que no
lo hemos hecho antes, es intentar trazar la personalidad social de
nuestro personaje, tal como se manifiesta en las opiniones que el
narrador pone en sus labios, y tal como el mismo narrador la configura, en los datos biográficos que esboza en los poemas del libro.

El personaje crece en un ambiente burgués de principios de siglo,
en una casa elegante de un barrio "señorial" de Sevilla ("El vicio",
35; "El huerto", 24; "El bazar", 27, etc.), con educación en un colegio privado a donde probablemente iban niños de clase alta ("El
maestro", 45) y recibiendo una enseñanza de tipo tradicional y de
fuerte disciplina religiosa ("La eternidad", 23). De mayor acude a la
Universidad completando, de esta manera, su educación de tipo burguesa y acomodada ("El destino", 57).

Ahora bien, el personaje, a lo largo de la obra, va evolucionando,
quizá por reacción lógica, contra este tipo de educación burguesa y
ambiente cerrado y elitista en el que ha crecido ("El poeta y los mitos", 31; "La casa", 94; "Maneras de vivir", 84). A. Delgado, que de
alguna forma toca este tema en su obra, explica esta reacción al decir
que "al no haber comunicación familiar, el niño desarrolla en solitario por reacción la necesidad psíquica de libertad" (14). Y en verdad

---

(14) DELGADO, Agustín: *La poética de Luis Cernuda*, Madrid, Editorial Nacional, 1975, págs. 60-61.

que en *Ocnos* apenas hay comunicación familiar, prueba de ello es la poca o ninguna frecuencia con que aparece la madre, el padre o las hermanas en el libro. Hay un poema en la obra, aparte de otros que ya hemos citado, que es significativo del pensamiento del protagonista, hostil al ambiente familiar y provinciano que le envuelve:

"(...) Siendo joven, bastante tímido y demasiado apasionado, lo que le pedía a la música eran alas para escapar de aquellas gentes que me rodeaban, de las costumbres extrañas que me imponían y quién sabe de si hasta de mí mismo."

("La música", 63)

Sin duda existe una conexión entre este poema —de rebeldía contra el ambiente familiar— y otro de *Como quien espera el alba,* en donde hace un retrato despiadado de sus padres. Veamos tan sólo un fragmento:

Era a la cabecera el padre adusto
La madre caprichosa estaba enfrente,
Con la hermana mayor imposible y desdichada,
Y la menor más dulce, quizá no más dichosa,
El hogar contigo mismo componiendo,
La casa familiar, el nido de los hombres,
Inconsistente y rígido, tal vidrio
Que todos quiebran, pero nadie doble.

(PO. C., 295)

Precisamente la familia del protagonista, apenas entrevista en algún pasaje del libro, forma con Albanio el grupo de personajes principales, sin embargo, estos personajes ocupan un lugar bastante irrelevante como ya dijimos, sobre todo considerando el papel desempeñado por el personaje central. Entre la familia destacan la madre ("El otoño", 21), el padre ("El viaje", 18) y sus primas ("El poeta", 41). Este grupo de personajes no se manifiesta en la obra, aparecen gracias a los comentarios del protagonista y pasan casi desapercibidos, como sombras, en el conjunto total de poemas que forman el libro.

3.2. Personajes de ficción secundarios

Estos son bastante más numerosos que los personajes del grupo anterior. No obstante, apenas si se nota su presencia en la obra. Se diría que su función es más bien la de elementos decorativos porque ni hablan, ni casi son definidos, aunque sólo sea en su aspecto más externo. Parecen, más que personajes, tipos. Al parecer, Cernuda tiene especial predilección, y esto sería un aspecto más de su pensamiento social, tal como aparece en el libro, por personajes de baja extracción social. En este sentido el libro está lleno de personajes populares: pregoneros, vendedores, faroleros, verduleros, cocheros, prostitutas, los mercaderes de la plaza del pan, los gallegos que se dedican a cargar muebles, etc. Aunque al lado de éstos haya también, como es lógico pensando en la condición social del protagonista, elementos destacados de la burguesía sevillana: el pianista, la elegante mujer del Bazar, el maestro, y los miembros de la sociedad de conciertos, etcétera.

Hay también un grupo de personajes que escapan a toda clasificación social puesto que son nombrados genéricamente: jóvenes, muchachos, amigos, remeros, etc. y, finalmente, aquellos otros personajes religiosos que desfilan por iglesias o conventos, como las monjas, los oficiantes, los monaguillos y sobre todo, los "seises" del Corpus sevillano, a los que el narrador alude —siendo ésta una de las pocas referencias localistas del libro— en el poema "La Catedral y el río". Los "seises" son un grupo de muchachos que bailan y cantan delante del Santísimo en la octava del Corpus y también en la de la Inmaculada y Carnaval. Son unos personajes cuya creación hunde sus raíces en la profundidad de la historia de Sevilla. Al parecer ya bailaban antes del descubrimiento de América, por lo menos desde 1439 (15). "Forman parte de la Escolanía de Nuestra Señora de los Reyes son seises hasta los doce o trece años en que se hacen hombres y cambian la voz" (16). Cernuda tuvo que verlos bailar en numerosas ocasiones, como las que cuenta en los poemas ya mencionados "La Catedral y el río" y "Mañanas de verano".

3.3. Personajes reales

Forman parte, junto a las breves menciones de calles, plazas y monumentos —plaza del Pan, Hospital de la Caridad, y Catedral—,

---

(15) MORALES PADRÓN, F.: *Sevilla insólita*, P.U.S., Sevilla, 1972, pág. 60.
(16) *Ibídem*, pág. 61.

de las pocas referencias a un tiempo y lugar históricos de la Sevilla en que vivió Luis Cernuda, lo que contribuye, al situarse el autor en un segundo plano, no ya ficticio sino real, a dar cierta impresión de profundidad a la obra. Apenas muy brevemente, de pasada, se menciona a Antonio Machado y Mallarmé. Pero los dos principales personajes literarios que aparecen en el libro son José María Izquierdo ("José María Izquierdo", 53) y Bécquer ("El poeta", 41). Respecto al segundo no hay que insistir sobre la deuda poética que tiene Cernuda con él. Son muchas las páginas —entre artículos y obra de creación— en que el autor de *La Realidad y el Deseo* dejó testimonio de ello. En *Ocnos* alude el protagonista al hecho histórico del traslado de los restos de Bécquer desde Madrid a Sevilla, ocasión que aprovecha el niño para leer al autor de las *Rimas:*

"Aun sería Albanio muy niño cuando leyó a Bécquer por vez primera. Eran unos volúmenes de encuadernación azul con arabescos de oro, y entre las hojas de color amarillento alguien guardó fotografías de catedrales viajes y arruinados castillos. Se los habían dejado a las hermanas de Albanio sus primas, porque en tales días se hablaba mucho y vago sobre Bécquer, al traer desde Madrid sus restos para darle sepultura pomposamente en la Capilla de la Universidad."

("El poeta", 41)

En cuanto a José María Izquierdo ya hablamos en un capítulo anterior de la deuda de Cernuda con un regionalismo andaluz, crítico y exento de pintoresquismos folklóricos, que nace en las páginas del autor de *Divagando por la ciudad de la gracia.* El personaje de la realidad que fue José M.ª Izquierdo se inscribe, pues, dentro de este grupo de escritores —Blas Infante, Alejandro Guichot, Isidro de las Cajigas, Rafael Laffón, etc.— que colaboraron en "Bética" e hicieron de esta revista auténtica avanzadilla del pensamiento y la cultura regional andaluza.

J. M.ª Izquierdo nació en Sevilla en 1886 y murió prematuramente en 1922. En Sevilla cursó los estudios de Derecho, carrera en la que obtuvo también el doctorado. Viajó a Italia donde pasó diez meses becado por su facultad en donde también desempeñaba el cargo de profesor auxiliar. Además de en "Bética", colaboró en "El Liberal" y otras publicaciones sevillanas.

Sobre su obra más importante, *Divagando por la Ciudad de la*

Gracia, ya dijimos en páginas anteriores que, en cierto modo, podría considerarse como posible modelo para el *Ocnos* de L. Cernuda. Ambos libros, como antes los de Ganivet —*Granada la Bella*— y Joan Maragall —*Ciudad del Ensueño*— imaginan la ciudad como un ideal de comunidades humanas. Izquierdo, con sus "divagaciones", se convirtió en un revitalizador de los valores esenciales de su Sevilla natal. Bien es cierto que, al elogiar lo que de positivo hay en su ciudad, Izquierdo se resiste a caer en la fácil etiquetación folklorista de la misma. Antes al contrario, el escritor sevillano, como más tarde M. Chaves —*La ciudad* (1921)— y M. Machado —*Estampas sevillanas* (1944)—, "se encaran con la ciudad con un propósito clarificador, lúcido, dispuestos a iluminar esa difícil maraña de verdades ocultas, de esencias sutilmente conservadas, de constantes de un sevillanismo genuino que conviven —también dentro de la propia ciudad— con toda suerte de distorsiones e intereses" (17).

---

(17) REYES CANO, R.: "La Sevilla de Chaves Nogales", en *Pliego*, núm. 2, Sevilla, 1977, pág. 7.

A manera de conclusión

Llegada la hora de intentar unas conclusiones finales para nuestro estudio sobre la prosa literaria de L. Cernuda, bueno es que hagamos un breve recorrido sintetizador a través de las etapas que han configurado nuestro trabajo. Como se recordará, hemos empezado situando la obra en prosa de L. Cernuda en el contexto general de la prosa poética de su generación.

Dentro de la generación del 27, como ha señalado L. F. Vivanco, hay dos "climas de arranque" (1) que producen dos tonos distintos de prosa poética: el "juanramoniano" —Rafael Alberti, García Lorca y el mismo Cernuda serían sus principales representantes— y el "superrealista" —Juan Larrea, Vicente Aleixandre y J. Mª Hinojosa, los suyos. Al situar a Cernuda dentro de su generación trazábamos un breve panorama de la prosa literaria del poeta sevillano. Nos deteníamos principalmente en su prosa poética, cuyos únicos libros eran *Ocnos* y *Variaciones sobre tema mexicano*. El resto de su prosa poética era escasa, fragmentaria —publicada en las revistas de la época— y, por otra parte, de un tono poético que pertenecía al otro clima de arranque superrealista, no excesivamente representativo —como prosa— del autor de *La Realidad y el Deseo*. Una vez estudiado el libro *Variaciones*, veíamos la oportunidad de emprender el análisis de *Ocnos* desgajándolo, en cierta forma, de *Variaciones*, porque ambos libros, aunque tuvieran una génesis parecida —recrear el edén de la infancia— partían de coordenadas espaciales diferentes. *Variaciones*

_____

(1) VIVANCO, L. F.: "La generación poética del 27", art. cit., pág. 578.

no era, como al principio cree el mismo protagonista del mito cernudiano, el paraíso reencontrado, sino más bien el paraíso imposible de hallar otra vez en ningún lugar del mundo.

Llegado a este punto nos adentrábamos en el estudio de *Ocnos*, estudio que abarcaba las dos partes o grandes capítulos en que habíamos dividido nuestro trabajo. El principio ordenador que seguimos fue descubrir, en primer lugar, la clave o "gesto semántico" del libro. Este era, a nuestro juicio, la dialéctica tiempo —no tiempo en que estaba sumido el personaje de *Ocnos*. Es decir, el mito del hombre que un día había habitado el paraíso (no tiempo-eternidad) y posteriormente, cuando deja su infancia, había sido arrojado por algún angel "con espada centelleante" al *tiempo* y a la vida. Como se ve, el tema del libro era el mismo —sin duda no casualmente— de la obra poética cernudiana: *La Realidad y el Deseo.* Hemos dicho "no casualmente" porque, como ha visto Jenaro Talens, el protagonista del mito no adquiere la conciencia de ser arrojado del paraíso hasta que no escribe *Ocnos* (2). De ahí la oportunidad del camino que emprendimos al estudiar *Ocnos* en conexión con los núcleos temáticos fundamentales de *La Realidad y el Deseo.* A raíz del poema "Escrito en el agua" establecimos cuatro núcleos que, en realidad, no eran más que dos: *El tiempo,* al que se le podían añadir *la muerte* como idea también devastadora de la integridad temporal humana, y *el no tiempo* —la idea de eternidad—, al que también se le podían añadir dos temas que intentaban hacer realizables —sin conseguirlo— los sueños de eternidad del hombre: el amor y la búsqueda de Dios.

Por otra parte, el estudio de estos núcleos temáticos fundamentales lo establecimos sobre la base de la edición definitiva de *Ocnos* (1963) más, naturalmente, el poema "Escrito en el agua", que, como vimos, había sido eliminado por el propio autor de las ediciones segunda y tercera de la obra (3). El motivo de establecer nuestro estudio sobre la edición definitiva de 1963 se debe a que el libro, como creemos haber demostrado en el estudio de las ediciones, respeta, por la voluntad expresa de su autor, la unidad cronológica a lo largo de los 63 poemas de esta edición definitiva. Esta unidad cronológica, sin

---

(2) Cfr. TALENS, Jenaro: *Op. cit.,* pág. 348.

(3) El poema, como sabemos, fue eliminado no sólo por causa de la censura, como cree J. L. Cano, sino porque el propio autor lo consideraba una especie de tapón que le impedía seguir intercalando y añadiendo poemas a la edición de 1942.

duda tampoco casualmente, coincide con las tres etapas fundamentales que el protagonista del mito Cernudiano recorre en *La Realidad y el Deseo:* infancia-adolescencia, juventud y madurez. Por tanto, nos parecía que el estudio de *Ocnos₁* —a nuestro juicio la edición más pura y acabada, puesto que explica en sí misma toda *La Realidad y el Deseo*— debía ser completado con el de las ediciones posteriores de 1949 y 1963.

La parte del análisis temático la completamos con aquellos aspectos personales y ambientales que, como dijimos al principio estaban en la raíz generadora de *Ocnos*. En este sentido veíamos que el libro nacía —sobre todo *Ocnos₁*—, por una parte, de la conciencia trágica de exiliado del autor de *La Realidad y el Deseo*. Cernuda, en efecto, se vio envuelto en ese capítulo dramático de nuestra historia reciente que es el exilio español de 1939. Por otra parte, el libro, en un plano de referencias culturales, nace, como dijimos en su lugar, endeudado con las tendencias regionalistas de exaltación andaluza que surgen aproximadamente en la segunda década del siglo XX. En este sentido, la labor editorial de las revistas "Bética", "Grecia" y "Mediodía" de Sevilla, y las sucesivas generaciones de andalucistas, encabezados por J. M.ª Izquierdo, Alejandro Guichot y Blas Infante actuaron en la implantación de un "idealismo andaluz" —el mismo que J. Bergamín aduce para explicar la herencia andalucista y universal de J. Ramón, Falla y Picasso— que sin duda está también en la raíz de muchas de las páginas de Cernuda y, sobre todo, en gran parte de los poemas de *Ocnos₁*. Es cierto que es un andalucismo crítico —no hay más que leer el poema "José María Izquierdo"—, velado por el misterio de un recurso poético que, como vimos, se convierte en uno de los hallazgos más logrados del libro a nivel expresivo: la ciudad —Sevilla— está en todas y cada una de las páginas del libro pero no se nombra. En este sentido ampliamos el estudio temático con un análisis del paisaje y de las sensaciones de la obra. El propósito no era gratuito ni arbitrario, puesto que en buena medida, a los cuatro temas fundamentales los enlaza un tema común que es el "edén de la infancia". Precisamente la conciencia de expulsado que tiene el protagonista se deriva de haber sido antes habitante de este paraíso. Esta parte de nuestro trabajo quedó completada con algo que nos parecía fundamental y previo a la elaboración del análisis de la obra: un estudio de las ediciones —tan fundamental como las páginas anteriores se desprende— y de las variantes de *Ocnos*.

La tercera parte estuvo enteramente dedicada al estudio del nivel expresivo de la obra, intentando descubrir las claves de la literariedad de *Ocnos*. Al estudiar el lenguaje poético o "mensaje literal" del libro nos situábamos en cada uno de los tres grandes niveles del signo lingüístico: forma, función y significación; y así veíamos los componentes fónicos, morfosintácticos y semánticos de la obra de L. Cernuda. Cuando emprendimos el estudio de este nivel expresivo estábamos convencidos de la inseparabilidad de la tradicional dicotomía fondo-forma en la obra literaria. Pensábamos que la estructura profunda de la obra —los contenidos temáticos— provoca la estructura superficial (4) de la misma. Estábamos persuadidos de ello y nuestro esfuerzo, en este sentido, estuvo dirigido a descifrar la ley interior que conectara el nivel expresivo con el "gesto semántico", que describíamos en el estudio de los temas fundamentales de *Ocnos*. En relación con ello descubríamos que, a nivel rítmico, el libro se conexionaba con el significado general de la obra de L. Cernuda. Así, la dialéctica tiempo-no tiempo, que quedó establecida en el estudio temático del libro, se repetía, a nivel expresivo, en el ritmo más característico de *Ocnos:* el bimembre. Por otra parte, si Ocnos —sobre todo el primer *Ocnos*— es, fundamentalmente, una regresión hacia el pasado y un anhelo por permanecer en el tiempo del paraíso infantil, no es extraño que los poemas del libro, en conexión con la infancia y adolescencia de Cernuda, denotaran también el deseo de fijación en el tiempo, a través de esquemas rítmicos tradicionales. En este sentido, veíamos que los ritmos cuantitativos más característicos de sus poemas en prosa eran el octosílabo y el heptasílabo.

A nivel morfosintáctico la estructura de los *apareamientos* bimémbricos seguía repitiéndose, fruto de la cual era, como veíamos, la ordenación sintagmática en oraciones yuxtapuestas y, en íntima conexión sintáctica, las aposiciones oracionales del libro.

A nivel semántico, los apareamientos bimembres, expresión formal de la dialéctica tiempo limitado-no tiempo (eternidad), seguían repitiéndose en lo que denominábamos "epítetos redundantes" con estructura binaria.

---

(4) Utilizamos estos dos conceptos —"estructura profunda" y "estructura de superficie"— siguiendo a GARCÍA BERRIO; A.: *La lingüística moderna*, Barcelona, Planeta, Biblioteca cultural RTVE, n.º 92, 1976. Cfr. también GARCÍA BERRIO y VERA LUJÁN: *Fundamentos de teoría lingüística*, Madrid, Comunicación, 1977.

Por otra parte, entre las figuras de la antigua retórica que nosotros incorporábamos al plano lingüístico de nuestro estudio, habría que destacar la metáfora como reflejo, una vez más, de la estructura profunda de *Ocnos*. En este sentido veíamos que el libro —sobre todo en su primer edición— era rico en metáforas, pues a la fase cronológica de la infancia del protagonista correspondía un lenguaje también infantil. Este lenguaje era rico en procesos metafóricos ya que la voz del niño, que en ese momento tomaba la palabra, recurría, sin duda inconscientemente, a cambios de sentidos que el creía expresaban mejor su contemplación poéticamente diferenciadora de la realidad.

Otro recurso expresivo en el que se basaba el "mensaje literal" de *Ocnos* era lo que denominábamos la "determinación elíptica". En efecto, *Ocnos* es, tal como nos lo presenta el autor, un gran elipsis de Sevilla, a quien Cernuda describe amorosamente sin nombrarla. Este recurso no es casual sino absolutamente premeditado, ya que configura la raíz utópica del libro. En efecto, como utopía hacia el pasado, el edén de la infancia no tiene, ni debe tener, un nombre concreto, porque ni siquiera tiene ubicación espacial, como no sea en la memoria agradecida del protagonista, mediante la cual es posible la reconstrucción del mito cernudiano.

El estudio de los materiales narrativos de la obra completaba esta tercera parte de nuestro trabajo. Efectivamente, en cuanto a narración de las tres etapas de la vida del protagonista, el libro *cuenta* la historia del personaje expulsado del paraíso. Por lo tanto tiene sentido, y es coherente con esta idea generadora, que la obra aproveche elementos de un género literario que son, en principio, ajenos a su constitución como poesía en prosa. A este respecto, creíamos advertir, en la primera parte de nuestro estudio, que la prosa literaria de Cernuda —incluyendo la narrativa— estaba toda ella alumbrada de un tono lírico que difícilmente se dejaba agrupar bajo apresurados y sencillos esquemas de los tradicionales géneros literarios.

Cabe por último una breve valoración de conjunto de la prosa literaria cernudiana y en especial de *Ocnos*, libro al que hemos dedicado atención preferente en nuestro estudio. Nos parece que la prosa poética del autor sevillano puede ocupar, y de hecho tenemos la impresión de que ya lo hace, un lugar de excepción en el dominio de este género literario. Diríamos que se puede situar, salvando algunos desniveles de su prosa eminentemente narrativa, a la misma altura que la de los otros dos grandes autores españoles, que le precedieron en el cultivo del género: Bécquer y J. Ramón Jiménez. De lo que no cabe ninguna duda es que ocupa un lugar de privilegio en una generación —la del 27— que si bien no puso especial énfasis en cultivar el género del poema en prosa, sí contó con destacados prosistas como Alberti, García Lorca, Jorge Guillén y Pedro Salinas, por citar sólo algunos de los nombres más representativos.

En cuanto a *Ocnos*, creemos que es un libro sin parangón en la literatura castellana de su tiempo. Su importancia radica, aparte de los hallazgos en el campo expresivo, que creemos han sido suficientemente destacados a lo largo de nuestro estudio, en su carácter metaliterario. Nos referimos al hecho de que sólo a partir de él es explicable para el propio autor, y por supuesto sus lectores, el mito del héroe Cernudiano arrojado del paraíso de la infancia. Es obvio que, en este sentido, *Ocnos* se convierte en algo más que unna obra literaria en sí misma y pasa a ser, además, la respuesta paralela que el autor va dando a los interrogantes del autor —al mismo tiempo protagonista— de *La Realidad y el Deseo*. Sólo en la medida en que el propio autor —protagonista logró dar respuesta a estas interrogantes vitales en *Ocnos*— y ya vimos en nuestro estudio hasta qué punto fue posible logró el propio autor de *La Realidad y el Deseo* trascender al tiempo limitado y, cosa aun más difícil, a su propio mito como poeta-héroe.

BIBLIOGRAFIA

Nuestro propósito en este apartado no es, obviamente, ofrecer una bibliografía exhaustiva sobre el autor porque, entre otras cosas, está hecha. Para ello remitimos al lector de este trabajo a la que nos proporcionan Derek Harris y Luis Maristany, en el volumen de *Prosa Completa* de Luis Cernuda por ellos preparado. Para nuestro objetivo hemos creído que bastaba con recoger la bibliografía que hemos utilizado para nuestro trabajo en dos apartados: *Bibliografía del autor* y *Bibliografía Consultada*.

BIBLIOGRAFIA DEL AUTOR

— Ediciones de *Ocnos:*

Ocnos, Londres, The Dolphin, 1942.

Ocnos, Madrid, Insula, Segunda edición aumentada, 1949.

Ocnos, Xalapa, Universidad Veracruzana, Tercera edición aumentada, 1963.

Ocnos, Introducción de Cesare Acutis, Torino, Universidad, 1966.

Ocnos, Edición a cargo de D. Harris y L. Maristany, Barcelona, Barral Editores, 1975.

Ocnos, Seguido de Variaciones sobre tema mexicano, Prólogo de Jaime Gil de Biedma, Madrid, Taurus, 1977.

Ocnos, Edición, introducción y notas de D. Musacchio, Barcelona, Seix Barral, 1977.

— Poesía:

Poesía Completa, Edición a cargo de D. Harris y L. Maristany, Barcelona, Barral Editores, 1977.

— Prosa:

Prosa Completa, Edición a cargo de D. Harris y L. Maristany, Barcelona, Barral Editores, 1975.

BIBLIOGRAFIA CONSULTADA

AGUIRRE, J. María: *"Ocnos"*, en *El Noticiero*, Zaragoza, enero, 1946.

ALBORNOZ, Aurora de y otros autores, *Cultura y Literatura*, Tomo IV de *El exilio español de 1936*, Madrid, Taurus, 1977.

ALEIXANDRE, Vicente, y otros autores: *Luis Cernuda*, Ed. de D. Harris, Madrid, Taurus, "El Escritor y la Crítica", 1977.

ALONSO, Amado: "El ritmo de la prosa", en *Materia y Forma en poesía*, Madrid, Gredos, 1969, págs. 258-267.

ARANGUREN, José Luis: "La evolución espiritual de los intelectuales españoles en la emigración", en *Crítica y Meditación*, Madrid, Taurus, Segunda edición, 1977.

AYALA, Francisco: *Reflexiones sobre la estructura narrativa*, Madrid, Taurus, 1970.

BAQUERO GOYANES, M.: "Elementos rítmicos en la prosa de Azorín", en *Clavileño*, núm. 15, Madrid, 1952, págs. 25-32.

BELL, Aubrey: *"Ocnos"*, en *Bulletin of Spanish Studies*, Liverpool, núms. 78-79, 1943, pág. 162.

BERENGUER CARISOMO, Arturo: *La prosa de Bécquer*, Sevilla, P.U.S., 1974.

BERGAMÍN, José: "El idealismo andaluz", en *La Gaceta Literaria*, Madrid, núm. 11, 1927, pág. 7. Recogido también en *Litoral*, Málaga, núms. 79-81, 1978, págs. 180-182.

BLEIBERG, Germán: *"Ocnos"*, en *Insula*, Madrid, núm. 37, 1949, págs. 4-5.

CANO, José Luis: "Sobre el *Ocnos* de Luis Cernuda", en *Cartel de las Artes*, Madrid, núm. 5, 1945, s.p.

— *"Ocnos"*, en *Occidental*, New York, núm. 4, 1949, págs. 25-26.

— "La poesía de Luis Cernuda: En busca de un paraíso"; "Bécquer y Cernuda" y "Sobre el lenguaje poético de Cernuda", en *La poesía de la generación del 27*, Madrid, Guadarrama, 1970, págs. 189-256.

— "Nota sobre *Ocnos* con dos cartas inéditas de L. Cernuda", en *Litoral*, Málaga, núms. 79-81, 1978, págs. 193-196.

CAPOTE, José María: *El período sevillano de Luis Cernuda*, Madrid, Gredos, 1971.

— *El surrealismo en la poesía de Luis Cernuda*, Sevilla, Universidad, 1976.

COHEN, Jena: *Estructura del lenguaje poético*, Madrid, Gredos, 1970.

CORTINES TORRES, Jacobo: *Indice bibliográfico de "Bética, Revista ilustrada"*, Sevilla, Publicaciones de la Excma. Diputación Provincial, 1971.

CUEVAS, C.: *La prosa métrica. Teoría. Fray Bernardino de Laredo*, Granada, Universidad, 1972.

CHAVES NOGALES, Manuel: *La ciudad*, Sevilla, P.U.S., Segunda edición, 1977.

DEBICKI, Andrew: "Luis Cernuda: la naturaleza y la poesía en su obra lírica", en *Estudios sobre poesía española contemporánea*, Madrid, Gredos, 1968, págs. 285-306.

DELGADO, Agustín: *La poética de Luis Cernuda*, Madrid, Editora Nacional, 1975.

DÍAZ-PLAJA, Guillermo: *El poema en prosa en España*, Barcelona, Gustavo Gili, 1956.

DOMINGO, José: "Narraciones de Salinas, Cernuda y Gil-Albert", en *Insula*, Madrid, núm. 336, 1974, pág. 5.

ELIADE, Mircea: *Imágenes y símbolos. Ensayos sobre el simbolismo mágico-religioso*, Madrid, Taurus, Tercera edición, 1979.

GARCÍA BAENA, Pablo: "Divagación sobre la Andalucía de Cernuda", en *Cántico*, Córdoba, núms. 9-10, 1955, s.p.

GARCÍA BERRIO, A.: *La lingüística moderna*, Barcelona, Planeta, Biblioteca Cultural RTVE, núm. 92, 1976.

GARCÍA BERRIO, A y VERA LUJÁN, A.: *Fundamentos de teoría lingüística*, Madrid, Comunicación, 1977.

GENETTE, G.: *Estructuralismo y crítica literaria*, Argentina, Editorial Universitaria de Córdoba, 1967.

GILI GAYA, S.: "Observaciones sobre el ritmo en la prosa española", *Cuadernos de la Casa de la Cultura*, núm. 3, Barcelona, 1938, págs. 59-63.

GONZÁLEZ MUELA, Joaquín: *Gramática de la poesía*, Barcelona, Planeta/Universidad, 1976.

GULLÓN, Ricardo: "Los prosistas de la generación de 1925", en *Insula*, Madrid, núm. 126, págs. 1 y 8.

HAZAÑAS Y LA RÚA, Joaquín: *Algunas consideraciones sobre la casa sevillana*, Sevilla, 1928.

IZQUIERDO, José María: *Divagando por la ciudad de la gracia*, Sevilla, P.U.S., Segunda edición, 1978.

JAKOBSON, Roman: "La lingüística y la poética", en SEBEOK, ed., *Estilo del lenguaje*, Madrid, Cátedra, 1974, págs. 125-173.

JIMÉNEZ, Juan Ramón: *Diario de poeta y mar*, Buenos Aires, Losada, Tercera edición, 1972.

— *Españoles de tres mundos*, Madrid, Aguilar, 1969.

LAMA, A. G. de: "*Ocnos*", en *Espadaña*, León, 1949, pág. 49.

LÁZARO CARRETER, F.: *Diccionario de términos filológicos,* Madrid, Gredos, 1968.

— *Estudios de poética,* Madrid, Taurus, 1976.

— "El mensaje literal", en *Estudios de lingüística,* Barcelona, Crítica, 1980, págs. 149-171.

LE GUERN, Michel: *La metáfora y la metonimia,* Madrid, Cátedra, 1976.

LEVIN, Samuel R.: *Estructuras lingüísticas en la poesía,* Presentación y apéndice de Fernando Lázaro Carreter, Madrid, Cátedra, 1977.

LÓPEZ ESTRADA, Francisco: "Estudios y Cartas de Luis Cernuda", en *Insula,* Madrid, núm. 207, 1964, págs. 3 y 16-17.

LÓPEZ GORGÉ, Jacinto: "*Ocnos*", en *Manantial,* Melilla, Entrega segunda, s.p., s.a.

LUIS, Leopoldo de: Introducción a ALEIXANDRE, Vicente: *Sombra del paraíso,* Edición, introducción y notas de Leopoldo de Luis, Madrid, Castalia, 1976.

LLORENS, Vicente: "La imagen de la patria en el destierro", en *Asomante,* San Juan de Puerto Rico, núm. 3, 1949, págs. 29-41.

MARGHESCOU, E.: *El concepto de literariedad,* Madrid, Taurus, 1979.

MÁRQUEZ GONZÁLEZ, M. del Pilar: *Alejandro Collantes de Terán, Poeta de Sevilla,* Sevilla, Publicaciones de la Excma. Diputación Provincial, 1973.

MÉNDEZ BEJARANO, M.: *Diccionario de escritores, maestros y oradores naturales de Sevilla y su actual provincia.* Sevilla, s/e., 1922.

MOLINA, Ricardo: "La conciencia trágica del tiempo, clave esencial de la poesía de Luis Cernuda", en *Cántico,* Córdoba, núms. 9-10, 1955, s.p.

MONTESINOS, Rafael: "*Ocnos,* los poemas en prosa de Luis Cernuda", en *Proel,* Santander, 1946, págs. 98-100.

MONTOTO, Santiago: *Las calles de Sevilla,* Sevilla, Nueva librería, 1940.

MORALES PADRÓN, Francisco: *Sevilla insólita,* Sevilla, P.U.S., 1972.

NAVARRO TOMÁS, T.: *Manual de entonación española,* Madrid, Guadarrama, 1974.

NEWMAN, Robert K.: "El hombre visto a través de su poesía", en *Insula,* Madrid, núm. 207, 1964, págs. 6 y 23.

OLIVIO JIMÉNEZ, José: "Emoción y trascendencia del tiempo en la poesía de Luis Cernuda", en *La Caña Gris,* Valencia, núms. 6-8, 1962, págs. 54-83. Recogido en *Cinco poetas del tiempo,* Madrid, Insula, 1964, págs. 101-154.

ORTEGA Y GASSET, José: "Teoría de Andalucía", en *Viajes y países,* Madrid, Revista de Occidente, Tercera edición, 1968, págs. 91-107.

OTERO, Carlos-Peregrín: "Cernuda en California", en *Letras* I, Barcelona, Seix Barral, Segunda edición, 1972, págs. 278-288.
— Introducción a CERNUDA, Luis: *Invitación a la poesía*, Selección e introducción de C. P. Otero, Barcelona, Seix Barral, 1975.

PANERO, Leopoldo: "*Ocnos*, o la nostalgia contemplativa", en *Cuadernos Hispanoamericanos*, Madrid, núm. 10, 1949, págs. 183-187.

PARAÍSO DE LEAL, Isabel: *Teoría del ritmo de la prosa*, Barcelona, Ensayos Planeta, 1976.

PAZ, Octavio: "*Ocnos*", en *El Hijo Pródigo*, México, I, 1943, págs. 188-189.
— "La palabra edificante", en *Los signos en rotación y otros ensayos*, Madrid, Alianza Editorial, 1971, págs. 127-155.

PÉREZ DELGADO, G. Servando: "Luis Cernuda y sus *Variaciones sobre tema mexicano*", en *Estudios Americanos*, Sevilla, núm. 46, 1955, págs. 25-52.

PREDMORE, Michael P.: *La obra en prosa de Juan Ramón Jiménez*, Madrid, Gredos, 1973.
— Introducción a JIMÉNEZ, J. R.: *Platero y yo*, Madrid, Cátedra, 1978.

REYES CANO, R.: "La Sevilla de Chaves Nogales", en *Pliego*, Sevilla, 1977, pág. 7.

ROMERO MURUBE, Joaquín: *Sevilla en los labios*, Sevilla, Mediodía, 1938.
— *Discurso de la mentira*, Madrid, Revista de Occidente, 1943.
— *Lejos y en la mano*, Sevilla, 1959.

RUIZ SILVA, Carlos: *Arte, amor y otras soledades en Luis Cernuda*, Prólogo de Juan Gil-Albert, Madrid, Ediciones de la Torre, 1979.

SENABRE, R.: *Lengua y estilo de Ortega y Gasset*, Salamanca, Universidad, 1964.

SILVER, Philip: *Luis Cernuda. El poeta en su leyenda*, Madrid, Alfaguara, 1965.

SUÑÉN, Luis: "Ejemplo y lección de Luis Cernuda. Ante una nueva edición de Ocnos", en *Insula*, Madrid, núms. 368-369, 1977, pág. 31.

TALENS, Jenaro: *El espacio y las máscaras. Introducción a la lectura de Luis Cernuda*, Barcelona, Anagrama, 1975.

UCEDA, Julia: "La patria más profunda", en *Insula*, Madrid, núm. 207, 1964, pág. 8.

VALERY, Paul: *The art of poetry*, Traducción de Denisse Folliot, Nueva York, 1958.

VARGAS LLOSA, Mario: *La orgía perpetua (Flaubert y Madame Bovary)*, Madrid, Taurus, 1975.

VILLAR MOVELLÁN, Alberto: *Arquitectura del modernismo en Sevilla*, Publicaciones de la Excma. Diputación Provincial, Sevilla, 1973.

— *Arquitectura del regionalismo en Sevilla (1905-1935)*, Publicaciones de la Excma. Diputación Provincial, Sevilla, 1979.

VILLAR, Arturo del: "La prosa poética de Juan Ramón Jiménez", en JIMÉNEZ, J. R.: *Historias y cuentos*, Selección e introducción de A. del Villar, Barcelona, Bruguera, 1979.

VIVANCO, Luis Felipe: "La generación poética del 27", en *Historia General de las Literaturas Hispánicas*, Tomo VI, Barcelona, Vergara, 1967, págs. 465-628.

— Luis Felipe: "Luis Cernuda en su palabra vegetal indolente", en *Introducción a la poesía española contemporánea*, Vol. I, Madrid, Guadarrama, Tercera edición, 1974.

YNDURÁIN, F.: "La novela desde la segunda persona", en AA. VV. *Teoría de la novela* Germán y Agnes Gullón editores, Madrid, Taurus, 1974.

ZULETA, Emilia de: "La poética de Luis Cernuda", en *Cinco poetas españoles*, Madrid, Gredos, 1971.

INDICE

UNIVERSITY LIBRARY NOTTINGHAM

Terminose de imprimir
el día 14 de Agosto de 1982
en los talleres de
Artes Gráficas Padura, S.A.
Luis Montoto, 140
Sevilla